_______________ 님의 소중한 미래를 위해

이 책을 드립니다.

네이버 증권으로 주식투자하는 법

▶ 성공 주식투자를 위한 네이버 증권 100% 활용법 ◀

네이버 증권으로 주식투자하는 법

백영 지음

메이트북스

메이트북스 우리는 책이 독자를 위한 것임을 잊지 않는다.
우리는 독자의 꿈을 사랑하고,
그 꿈이 실현될 수 있는 도구를 세상에 내놓는다.

네이버 증권으로 주식투자하는 법

초판 1쇄 발행 2023년 7월 7일 | **지은이** 백영 | **초판 2쇄 발행** 2023년 7월 15일
펴낸곳 (주)원앤원콘텐츠그룹 | **펴낸이** 강현규·정영훈
책임편집 박은지 | **편집** 안정연·남수정 | **디자인** 최선희
마케팅 김형진·이선미·정채훈 | **경영지원** 최향숙
등록번호 제301-2006-001호 | **등록일자** 2013년 5월 24일
주소 04607 서울시 중구 다산로 139 랜더스빌딩 5층 | **전화** (02)2234-7117
팩스 (02)2234-1086 | **홈페이지** matebooks.co.kr | **이메일** khg0109@hanmail.net
값 25,000원 | **ISBN** 979-11-6002-404-3 03320

주식 투자는 경제적 자유를 위한 가장 확실한 길이다.

• 워런 버핏(미국의 전설적인 투자자) •

지은이의 말

네이버 증권으로 부자 되세요!

마젤란 펀드로 유명한 펀드매니저 피터 린치(Peter Lynch)는 개인 투자자도 발로 뛰면서 노력하면 주위에서 얼마든지 좋은 투자 아이디어를 구할 수 있다고 했습니다. 흔히 주식투자는 대단한 정보가 필요하다고 생각하지만 주식투자를 정석으로 배우신 분은 상식에서 투자 정보를 구할 수 있다는 것을 이미 알고 있습니다.

재테크 강좌를 할 때마다 "궁금한 것이 생길 때 무엇으로 검색하나요?"라고 물어보곤 합니다. 그러면 대부분 네이버를 이야기합니다. 수많은 사람이 네이버로 검색한다는 것을 모르는 분은 없었지만 네이버 주식을 산 투자자는 생각보다 많지 않았습니다. 우리가 익숙하고 잘 아는 부분에서 시작해도 충분합니다. 투자 아이디어는 멀리 있는 것이 아니기 때문입니다.

'별다방 커피를 좋아하지만 우리는 왜 별다방 커피회사 주식을 살 생각을 하지 못했을까?' 이제 이런 질문을 던질 수 있게 된다면, 성공적인 주식투자를 위해 멀리 있는 전문가나 대단한 정보를 통해서만 할 수 있다는 생각을 지

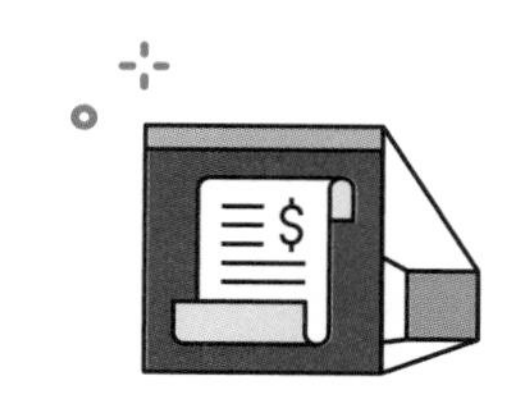

울 수 있습니다.

경제 성장성이 둔화되고 고령화가 진행될수록 미래 발전 가능성이 높은 주식에 투자해 나의 자산을 관리하고 불려나가야 합니다. 주식투자의 본질은 좋은 회사에 주인으로 참여하고 그 성장의 과실을 나누는 것입니다. 좋은 종목을 발굴하고 매매하는 것이 쉬운 일은 아니지만 저 높은 곳의 고수들만 할 수 있는 영역도 아닙니다. 관심과 열정 그리고 투자마인드가 있다면 가능합니다. 특히 우리가 늘 사용하고 가까이 있었던 네이버 증권을 통해 우리는 조금씩 그리고 차근차근 성공투자로 진입할 수 있습니다.

개인 투자자 및 초보 주식투자자들이 기본에 충실하면서도 종목을 발굴하고 매매할 수 있도록 도와드릴 수 있는 기본서를 만들고자 이 책을 집필했습니다. 전문가보다는 주식투자에 아직은 서투른 분들에게 맞춰 쉽게 이해할 수 있도록 최대한 신경을 썼습니다. 주식투자는 투기가 아니라 자본주의를 배우는 훌륭한 교과서라는 것, 그리고 노후를 준비하는 탁월한 선택이라는 것을 가장 손쉽게 접근할 수 있는 네이버 증권을 통해 체득해가시기를 기원합니다.

개미투자자의 성공을 제 진심을 담아 소망합니다.

백 영

차례

2장 네이버 증권에서 손쉽게 찾는 투자 아이디어

3장 네이버 증권으로 손쉽게 하는 기본적 분석

4장 네이버 증권으로 손쉽게 하는 거시경제 분석

01_ 거시경제

02_ 환율

03_ 금리

04_ 물가와 유가

05_ 금, 원자재

5장 네이버 증권으로 손쉽게 하는 기술적 분석

01_ 기술적 분석 개요

02_ 이동평균선

03_ 캔들차트의 기초

04_ 캔들차트의 해석

05_ 거래량

06_ MACD

07_ RSI

6장 네이버 증권 조건검색을 통한 종목 발굴

7장 네이버 증권으로 성공적인 투자전략 짜기

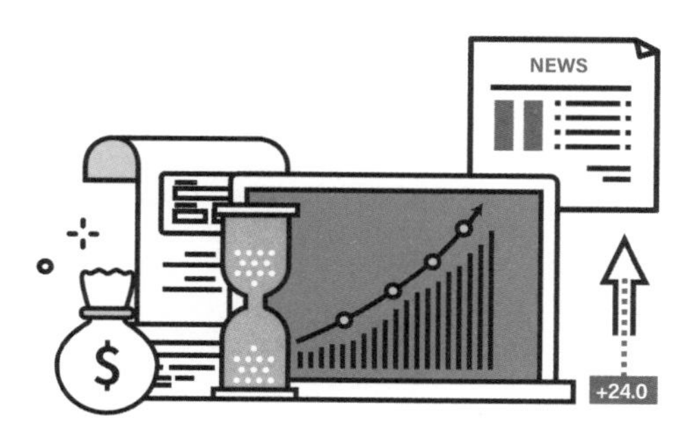
NEWS
+24.0

우리가 늘 접하는 곳에 바로 투자의 맥이 있습니다. 부동산 투자의 맥이 사람이 모이는 곳을 찾는 것과 같은 원리입니다. 세상이 어떻게 움직이는지 뉴스를 접하고 이메일을 보내고 검색을 하는 일상생활에서 우리는 보석 같은 투자 정보를 만날 수 있습니다. 뉴스에서 좀 더 성의를 가지면 리포트를 통해 심도 있는 정보분석도 가능합니다.

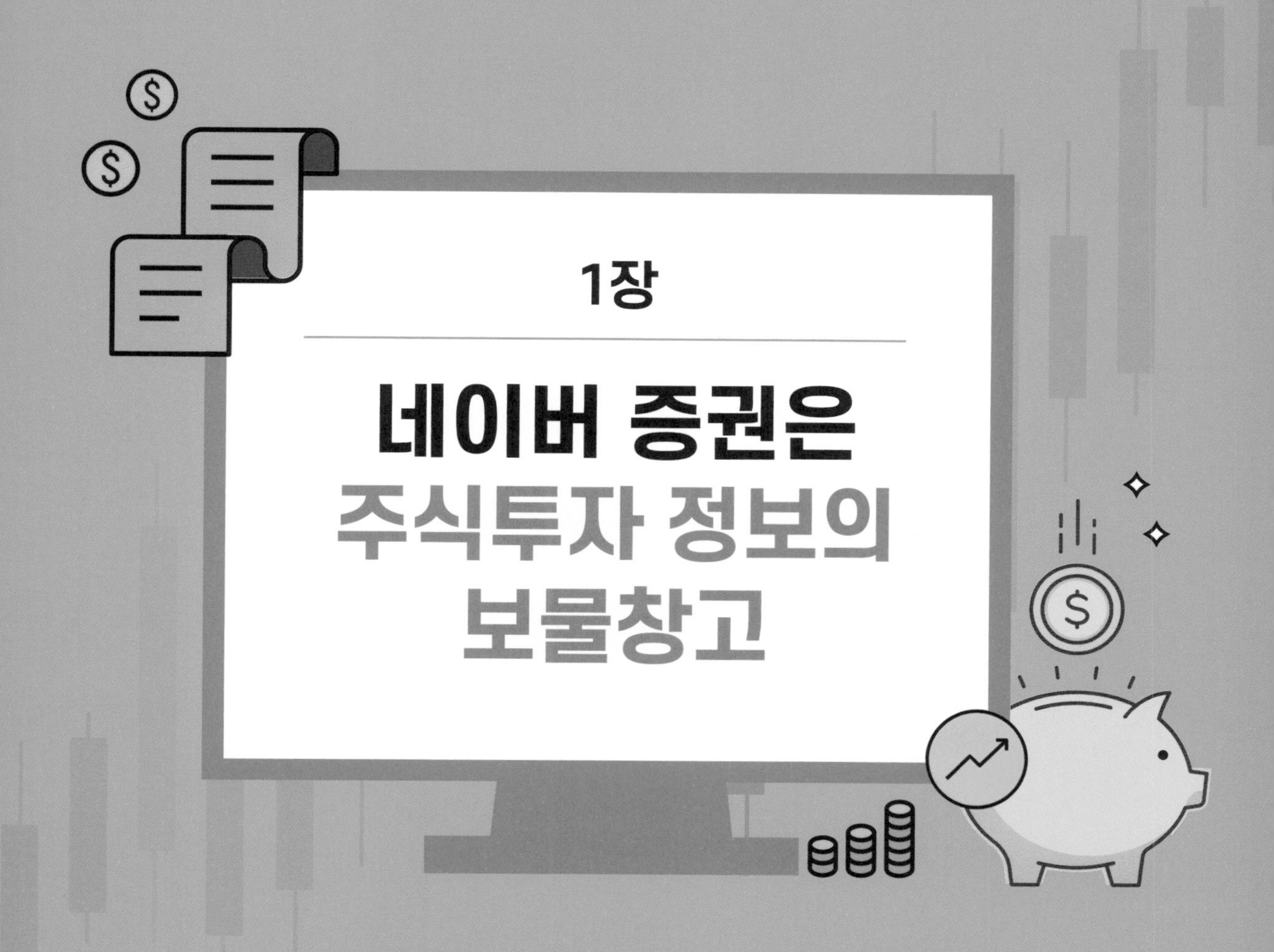

1장

네이버 증권은 주식투자 정보의 보물창고

▶ 1장 ◀

저자직강 동영상 강의로 이해 쑥쑥!

1장의 핵심 내용을 이해하기 쉽게 풀어낸 저자의 동영상 강의입니다

왜 주식투자인가?

주식의 '주'자만 들어도 겁내시던 주부님들도 과감하게 주식투자에 뛰어드는 것을 보고 세상이 바뀐 것을 실감할 수 있었습니다. 그동안 한국의 대표 주식들을 외국인 투자자가 시세를 결정하고, 우량주 배당이 외국인에게 주로 가는 것이 안타까웠는데, 이제 강좌를 찾아서 듣고 공부하는 스마트한 개인 투자자 군단이 생겨 든든하기까지 합니다.

| 투자시대의 리스크에 대한 이해 |

이 시점에서 우리는 주식이나 투자 이야기에 앞서 기본적인 질문부터 시작할까 합니다. "투자란 무엇일까요?"

금융투자업을 규율하는 자본시장법에서 정의하는 투자는 '원금손실 가능성이 있는 것'입니다. 즉 원금을 잃을 위험성이 있다는 것입니다. 그래서 투자를 이해하려면 먼저 위험(리스크)을 이해해야 합니다.

수익을 얻기 위해 우리는 위험을 감내해야 합니다. 위험과 수익은 시장이 합리적이고 정상적이라면 비례해야 합니다. 즉 위험한 만큼 기대하는 수익이 높아야 하는 것입니다. 다른 말로 표현하면, 높은 수익을 원한다면 높은 위험을 감수해야 합니다.

우리는 주식투자가 위험하다고 합니다. 이때 위험은 '불확실성'을 의미합니다. 은행의 정기예금은 예를 들어 연 2%가 제시되면 해당 이자를 확실하게 받을 수 있습니다. 그런데 주식투자는 배당을 받게 되는데 배당은 확정된 것이 없습니다. 해당 기업이 장사를 잘하면 배당을 많이 주고, 심지어 기업의 실적이 좋지 않으면 배당을 주지 않기도 합니다. 게다가 주가는 심하게 변하기도 합니다.

경영학이나 경제학 측면에서의 위험이란 불확실성을 말하고, 불확실성을 수학적으로, 즉 변동성으로 측정을 합니다. 즉 변동성이 큰 것을 우리는 위험이 크다고 말합니다. 다시 주식투자로 돌아와서 주식투자는 배당도 불확정적이며, 투자하는 해당 주식의 가격도 수시로 계속 변하니 위험이 크다고 할 수 있습니다.

| 저축의 시대에서 투자의 시대로 |

요즘 왜 저축에서 투자로 트렌드가 옮겨갔을까요? 누가 주식시장에 우리를 초대했을까요? 저축과 투자를 구분하는 가장 큰 특징은 바로 위험, 즉 '변동성을 감수할 것인가'입니다. 그렇다면 우리는 왜 굳이 위험을 떠안아야만 할까요?

답은 간단합니다. 금리(이자율)가 떨어졌기 때문입니다. 금리는 시장의 자금 향방을 결정하는 신호등이라 할 수 있습니다. 물이 높은 곳에서 낮은 곳으로 흐르듯이 돈은 수익률이 낮은 곳에서 높은 곳으로 옮겨가려 합니다. A은행이 2% 이자를 주는데 B은행은 2.1%를 준다면, 위험은 거의 같은데 이자율이 다르므로 고객이 B은행으로 옮겨가는 것이 자연스러운 것입니다.

그런데 중요한 점은 금리가 너무 떨어졌다는 것입니다. 예를 들어 연 2~3%

수준의 수익률을 가지고는 물가통계가 따라잡지 못하는 가파른 생활비 상승을 감당할 수 없다는 것입니다. 월급은 오르는 것이 한계가 있는데 식료품이나 기호품인 술·담배 가격은 치솟고, 자녀 학원비는 부담스럽고, 주거비용은 뜀박질을 합니다. 그런데 '돈의 값'이라 할 수 있는 금리는 떨어지니 견디기 힘들어진 것입니다. 그래서 위험을 감수하고서라도 수익률을 높여야 하는 상황이 되었습니다.

| 합리적인 투자를 위해 |

이제는 투자를 정의할 수 있겠지요? 투자는 위험을 감수하는 대가로 수익률을 높이는 것입니다. 조금 더 축약하면 수익률과 위험이라는 2가지 요소 중에서 본인에게 맞는 균형점을 찾아가는 것입니다. 저성장·고령화 시대를 맞아 편안한 노후를 위해 목표수익률만큼 어떻게 리스크를 합당하게 인수할 것인지가 중요해졌다는 의미입니다.

그런데 우리는 높은 수익률을 찾으면서도 정작 위험을 선택하는 것에 대해서는 거부감이 큽니다. 제가 은행이나 증권사에서 근무하면서 금융상품을 소개할 때 가장 어려운 점이 바로 이런 점이었습니다. 안전하면서 그리고 변동성이 적으면서 수익률이 높은 상품을 알려달라는 것입니다. 그런 마법 같은 상품이 있다면 저에게도 알려주세요.

위험은 낮은데 고수익을 주는 상품을 찾는 것은 매우 어렵습니다. 그렇지만 적절한 위험을 감수하면서 장기적으로 수익률을 높일 수 있는 방법은 있습니다. 바로 '자본주의의 꽃'이라 불리는 주식입니다. 자본주의가 폭발적으로 발전할 수 있었던 이유는 바로 주식회사라는 제도이고, 그 주식회사의 지

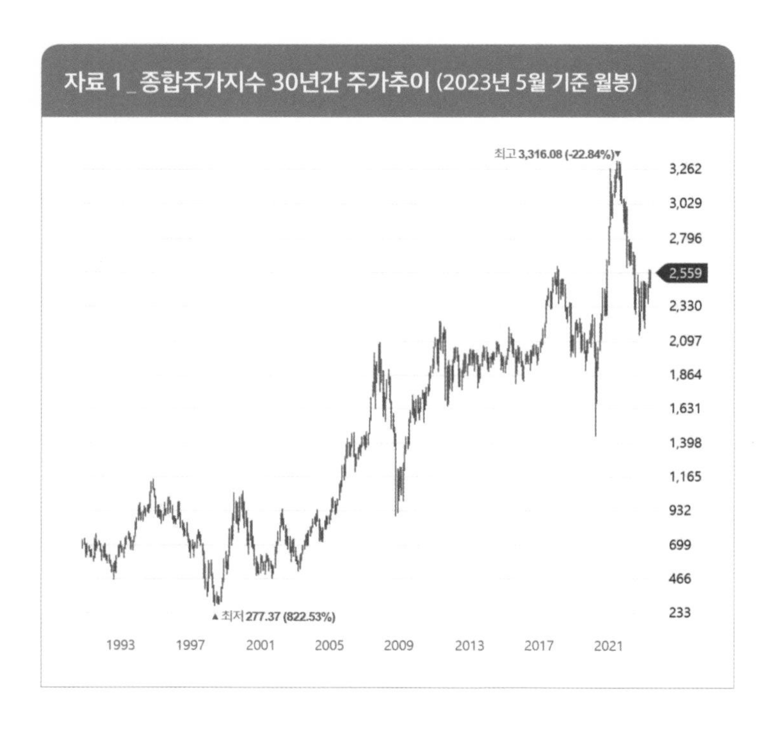

자료 1 _ 종합주가지수 30년간 주가추이 (2023년 5월 기준 월봉)

분이 바로 주식이기 때문입니다.

우리가 왜 주식투자를 해야 하는지에 대해 어려운 종목이 아닌 누구나 다 아는 한국주식시장의 종합주가지수로 이야기해보죠.

약 30년간의 한국 유가증권시장 주가차트(자료 1)를 보시면 어떻습니까? 차트에 대해서는 뒤에서 자세히 설명하겠습니다만, 차트분석을 모르더라도 장기적으로는 결국 상승해왔다는 것을 누구나 쉽게 알 수 있습니다. "위험은 변동성"이라고 앞에서 말씀드렸는데 한국주식시장은 괜찮은 상승변동성을 보여줍니다. 물론 미국시장처럼 크게 상승하지는 않았지만 말이죠.

의외라고 생각하실 수도 있습니다. 주위에 주식투자로 돈을 잃었다는 사람이 더 많은 것 같은데 종합주가지수는 꾸준히 상승을 했습니다. 주식시장이 상승과 하락을 반복하지만 결국은 한국경제가 성장하는 한 한국의 주가지수도 상승하게 됩니다.

결론적으로 자산을 관리할 때 주식시장에 많은 부분이건 적은 부분이건 투자해야 한다는 것입니다. 어렵게 특정 종목의 매매 타이밍을 잡으려고 애쓰지 않아도, 즉 주가지수를 추종하는 상품을 보유하고 있으면 상당한 수익률을 기록할 수 있었을 것입니다.

한국의 산업 포트폴리오는 첨단산업에서부터 기본이 되는 제조업에 이르기까지 훌륭하고 다양한 산업 포트폴리오를 가지고 있습니다. 그런 한국의 강점이 2020년 코로나19 사태에도 상대적으로 다른 국가에 비해 주가 회복력이 높게 나타나게 한 원동력이 되고 있습니다.

좋은 주식을 모아가세요

저는 같은 질문을 매번 받습니다. "주식투자를 하고 싶은데 너무 오른 것은 아닐까요? 혹은 더 떨어지는 것은 아닐까요?" 작년에도 똑같은 질문을 주셨습니다. 주가가 오르건 내리건 내년에도 같은 질문을 하실 듯합니다. 저는 이렇게 말씀드립니다. "좋은 주식은 무리하지 않고 즐기듯이 조금씩 사 모으는 것입니다."

좋은 회사 주식은 아파트를 사는 것과 같다고 생각하면 이해가 쉽습니다. 아파트를 사면 단기간에 쉽게 팔지 않듯이, 여러분이 주식에 대해 공부하시고 좋은 회사 주식을 여유자금으로 조금씩 모아가시면 됩니다.

과거와는 다르게 한국에서도 배당에 대한 관심이 높아졌습니다. 주가가 좀 떨어져도 배당을 받으면서 인내심을 갖고 기다리면 됩니다. 종합주가지수가 급락하면 오히려 싸게 살 수 있는 기회라고 생각하시면 됩니다.

| 주식투자 정보의 보물창고인 네이버 |

그럼 투자 정보는 어디에서 얻을 수 있을까요? 여러분은 궁금한 것이 생기면 어디에서 검색을 하나요? 젊은 분들은 여러 포털 사이트에서 검색하시겠지만 저 같은 경우는 주로 네이버에서 검색을 합니다. 우리의 곁에 늘 있던 네이버는 주식투자 정보의 보물창고입니다. 멀리서 찾을 게 아닙니다.

그렇다면 해당 네이버 회사의 주가는 어떠했을까요?

자료 2_ 네이버 주가추이 (2023년 5월 26일 기준)

네이버 증권의 '국내증시' 화면에서 해당 종목을 찾아 10년을 클릭하면 이렇게 바로 해당 종목의 주가추이(자료 2)를 보여줍니다. 늘 네이버로 검색을 하면서 왜 네이버 주식을 살 생각을 못했을까요? 투자 정보가 멀리 있는 것이 아님을 알 수 있습니다. 자, 이제 어렵고 복잡한 주식 공부가 아닌 쉽고 편한 네이버 증권으로 부자 되는 길을 떠나보실까요?

네이버 증권 뉴스

네이버는 국내 1위 인터넷 검색 포털 사이트를 운영하고 있는 회사로, 인터넷을 기반으로 쇼핑, 콘텐츠 및 미래 신기술사업 등 다양한 사업을 영위하고 있습니다. 한국 사람의 검색 대부분이 네이버를 통해 이루어지고 있는 점을 생각해보면 하루도 네이버 없이 생활하는 것은 어려운 실정입니다. 이런 친숙한 네이버를 주식투자에 활용하는 것은 어쩌면 매우 자연스러우면서도 효과적인 일이겠습니다.

| 주요뉴스 |

매일매일 접하게 되는 뉴스들이 모두 주식투자와 관련이 있지만 그중에서도 좀 더 주식투자와 관련이 높은 뉴스를 확인하고 싶다면 역시 네이버 증권이 가장 효과적입니다. 네이버는 우리나라를 대표하는 명실상부한 포털 사이트이기에 뉴스 접근이 쉬울 수밖에 없는 구조적인 장점이 있습니다.

자료 3_ 네이버 증권 주요뉴스

주요뉴스 더보기

[이번주 증시] 美부채협상·연준 금리인상 여부에 관망
주식시장은 아직 배고프다…반도체 말고 뜨는 이 업…
[펀드와치]"엔비디아 땡큐"…반도체 ETF 달렸다
"美부채협상 주말결판"…나스닥 2.19% S&P 1.3%↑…
[유럽개장]장 초반 강보합..英 0.18%↑
코스피, 반도체株 강세에 2550선 상승 마감[마감시황]

네이버 증권의 초기화면에는 왼쪽 상단(자료 3)에

'주요뉴스'가 가장 먼저 보입니다. 주식투자와 관련된 따끈따끈한 뉴스를 모아서 보여주기 때문에 매우 편리합니다. 여기서 관심 있는 뉴스를 바로 클릭해서 손쉽게 볼 수 있습니다. '더보기'를 클릭하면 좀 더 자세한 '주요뉴스' 화면(자료 4)으로 들어가게 됩니다.

자료 4 _ 주요뉴스 더보기

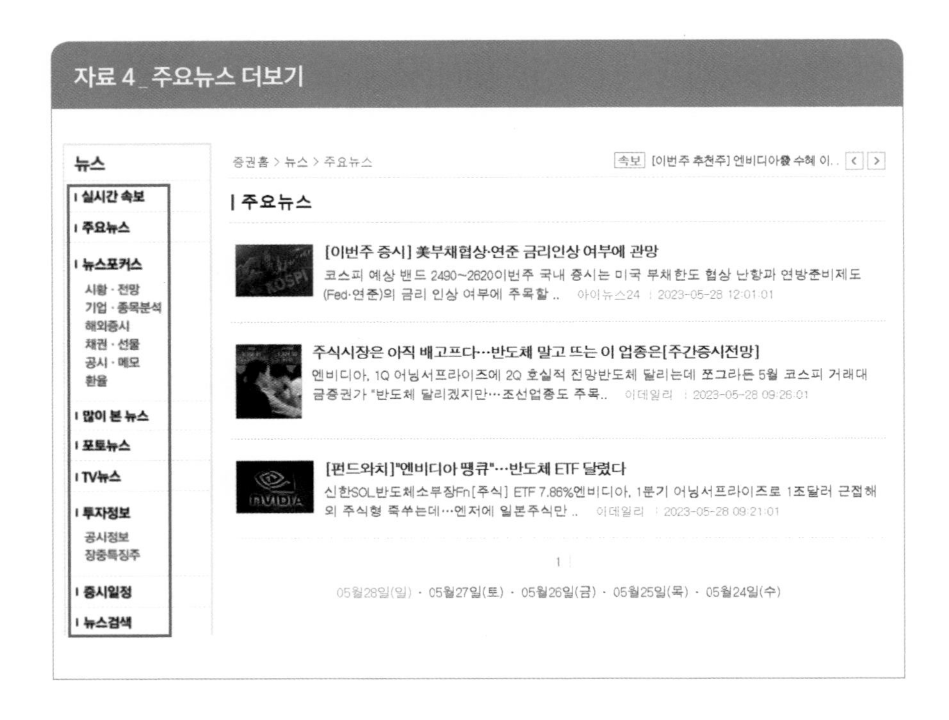

'주요뉴스' 화면으로 들어가면 뉴스 이미지로 찾는 정보를 간략히 보여주어 대략적인 뉴스의 내용을 파악할 수 있으며, 클릭하면 해당 뉴스페이지로 이동할 수 있습니다. 뉴스뿐만 아니라 공시정보 및 개별종목별 뉴스검색 등 다양한 메뉴바를 활용할 수 있습니다.

| 투자 정보 |

이렇게 단순히 뉴스만을 볼 수 있다면 네이버 증권의 뉴스를 절반도 활용하지 못하는 셈입니다. 중요한 정보를 더 찾을 수 있는 아이콘이 있기 때문입니다. 바로 '투자 정보'입니다. '투자 정보'는 〈자료 4〉의 왼쪽 메뉴바에서 찾으실 수 있는데, '공시정보'와 '장중 특징주'라는 2가지 항목이 있습니다. 나름 쏠쏠한 정보를 이렇게 잘 모아놓은 곳이 없는데, 워낙 많은 정보들이 제공되니 주의 깊게 살피지 못하면 놓치기 쉽습니다.

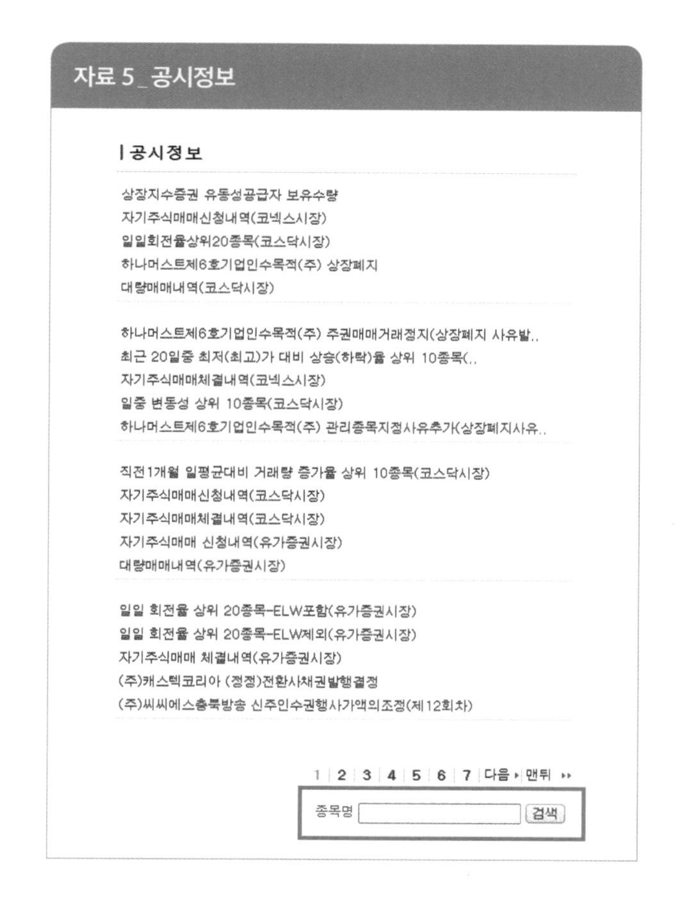

공시는 뒤에서 또 살펴볼 기회가 있겠지만, 뉴스와는 또 다른 공적으로 공개하는 정보이므로 관심종목이나 보유종목의 공시는 자주 살펴보는 습관을 가져야 합니다. 종목명 검색(자료 5)으로 해당 종목의 공시사항을 확인할 수 있습니다.

자료 6_삼성전자 공시

공시정보

삼성전자(주) 기업지배구조 보고서 공시	21.05.31 06:52
삼성전자(주) 최대주주변경	21.04.30 06:52
삼성전자(주) 기타 경영사항(자율공시)	21.04.29 06:52
삼성전자(주) 기타 경영사항(자율공시)	21.04.29 06:52
삼성전자(주) 현금 · 현물 배당 결정	21.04.29 06:50
삼성전자(주) 연결재무제표기준영업(잠정)실적(공정공시)	21.04.29 06:50
삼성전자(주) (정정)연결재무제표기준영업(잠정)실적(공정공시)	21.04.29 06:50
삼성전자(주) 기업설명회(IR) 개최(안내공시)	21.04.07 06:50
삼성전자(주) 연결재무제표기준영업(잠정)실적(공정공시)	21.04.07 06:50

1

종목명 삼성전자 검색

공시라는 것이 금융당국 입장에서 투자자보호를 위해 제도적으로 공개하는 내용들이 대부분입니다. 예를 들어 위 〈자료 6〉에서 보듯이 삼성전자 공시를 검색해보면 주주변경도 보이고, 배당 결정에 대한 안내, 실적공시, 기업설명회 공지 등 중요한 정보가 다양하게 보입니다. 투자자 입장에서 놓치면 안 되는 정보들입니다.

마지막으로 흥미로운 정보가 있는데, '투자 정보'에서의 '장중 특징주'입니다. '장중 특징주'를 클릭해보면 〈자료 7〉과 같은 화면이 보입니다.

우리가 주식투자를 하다 보면 급등하거나 급락하는 종목을 종종 발견하는데, 주가가 왜 갑자기 오르고 떨어지는지 영문을 모를 때가 많습니다. 이런 경우 '장중 특징주'에서 검색해보시면 의외로 쉽게 해답을 찾을 수 있습니다. '장중 특징주'에 들어가면 〈자료 7〉에서 보듯이 테마이슈, M&A 이슈, 특히 변동성이 심한 제약·바이오 종목 등 주식투자자에게 큰 도움을 주는 시의성

자료 7_ 장중 특징주

| 장중특징주

전장·IoT기업 아모센스, 코스닥 상장 첫날 상한가	21.06.25 16:22	연합뉴스
이베이코리아 인수 이마트 5% 급등(종합2보)	21.06.25 15:55	연합뉴스
엑세스바이오, 코로나19 항체 진단키트 FDA 승인…15%대..	21.06.25 14:54	아시아경제
나노스, 모더나 사용 LNP 생산 계약 소식에 급등	21.06.25 12:11	아시아경제
한국항공우주, 공공기관 입찰 자격 1년 6개월 정지…주가 약..	21.06.25 11:31	파이낸셜뉴스
은행권 '배당 족쇄' 풀린다…은행주 일제히 강세	21.06.25 11:17	파이낸셜뉴스
'이재명 관련주' 수성이노베이션 강세	21.06.25 11:12	아시아경제
이베이코리아 인수 이마트 강세(종합)	21.06.25 11:01	연합뉴스
현대건설, 실적 개선 기대감에 '강세'	21.06.25 10:13	이데일리
프로스테믹스, 윤석열 대권선언에 서울중앙지검 출신 감사 부각 강..	21.06.25 09:57	아시아경제
프로스테믹스, 코로나19 치료 '악템라' 효과증명…美FDA ..	21.06.25 09:53	파이낸셜뉴스
이베이코리아 인수 이마트 3%대 상승	21.06.25 09:48	연합뉴스
바이든 행정부의 인프라 예산 타결…관련주 상승세	21.06.25 09:32	아시아경제
아프리카TV, 52주 신고가…3거래일 연속 상승	21.06.25 09:27	이데일리
KMH, 546억 규모 자사주 취득 결정에 강세	21.06.25 09:16	이데일리
더블유게임즈, 자회사 나스닥 상장 연기 소식에 '약세'	21.06.25 09:15	이데일리
카카오, 차익 매물 출회에 2거래일 연속 '약세'	21.06.25 09:12	이데일리
스튜디오산타클로스, 608억원 규모 유증 추진에 '약세'	21.06.25 09:10	이데일리
코오롱인더, 52주 신고가…2분기 호실적 기대	21.06.25 09:08	이데일리
아모센스, 상장 첫 날 '강세'… 공모가 웃돌아	21.06.25 09:08	이데일리

1 | 2 | 3 | 4 | 5 | 6 | 7 | 8 | 9 | 10 | 다음 › | 맨뒤 »

제목 [검색]

이 중요한 정보들이 가득합니다.

이렇게 네이버 증권의 뉴스 화면을 잘 찾아보는 것만으로도 우리는 주식투자 정보의 홍수에 빠지게 됩니다. 그러므로 정보가 없어서 투자하지 못한다는 것은 그저 변명일 뿐입니다.

물론 그런 정보를 어떻게 분석해서 투자에 응용할지는 부지런히 공부하면서 실전 경험을 쌓아야 합니다. 주식투자는 총성 없는 전쟁이니까요.

투자자의 아침과 주요 주가지수

저는 은행에 근무하던 시절엔 일찍 퇴근하는 증권맨이 상당히 부러웠는데, 막상 증권사에 근무해보니 새벽에 출근하는 증권맨의 고충을 알게 되었습니다. 증권사 직원의 출근이 빠른 이유는 당일 투자의사 결정을 위해서 매매 개시 전에 해외증시와 세계경제 동향을 살피는 것으로 하루를 시작해야 하기 때문입니다.

| 해외증시 중 가장 중요한 미국주식시장 |

주식투자를 제대로 하고 싶은 투자자라면 아침부터 준비가 필요합니다. 밤동안에 해외시장은 어떠했는지 파악하는 것입니다. 전업으로 투자하지 않더라도 세계경제는 복잡하게 연결되어 있기 때문에 주식투자자는 해외시장 동향을 반드시 파악할 필요가 있습니다.

해외증시 중에서도 역시 미국주식시장이 가장 중요합니다. 전체 금융시장을 좌지우지하는 미국시장을 투자자는 항상 챙기면서 투자하는 습관을 가져야 합니다. 미국증시는 시가총액 기준 전 세계 증시의 대략 40% 정도를 차지하고 있습니다. 코로나19 영향으로 구글, 애플, 아마존과 같은 정보기술 기업이 선전하면서 더욱 비중과 관심이 높아졌습니다. 미국시장의 움직임을 확인한다는 것은 세계 주식시장의 흐름을 파악하는 것과 다를 바 없습니다.

| 미국을 대표하는 3대 지수 |

네이버 증권 메뉴 상단에는 '해외증시'가 있고, 클릭하면 세계주요증시 현황을 보여줍니다(자료 8). 그중에서 역시 미국시장부터 확인할 수 있도록 순서가 배치되어 있습니다.

미국주식시장을 대표하는 3대 지수는 상식으로 꼭 알고 계셔야 합니다.

자료 8_ 해외증시 초기화면

1) 다우산업지수

다우산업지수는 1884년 미국의 〈월스트리트 저널(Wall Street Journal)〉 편집장인 찰스 다우(Charles Dow)가 처음 창안한 것입니다. 시장의 대표성이 있고 안정된 주식 30개를 표본으로 시장가격을 평균산출하는 세계적인 주가지수로, 역사가 깊고 영향력도 큽니다. 다만 우량 30개 기업의 주식종목으로 구성하기 때문에 시장의 수많은 기업들의 가치를 전반적으로 대표할 수 있는지에 대해서는 논란이 있기도 합니다. 그리고 시가총액이 아닌 주가평균방식으로 계산되기 때문에 주가가 큰 종목의 영향력이 커 지수가 왜곡될 수 있다는 문제점도 가지고 있습니다. 그렇지만 미국 증권시장의 동향과 시세를 알 수 있는 역사적인 대표 주가지수이기 때문에 투자자는 다우지수 동향에 관심을 가져야 합니다.

2) 나스닥지수

나스닥지수는 미국 증시의 3대 주가지수의 하나로, 기술주나 성장성이 높은 주식들이 주로 많이 상장되어 있는 지수입니다. 한국도 미국의 나스닥시장과 유사한 코스닥시장지수가 있습니다. 성장성이 높은 벤처기업이나 첨단기술 관련 기업들의 주식이 장외 거래되는데, 한국 투자자도 많이 거래하는 테슬라, 구글, 애플, 아마존닷컴 등의 기업들이 상장되어 있는 시장지수입니다.

지수 산출 기준일은 1971년 2월 5일로, 이날의 시가총액을 100포인트로 해 상장된 모든 보통주를 시가총액에 따라 가중치를 부여해 주가지수를 산출하고 있습니다. 나스닥지수는 다우지수에 비해 상장종목 전체를 대상으로 지수가 산출되므로 시장 전체의 흐름 파악이 보다 용이합니다. 시가총액식 주가지수이므로 대형주의 시세에 영향을 많이 받게 됩니다.

3) S&P500지수

S&P500지수는 국제 신용평가기관인 미국의 Standard and Poor's(S&P)가 작성한 주가지수입니다. 다우존스지수와 마찬가지로 뉴욕증권거래소에 상장된 기업의 주가지수지만 지수 산정에 포함되는 종목 수가 다우지수의 30개보다 훨씬 많은 500개입니다. 따라서 S&P500지수는 다우지수보다는 미국시장의 전반적인 시세를 파악하는 데 좀 더 유용하다고 할 수 있습니다. S&P500지수도 시가총액식 주가지수이므로 상대적으로 소형주보다는 대형주의 영향을 크게 받게 됩니다.

| 미국증시와 동조화 |

세계경제를 선도하는 미국 주가지수와 세계 주가지수의 상관도는 매우 높습니다. 특히 한국은 수출이 중요한 나라이기 때문에 세계경제 상황에 다른 나라보다 민감합니다. 그래서 더욱 미국주식시장의 흐름은 한국 주식투자자에게도 매우 중요한 사항입니다.

좀 더 세부적인 정보가 필요하다면 '해외증시' 화면의 아래로 조금 내려가면 '해외 주요지수(자료 9)'를 찾을 수 있습니다. '해외 주요지수'에서는 여러 나라의 지수를 살펴볼 수도 있고, 미국주식시장에서도 주요 업종을 파악할 수 있습니다.

자료 9_ 해외 주요지수

해외 주요지수 현지시간 기준

국가명	지수명	현재가	전일대비	등락률	등락률 그래프	시간
미국	다우 산업	33,093.34	▲328.69	+1.00%		05.26 16:20
미국	다우 운송	13,903.42	▲13.46	+0.10%		05.26 16:19
미국	나스닥 종합	12,975.69	▲277.60	+2.19%		05.26 16:15
미국	나스닥 100	14,298.41	▲359.88	+2.58%		05.26 16:15
미국	S&P 500	4,205.45	▲54.17	+1.30%		05.26 17:20
미국	필라델피아 반도체	3,545.67	▲208.95	+6.26%		05.26 16:15

예를 들어 한국의 반도체 관련 주식에 투자하고 있다면 미국주식시장의 필라델피아 반도체 지수를 통해 대략적인 한국 반도체 관련 종목의 주식시세를 가늠해볼 수 있습니다. 여기서 멈추지 말고 네이버 증권 화면에서 '필라델피아 반도체 지수'를 클릭하면 〈자료 10〉과 같은 좀 더 자세한 화면을 구할 수 있습니다.

자료 10_ 필라델피아 반도체 지수 추이 (2023년 5월 26일 기준)

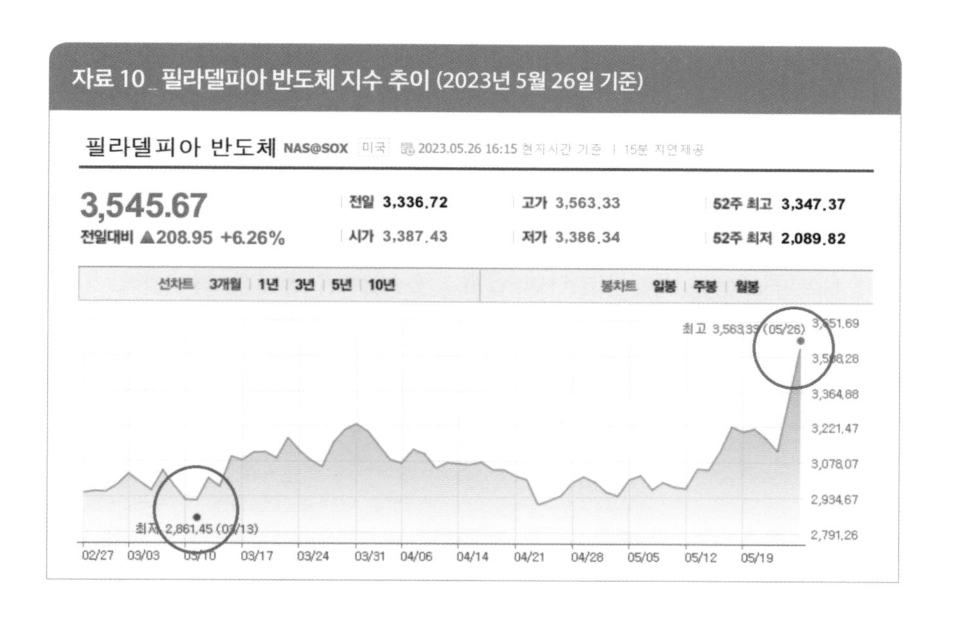

각 3개월간의 필라델피아 반도체 지수(자료 10)와 아래의 삼성전자 차트(자료 11)를 비교해 보시기 바랍니다.

자료 11_ 삼성전자 주가추이 (2023년 5월 26일 기준)

필라델피아 반도체 지수와 삼성전자의 3개월 차트가 당연히 똑같지는 않지만 고점과 저점의 시기가 많이 유사하다는 것을 알 수 있습니다. 이렇게 한국의 주식시장에만 투자하는 투자자라도 세계 주식시장의 흐름에 관심을 가지고 있어야 하고, 특히 미국시장의 추이는 더욱 중요하게 살펴봐야 합니다.

주식투자로 돈을 벌었다고 하면 쉽게 돈을 버는 줄 압니다. 하지만 알고 보면 장이 열리기 전인 아침부터 얼마나 부지런해야 하는지 깨닫게 됩니다.

뉴스로 발굴하는 종목 사례 : 2차전지

전기차의 점유율과 전기차에 대한 관심이 높아지면서 더불어 한국의 2차전지 관련 기업들의 성장에 대한 뉴스가 많이 나오고 있습니다. 올바른 주식투자자는 단순히 이런 뉴스를 뉴스로만 받아들이지 않고 좋은 투자종목은 없을지 공부합니다. 네이버 증권의 뉴스를 통해 스스로 종목을 발굴하는 방법을 함께 찾아볼까요?

| 2차전지가 대체 뭐길래? |

전기차는 전기만을 동력원으로 사용하는 자동차를 말합니다. 가솔린이나 디젤엔진과 같은 내연기관을 통해 에너지를 얻는 차에 비해 매연이 없으니 친환경적입니다. 게다가 전기차는 제조가 쉬운 편입니다. 충전된 전기를 통해 모터를 바로 돌릴 수 있으니까요. 따라서 전기차는 배터리가 중요합니다. 그런데 이 배터리는 제조가 만만치 않습니다. 배터리는 반도체에 이어 앞으로 대한민국을 먹여 살릴 달러박스가 될 겁니다. 2차전지는 재충전이 가능한 배터리를 말합니다. 전기차의 침투율이 높아질수록 전기차 원가 중 가장 중요한 2차전지에 대해 주식투자와 무관하게 뉴스가 쏟아집니다. 하물며 주식투자자라면 이런 성장산업에 대한 공부를 게을리할 수 없습니다. 먼저 네이버 증권으로 검색을 시작해봅니다.

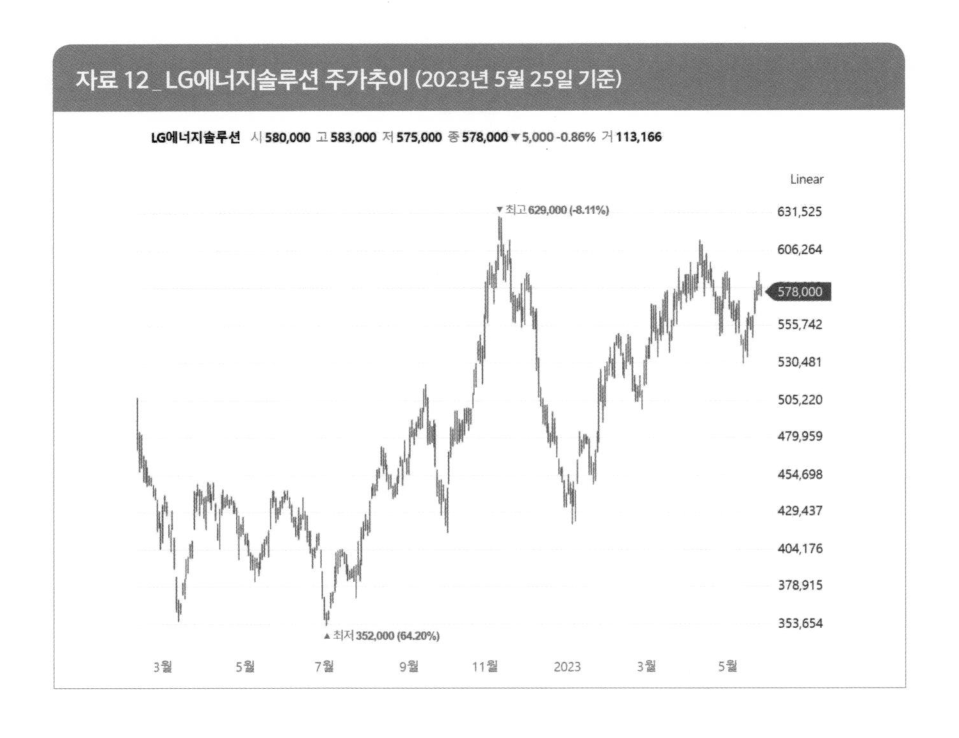

자료 12_LG에너지솔루션 주가추이 (2023년 5월 25일 기준)

2차전지 하면 생각나는 기업은 LG에너지솔루션(자료 12)입니다. LG에너지솔루션은 LG화학으로부터 분할 상장 후 횡보하다 2022년 하반기에 큰 폭으로 상승 후 침체되었다가 다시 2023년 들어서면서 상승했음을 알 수 있습니다. 전반적으로 우상향 추세 속에서 하락 후 다시 크게 반등하는 패턴을 보여줍니다. 다음은 주가폭등으로 뉴스를 점령했던 에코프로비엠(자료 13)을 확인해봅니다. 양극재 1등 기업답게 상승률이 매우 높음을 알 수 있습니다. 이제 마음이 급해집니다. '전기차 시장이 확대된다는 것에 대해 의심을 가질 필요가 없었는데 왜 나는 2차전지 관련 주식에 투자하지 않았을까' 후회가 듭니다. 그렇다고 막상 이런 종목에 투자를 하려니 상승폭이 이미 커 투자가 망설여집니다. 성장성이 좋다고는 하는데 이미 주가가 많이 올랐다고 생각이 되면 쉽게 투자하기 어렵습니다. 망설이다 보면 이미 주가는 또 올라 있는 경우

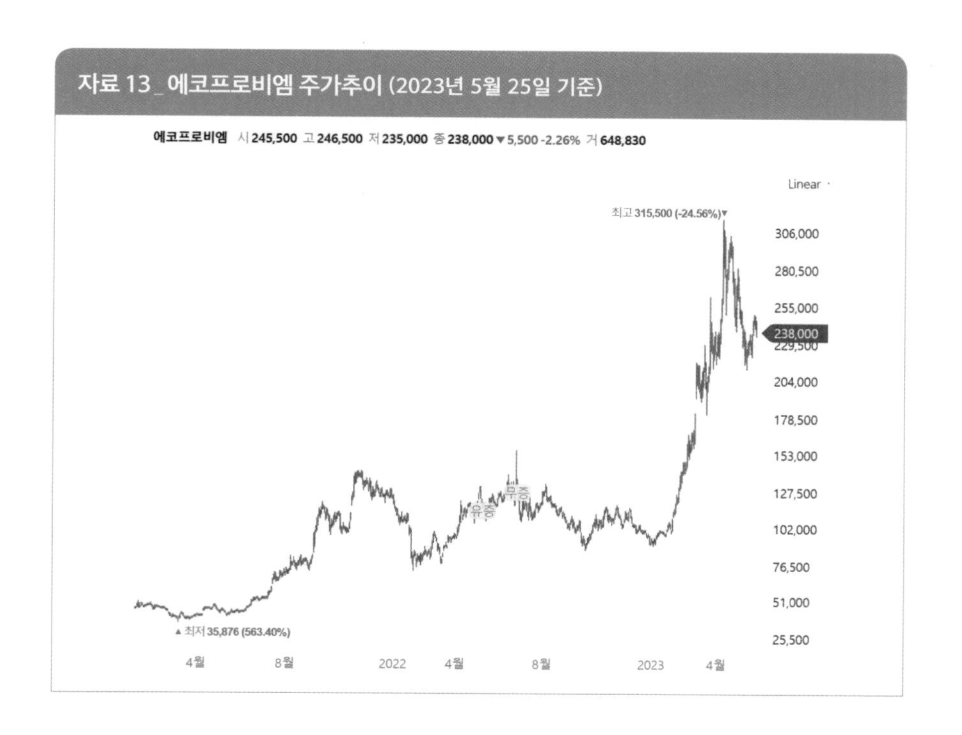

자료 13_ 에코프로비엠 주가추이 (2023년 5월 25일 기준)

가 많고, 이전 주가에도 못 샀는데 더 오른 주가에는 더욱 사기가 어렵습니다. 그러다가 주가가 밀리면 '지금이라도 진입해야하겠구나'라고 생각해 드디어 매수하지만 그때부터 주가가 조금씩 하락하면서 횡보합니다. 신기하게도 내가 사면 잘 오르던 주식도 멈추는 게 너무나 속상해 울고 싶은 마음입니다.

| 성장성에 투자 |

성장성이 좋은 기업이나 업종에 투자하는 것은 좋은 성과를 바라는 투자자의 당연한 투자전략이지만, 이런 성장에 대한 기대가 주가에 어느 정도 반영되어 있는지 확인하는 것이 반드시 필요합니다. 사례로 든 2차전지 기업의 흐름을 보면 주가가 계속 오르는 것이 아니라 횡보하는 시간을 가진다는 점을 확인할 수 있습니다. 이제는 성장기대에 걸맞은 실적을 보여주는지 확인하고 다시 다음 단계로 진입할 것입니다. 즉 기본적인 성장성에 대한 기대감은 이미 주가에 반영된 것입니다. 2차전지는 이제 본격적인 게임을 시작하는 셈이니 성장성 그 자체를 의심할 필요는 없을 것입니다.

| 종목선정 방법 : 1등 기업 |

2차전지의 성장성을 의심하지 않는다면, 이제 어떤 종목에 투자해야 할지도 고민입니다. 이제부터 나름의 주식 공부가 필요한 부분입니다. 앞에서 소개한 기업 모두 좋은 기업이지만 어떤 종목에 투자할지는 철저히 투자자의 선택입니다.

초보자에게 권하는 종목선정 방법은 '종목을 모르겠다면 해당 업의 1등 기업에 투자'하라는 것입니다. 해당 업종의 1등 기업은 그냥 거머쥘 수 있는 타이틀이 아닙니다. 예를 들어 LG에너지솔루션은 기술력을 인정받아 세계 전기자동차기업의 러브콜을 받고 있습니다. 종목선정이 어려운 느긋한 투자자에게는 '1등 회사'가 쉽고 가장 안전하며 합리적인 투자방법입니다.

| 종목선정 방법 : 기업실적 분석 |

1등 주식에 단순하게 투자하는 것으로만 만족한다면, 이것은 공부하는 투자자의 자세가 아닙니다. 네이버 증권을 간단하게 검토하는 것으로도 훌륭한 종목개발 방법을 가질 수 있습니다. 해당 종목의 화면 아래에 '기업실적분석'을 확인하는 것입니다. 이미 전문가들이 해당 기업의 실적을 고민하고 연구해 예상실적까지 제시하고 있습니다.

네이버 증권 화면에서 보여주는 실적분석을 보도록 하겠습니다.

자료 14_LG에너지솔루션 기업실적분석 (23년 5월 기준)

주요재무정보	최근 연간 실적			
	2020.12	2021.12	2022.12	2023.12(E)
	IFRS 연결	IFRS 연결	IFRS 연결	IFRS 연결
매출액(억원)	14,611	178,519	255,986	367,846
영업이익(억원)	-4,752	7,685	12,137	30,489
당기순이익(억원)	-4,518	9,299	7,798	24,101
영업이익률(%)	-32.52	4.30	4.74	8.29
순이익률(%)	-30.92	5.21	3.05	6.55
ROE(%)		10.68	5.75	10.72

자료 15_에코프로비엠 기업실적분석 (23년 5월 기준)

주요재무정보	최근 연간 실적			
	2020.12	2021.12	2022.12	2023.12(E)
	IFRS 연결	IFRS 연결	IFRS 연결	IFRS 연결
매출액(억원)	8,547	14,856	53,576	92,831
영업이익(억원)	548	1,150	3,807	5,848
당기순이익(억원)	467	978	2,727	4,344
영업이익률(%)	6.41	7.74	7.11	6.30
순이익률(%)	5.46	6.58	5.09	4.68
ROE(%)		20.26	24.26	23.56

역시나 매출의 성장이 어마어마합니다. 2차전지 관련 종목의 주가 상승이 높았던 이유가 있습니다. 기업의 매출액이 증가하는 흐름과 함께 영업이익도 증가한다면 가장 훌륭한 투자종목입니다. 복수의 기업 중에서 하나를 선정해야 한다면 성장률이 높은 기업에 투자하면 됩니다. 이익률을 본다면 영업이익률이 순이익률보다 좀 더 중요합니다. 순이익은 영업에 관계없는 부분이 영향을 꽤 미치지만 결국 가장 중요한 점은 기업의 영업부분에서 돈을 벌어야 하는 것입니다. 즉 본질적인 영업에서 돈을 잘 버는 기업은 결국 주가가 오르게 됩니다.

이렇게 네이버 증권에서 매출액 추이와 이익 추이를 어렵지 않게 살펴볼 수 있고, 손쉽게 비교할 수도 있습니다. 정말 손쉬운 방법인데 의외로 초보투자자들은 "이런 이런 종목이 좋다더라"라는 단순 권유로 덜컥 투자하는 경우가 많습니다. 매출과 이익추이는 스스로 검토하면서 투자하는 습관을 가지시면 좋겠습니다.

| 종목선정 방법 : 리포트 분석 |

이제 여러분께 꼭 추천해드리고 싶은 방법은 증권사에서 제시하는 리포트를 분석하는 것입니다. 2차전지가 무엇이고, 이 산업이 어떻게 발전하고 변화해갈지, 그리고 어떤 기업이 어떻게 실적을 보여주는지 심도 있게 분석한 자료가 바로 리포트입니다.

이렇게 좋은 정보들이 담겨 있는 리포트를 무료로 보실 수 있습니다. 게다가 각 증권사 홈페이지를 찾아다니시지 않아도 네이버 증권에서 매우 손쉽게 검색해서 보실 수 있습니다.

자료 16_ 네이버 증권

금융 홈 | 국내증시 | 해외증시 | 시장지표 | 펀드 |  | 뉴스 | MY

네이버 증권 메뉴바 상단에 '리서치(자료 16)'가 있는데 이를 클릭하면 수많은 분석 리포트들을 찾을 수 있습니다. 좀 더 구체적으로 리서치 화면에 들어가면 '종목분석 리포트'와 '산업분석 리포트'가 있습니다. 각 화면 오른쪽 위 코너에 '더보기'를 클릭하면 검색이 가능합니다. 종목분석(자료 17)에서는 궁금한 기업을 개별적으로 검색해서 리포트를 찾을 수 있습니다. 산업분석에서는 산업전반에 대한 분석자료를 구할 수 있습니다. 산업에서는 자동차 섹터에서 주로 배터리 산업이 분석되는데 '2차전지' '배터리' 등 여러 검색어로도

자료 17_ 리서치 화면

| 종목분석 리포트

종목분석 **실적 개선 이끌 철강부문**

중국 철강 시황, 성수기 효과 누리지 못했던 4~5월중국 제로 코로나 정책 철회에 따라 작년 11월부터 올해 3월 중순까지 상승했던 중국 철강재 가격은 상반기 성수기인 4~5월 오히려 하락. 3월 중순 이후 나타나고 있는 중국 철강 시황 둔화의 요인은 두가지 정도로 압축할 수 있어. 첫째, 기대를 하회한 수요.

유안타증권 | 2023.05.26

종목명	제목	증권사	첨부	작성일	조회수
덕산테코피아	개선되는 본업에 IRA 수혜까지	키움증권		23.04.12	2709
천보	미국 내 특수 리튬염 독점 기업	유안타증권		23.04.11	10301
동화기업	전해액 부문 수익성 추가 개선	하나증권		23.03.15	4245
천보	2Q23, 2차전지 소재 부문 실적 성장 본격화	키움증권		23.01.20	6817
동화기업	NDR 후기	대신증권		22.12.21	3537
동화기업	전해액 부문 수익성 개선 지속	하나증권		22.11.15	2697
하나기술	계획대로 진행 중	유안타증권		22.10.27	4944
엔켐	2022 도약의 발판	신한투자증권		22.09.21	9184
덕산테코피아	나도 2차전지 테마주	이베스트증권		22.09.01	8497
동화기업	하반기 전해액 흑자폭 확대 전망	하나증권		22.08.17	4652

찾을 수 있습니다.

그렇게 2차전지를 공부하다 보니 완성셀업체뿐만 아니라 양극재, 음극재, 전해액 등 다양한 소재도 중요하다는 것을 알게 됩니다. 그중에서 엔켐이라는 기업에 눈길이 갑니다. 전해액 공급을 완성셀업체 2곳과 동시에 거래하고 있으니 기술력에는 문제가 없어 보입니다(자료 18).

자료 18_국내 3사 북미소재 서플라이 체인 (출처: 대신증권)

셀	소재	벤더
LGES	양극재	LG 화학, 포스코케미칼, 엘앤에프
	동박	SKC, 일진머티리얼즈, 솔루스첨단소재
	분리막	LG 화학
	전해액	엔켐, 동화일렉
SKOn	양극재	에코프로비엠, 엘앤에프
	동박	SKC
	분리막	SKIET
	전해액	엔켐, 동화일렉
SDI	양극재	에코프로비엠, 포스코케미칼
	동박	일진머티리얼즈
	분리막	WCP
	전해액	솔브레인

2차전지에 양극재, 음극재, 분리막, 전해액 등 다양한 소재가 필요하니 배터리 산업이 앞으로 계속 성장할수록 소재산업도 계속 성장해야 한다는 것은 당연합니다. 양극재 관련 기업의 주가흐름이 탄력이 높아 주목을 많이 받아서인지 관심이 지대합니다. 상대적으로 관심이 덜해 2차전지 관련 상승흐름에 상대적으로 소외된 파트가 어디일까 생각해보면 전해액이 눈에 들어옵니다.

구체적으로 전해액 선두주자인 엔켐 기업 주가흐름(자료 19)을 살펴보겠습니다. 2차전지 관련주들의 일반적인 흐름과는 좀 다르게 주가흐름이 강하지

자료 19_ 엔켐 주가추이 (2023년 5월 26일 기준)

않았다는 것을 확인할 수 있습니다. 아마도 공격적인 증설을 위해 큰 규모의 전환사채를 발행했기 때문인 것으로 판단됩니다. 그런데 기업의 자금조달이 전해액 분야 글로벌 1위로 도약하고자 하는 공격적인 증설이라면 향후 실적의 성장과 함께 결국 주가도 우상향하는 모습을 기대해볼 만하지 않을까 생각해봅니다. 자금조달에 대한 부담과 미래의 성장성 중 어느 부분이 더 영향이 클지 공부하고 난 후에 투자를 결정해야겠습니다. 부지런히 공부하면 주식투자로 성공할 확률이 높아집니다.

악재 뉴스와 종목 토론

악재 뉴스에 달린 댓글을 보면 왜 그렇게 거친 표현을 쓰는지 이해는 안 되지만, 그 자체로 투자 환경의 하나라는 점은 인정해야 합니다. 네이버 증권의 여러 가지 메뉴 중에서도 개인 투자자들이 가장 많이 방문하는 곳이 아마도 '종목 토론방'일 것입니다. 네이버 증권에서 악재 뉴스와 종목 토론들을 보면서 어떻게 투자에 활용할지만 고민하면 되겠습니다.

| 뉴스의 홍수 |

좋은 뉴스도 쏟아지고, 투자자의 마음을 졸이는 악재 뉴스도 쏟아집니다. 뉴스가 넘쳐나는 시대에 어떤 뉴스를 적시에 선별하고 어떻게 해석할 것인가는 투자자에게 매우 중요합니다. '소문에 사고 뉴스에 팔라'라는 주식격언이 있듯이 호재 뉴스가 매도신호 역할을 하기도 합니다. 뉴스 자체가 아닌 그 뉴스가 품고 있는 속 깊은 의미를 읽어내는 훈련을 해야 합니다.

뉴스는 말 그대로 새로운 이야기입니다. 주가의 관점은 과거가 아닌 미래이므로 주가는 뉴스에 반응합니다. 다만 이미 알려진 뉴스는 반응이 낮거나 재료가 노출되면서 일반인 투자자의 생각과는 다른 방향으로 주가가 움직이기도 하기 때문에 주의가 필요합니다.

코로나19 팬데믹으로 오히려 플랫폼사업이 관심을 받으며 주가가 상승했다가 성장성에 대한 우려로 주가가 하락했습니다. 그중 네이버를 예로 들어보겠습니다. 네이버는 국내 검색엔진 점유율이 60% 수준을 기록하고 있습니다. 기술력을 가진 성장주의 대표주자 격이었던 네이버에 대해 광고수익의 정체로 걱정이 있었는데 오픈AI의 '챗GPT', 구글의 '바드', MS의 '빙'의 등장에 걱정이 더 커졌습니다.

네이버 증권에서의 네이버 종목에 대한 뉴스(자료 20)에서도 이런 걱정에 대한 뉴스를 어렵지 않게 찾을 수 있습니다. 물론 같은 화면에서 네이버도 부

자료 20_ 네이버 종목뉴스

종목뉴스 ✔ 제목 ✔ 내용 종목뉴스

제목	정보제공	날짜
"네이버 로그인 차단" 메일에 황급히 눌렀는데…당하고 보니 'navor...	머니투데이	2023.05.27
"당일 주문하면 내일 배송"…펫박스도 '네이버 도착보장'	뉴시스	2023.05.27
PC 대문 이어 '이것'도 바꾼다…위기감 커진 네이버 '초비상'	한국경제	2023.05.26
└ 구글·MS 위협에 네이버 검색화면 '확' 바꾼다…"AI 체감↑"	머니투데이	2023.05.26
[단독] 지금 전기차 충전 가능? 네이버 검색으로 알려준다…28만기 데...	이코노미스트	2023.05.26
"연내 출시 서치GPT도 고려" 네이버 검색, 새단장 나선다	파이낸셜뉴스	2023.05.26
└ 검색서비스 개편하는 네이버…맞춤형 AI 검색 늘린다	한국경제	2023.05.26
관련뉴스 8건 더보기 ⌄		
네이버웹툰, 미국 아이스너 어워드 7개 부문 후보작에 올라	파이낸셜뉴스	2023.05.26
└ 美 만화계의 아카데미 시상식에 네이버웹툰 작품 6개 후보로	머니투데이	2023.05.26
관련뉴스 3건 더보기 ⌄		
네이버파이낸셜, '대출 갈아타기' 사전 신청 시작…이자 지원 나선다	뉴스1	2023.05.26
└ 네이버페이, 대환대출 사전 신청….전국민 이자지원 포인트	이데일리	2023.05.26
관련뉴스 4건 더보기 ⌄		
구글 부상에 검색 점유율 추락한 네이버	주간동아	2023.05.26
셀버스(Selvers), 네이버 커머스 솔루션 공식 제휴 입점	이데일리	2023.05.26
세상을 디지털로 옮긴 '팀 네이버'…기술 고도화하자 쏟아지는 사업 성과	이코노미스트	2023.05.25

지런히 대안을 찾고 있다는 뉴스도 함께 발견할 수 있습니다.

주식투자가 어려운 점은 바로 '미래관점' 때문입니다. 현재 상황에 대한 부분은 이미 주가에 반영되어 있고, 앞으로의 주가가 어떻게 흘러갈지는 미래의 성과에 달려 있다는 것입니다. 그래서 글로벌 강자인 구글과 MS의 거센 공격에 네이버가 어떻게 맞대응할 것인지가 중요하겠습니다.

이런 시장의 격변은 네이버의 주가(자료 21)에도 나타납니다. 2020년과 2021년 주가가 대단한 상승을 보여주며 정점을 찍었고, 이후 지속적으로 하락했습니다. 그리고 2022년 10월부터는 바닥을 다지고 저점을 조금씩 높여가는 모습을 보여주고 있습니다.

그런데 우리가 좀 간과하는 점이 네이버의 국내 검색엔진 점유율이 50%를

자료 21_ 네이버 주가추이 (2023년 6월 기준)

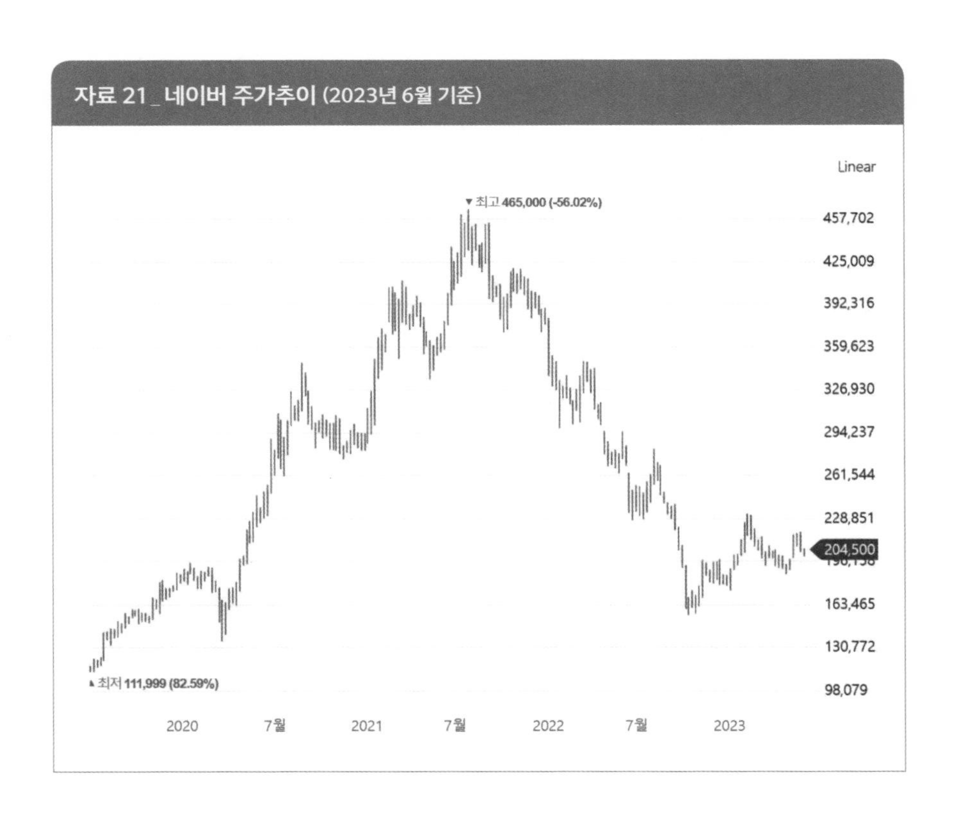

넘는다는 부분입니다. 구글은 글로벌 검색엔진 시장점유율이 90% 수준인데 한국이라는 작은 나라에서는 네이버가 대장이라는 점이 매우 이색적인 수치입니다. 구글에 대항할 검색엔진이 없는 유럽국가들이 네이버를 볼 때는 부러움을 살 정도입니다.

포털사이트의 수익은 광고에서 주로 발생하지만 조금 더 깊게 들어가보면 검색엔진의 진짜 가치는 '빅데이터'입니다. 우리가 검색하는 그 자체가 바로 정보이자 돈이 되는 것입니다. 한국을 대표하는 검색엔진이 만만치 않은 저력을 가지고 있다는 그 자체가 데이터 주권에도 연결되는 문제입니다.

| 종목 토론 |

네이버 증권의 특징 중 하나가 활발한 종목 토론입니다. 그 어느 증권 관련 사이트에서도 이렇게 활발한 종목 토론은 없습니다. 때론 도움이 되기도 하지만, 무수한 불특정 다수가 무기명으로 참여할 수 있기에 정제되지 않은 글들이 많습니다. 그런 부분을 잘 걸러서 보셔야 합니다.

종목화면 중간 오른쪽에 '종목 토론실(자료 22)'이라는 메뉴가 있습니다. 클릭해 들어가면 누구나 해당 종목에 대해 이야기할 수 있습니다. 해당 종목이 하락 추세에서 벗어나지 못한 상황에서 주로 악담이 많이 보입니다. 사실 "견디다 못해 개미투자자가 던지고 나가면 선수가 이를 받아 물량을 확보하고 비로소 주가가 오른다"는 이야기도 있기 때문에 이런 부분을 감안하면서 읽는 것이 좋습니다. 아니면 종목 토론실의 글들은 무시하셔도 됩니다. 그래도 가끔씩은 깜짝 놀랄 만한 냉철한 분석 글이 올라오기도 합니다. 이런 글만 잘 찾아 읽으시면 됩니다.

자료 22_네이버 종목 토론실

종목토론실 ⓘ 토론실 활용 TIP과 운영원칙 안내 글쓰

날짜	제목	글쓴이	조회	공감	비공
2023.06.03 14:33	luck,blue가 짖으면 오름 N	ehs0****	49	1	0
2023.06.03 10:33	네이버가 왜 안오를까 [3] N	luck****	514	2	2
2023.06.03 09:32	하이퍼클로바 망할거다 [3] N	luck****	495	2	1
2023.06.03 08:40	500원 올랐다고 [5] N	luck****	555	1	0
2023.06.03 08:02	32만원 [6] N	shb5****	852	2	1
2023.06.03 05:19	~~다우지수 2.2% 개미친 폭등~ !! [3] N	aass****	973	7	2
2023.06.03 00:33	이럴수가 [1] N	kwon****	1100	4	1
2023.06.03 00:10	야금야금 N	wnsv****	1088	14	5
2023.06.02 23:30	우리를 슬프게하는 파렴치한들!! [3] N	jky4****	309	5	9
2023.06.02 22:50	하반기, 3000 가나? N	apgu****	324	3	1
2023.06.02 21:33	호구들이 아무리 찬양해도 [3] N	blue****	515	5	8
2023.06.02 20:52	대체 얼마에 물려서 [2] N	roma****	500	5	4
2023.06.02 20:45	다 팔고 이차전지 혹은 반도체로 가자 [3] N	luck****	292	1	1
2023.06.02 20:39	웬지 6월은 삼전 하닉에서 네이버로 올거... [3] N	0459****	660	4	3
2023.06.02 20:21	와우 N	masc****	238	3	2
2023.06.02 20:16	1320주 매도 완료 [3] N	luck****	338	2	3
2023.06.02 19:49	신사옥 동향 N	alsq****	153	0	1
2023.06.02 19:25	6월장 좋다라 증권방송사들 애널리스트들 ... N	apgu****	219	0	4
2023.06.02 19:10	무능한 한녀 짜르고 리사수 데려와 N	deep****	194	3	0
2023.06.02 18:49	구글바드에게 네이버 현금 및 현금성 자... [2] N	feel****	421	1	0

네이버가 보여줄 '하이퍼클로바X'가 시장에서 어떤 성능을 보여줄지 지켜봐야겠습니다. 개인적으로 가장 감동을 받은 분야는 '웹툰플랫폼'과 같은 새로운 시장개척에 성과를 보였다는 것입니다. 핀테크, 콘텐츠, 게임, 가상현실, 자율주행 등 새로운 시장에 대한 열정과 본업이 된 커머스 시장에서의 지속적인 성장 등 이런 부분들도 애정을 가지고, 그러면서도 따끔한 비판의 시각으로 분석해봐야겠습니다.

유명한 드라마에 이런 대사가 있습니다. "예솔이는 뭐 좋아해?"라는 질문에 "삼성전자나 카카오요"라는 답변이 어린아이에게서 나옵니다. 저는 이런 조기교육이야말로 미래 자녀의 계좌를 풍성하게 해주기 위해 꼭 필요하다

고 생각하고 있습니다. 시대가 바뀌어서인지 제가 진행하는 재테크 강좌에도 '주식으로 증여하기'라는 강좌에 신청자가 많이 늘었습니다. 과거에는 부동산 강좌가 독보적이었는데 주식강좌 인기가 높아졌다는 것만으로도 이제 시대가 바뀌고 있다는 것을 알게 됩니다. 저라면 아이들에게 이렇게 가르치고 싶습니다. 좋아하는 건 "삼성전자나 네이버"라고요.

| 호재와 악재 |

호재에 투자하면 의외로 뉴스가 나오고 주가가 밀리는 경험을 하게 됩니다. 반대로 악재가 나와 급락한 후에는 반등이 오기도 합니다.

이렇게 다양하고 많은 뉴스의 홍수 속에서 주식투자자는 예리한 매의 눈으로 투자의 맥을 짚어야 합니다. 세상이 유리알처럼 투명하지는 않아 뉴스라는 정보를 이용해 시장에서 합리적으로 형성되어야 할 주가를 왜곡시키는 경우도 있을 수 있습니다. 아울러 뉴스가 단기적으로 파급력이 있는지, 장기적인 영향을 가진 것인지 잘 파악해야 합니다. 결론적으로 주식투자는 오로지 미래의 관점으로 현재의 뉴스를 냉철하게 분석해야 성공할 수 있습니다.

한국의 주식시장에 2천여 종목이 넘게 상장되어 있습니다. 각 종목마다 나름의 이야기와 희망을 가지고 선택을 바라지만 어떤 종목을 선택할 것인지는 여전히 어렵습니다. 조급해하지 않고 기본적인 시장의 흐름을 파악하는 데 집중하는 것이 좋습니다. 네이버 증권의 국내증시에서 종목 검색 메뉴바를 자주 방문하다 보면 자연스럽게 종목을 발굴할 수 있습니다.

2장

네이버 증권에서 손쉽게 찾는 투자 아이디어

▸ 2장 ◂

저자직강 동영상 강의로
이해 쑥쑥!

2장의 핵심 내용을 이해하기 쉽게 풀어낸
저자의 동영상 강의입니다

주식시장

주식투자자에게 주식시장은 수익을 위한 전쟁터인 셈입니다. 치열한 전쟁에서 승리하기 위해서라도 기본적인 증권시장의 틀에 대한 이해는 반드시 필요합니다. 기본적인 지식도 없다면 주식투자에 나서기엔 위험합니다. 금융시장에서 증권시장으로, 그리고 주식시장으로 범위를 좁힐 수 있는데 결국은 자금의 융통을 위한 수단으로 주식시장이 존재합니다.

| 증권시장 |

금융시장이 자금의 융통을 위한 물리적 추상적 장소라면, 증권시장은 자금의 융통이 증권을 매개로 이뤄지는 곳입니다. 자금이 필요한 수요자는 자금을 운용할 공급자에게 증권을 발행해 교부하면서 자금을 제공받게 됩니다.

증권에는 주식과 채권이 대표적입니다. 그중에서도 우리는 주식에 대해 집중적으로 파악하도록 하겠습니다. 증권시장의 구조는 다음과 같습니다.

1) 발행시장

증권이 최초로 투자자에게 판매되는 시장이 바로 발행시장입니다. 기업은 증권을 발행해 투자자로부터 장기자금을 조달받게 되고, 투자자는 정기예금과 같은 안정적인 투자대상보다는 좀 더 높은 수익성을 거둘 수 있는 대안을 가지게 됩니다. 이때 증권 중에서 채권은 일반적으로 확정 수익률인 이자를 투자의 대가로 지급하고, 주식은 기업경영의 성과에 따라 배당을 지급하게 됩니다. 또한 주식은 기업경영 의사결정에 참여할 수도 있습니다.

2) 유통시장

발행시장에서 투자의 대가로 증권을 교부받은 투자자는 해당 증권을 양도해 투자금을 회수할 수 있습니다. 이렇게 발행시장을 통해 발행된 증권이 투자자들 간에 활발히 증권의 양수도를 통해 거래가 이뤄지는 시장이 바로 유통시장입니다. 기존 투자자는 투자금의 회수를 위해, 새로운 투자자는 새로운 투자기회를 위해 거래를 하게 됩니다. 우리가 흔히 '주식거래를 한다'고 할 때, 이는 유통시장에서도 거래소시장을 의미하는 경우가 많습니다.

| 한국거래소 |

한국거래소는 주식과 채권 그리고 장내파생상품을 안정적이면서도 효율적으로 거래할 수 있도록 별도의 법에 따라 설립된 법인입니다. 한국거래소는 자본시장법에서 허가한 유일한 거래소로 기능을 하고 있습니다. 한국거래소가 개설하고 있는 시장은 유가증권시장, 코스닥시장, 코넥스시장, 파생상품시장입니다.

거래소의 회원이 아닌 자는 거래소가 개설한 시장에서 매매하지 못합니다. 그래서 일반 투자자는 금융투자업자, 즉 거래소의 회원인 증권사를 통해서 매매해야 합니다. 투자자가 증권사의 HTS, MTS 등으로 요청한 주문은 거래소에서 거래가 성사됩니다.

| 거래소시장 |

1) 유가증권시장

유가증권시장은 기존의 한국증권거래소가 개설한 시장을 계승한 시장입니다. 기업규모가 다른 시장에 비해 상대적으로 큰 기업들, 예를 들어 삼성전자와 같은 기업이 주로 상장되어 있습니다. 한국 증권시장의 중심이 되는 시장입니다. 유가증권시장은 주식뿐만 아니라 채권, 수익증권, 파생결합증권 등이 다양하게 상장되어 있는 종합증권시장입니다.

2) 코스닥시장

코스닥시장은 유가증권시장에 비해 규모가 좀 더 작은 기업 및 기술중심기업으로 거래가 되고 있습니다. 미국의 나스닥시장과 비교가 많이 되고 있습니다. 기업규모는 작더라도 성장성이 높은 기업들이 필요한 재원을 조달할 수 있는 시장입니다. 그래서 벤처기업의 상장이 많고, 유가증권시장에 비해 상장요건도 완화되어 있습니다.

3) 코넥스시장

코넥스시장은 중소기업에 대한 지원을 강화하기 위한 중소기업전용 시장입니다. 기술력을 갖춘 중소기업 지원을 위해 상장요건 및 공시의무 등을 최소화해 유가증권시장 및 코스닥시장과는 독립적이면서 별도로 운영되고 있습니다. 그리하여 2013년 개설된 코넥스시장에 상장된 기업은 주권상장법인의 지위를 가집니다. 그러나 중소기업만이 상장되고 거래량이 많지 않아 소수의 거래량으로도 주가의 변동성이 확대될 수 있는 점 등은 주의할 필요가 있습니다.

| 오늘의 증시 |

이제 네이버 증권에서 코스피·코스닥시장의 전반적인 모습을 확인해보겠습니다. 네이버 증권 첫 화면의 가운데에서 '오늘의 증시(자료 1)'를 찾을 수 있습니다.

자료 1_ 오늘의 증시

위 화면(자료 1)에서 코스피 종합주가지수와 함께 전일 장에 비해 1% 정도 상승 마감한 것을 확인할 수 있습니다. 하루 중 흐름도 중요한데, 조금씩 상승을 멈추지 않고 장을 마친 부분은 장에 힘이 있어 보여 긍정적입니다. 이렇게 전체적인 코스피(유가증권시장)지수의 하루 움직임을 선차트로 손쉽게 파악할 수 있습니다.

그리고 추가적으로 확인할 부분이 있습니다. 수급주체, 상승종목과 하락종목 추이, 시황 등입니다.

1) 수급주체

박스 표시 안의 수급 현황을 보면 기관과 외국인이 팔고 개인이 매수한 것을 확인할 수 있습니다. 개인 투자자의 힘이 커지고는 있지만 주가가 힘 있게 상승하려면 기관과 외국인의 매수가 있어야 합니다. 주식시장의 매수 주체가 누구인지, 그리고 외국인의 매매동향이 매수에 있는지 아니면 매도에 있는지 확인하는 것이 필요합니다.

2) 상승종목과 하락종목 추이

화살표시는 상한가와 하한가 종목을 의미하는데, 당일엔 상한가가 1종목이었고, 하한가 종목은 없었습니다. 세모 표시 중 붉은색은 상승종목을 표시하고, 파란색은 하락종목을 표시합니다. 〈자료 1〉을 보면 상승이 603종목인데 반해 하락종목은 273종목으로 큰 차이가 있습니다. 지수가 상승할 때는 당연히 상승종목 수가 많은 경우가 대부분이지만, 삼성전자와 같이 시가총액이 큰 종목이 시장과 반대로 움직이는 경우에는 지수가 왜곡되기도 합니다. 즉 지수가 올랐더라도 개별종목 중 하락종목이 더 많았다면 이는 지수의 상승탄력이 약하다고 판단합니다. 시장의 힘의 균형이 어디 있는지는 상승종목과 하락종목의 추이를 살펴보는 것으로도 손쉽게 파악할 수 있습니다.

3) 시황

'오늘의 증시'에서 코스피 차트화면을 한 번 더 클릭하면 다음과 같은 상세페이지(자료 2)로 넘어갑니다.

자료 2_ 코스피 상세페이지

시황뉴스 ▸주요뉴스 더보기

"코스피, 하반기 3000까지 간다"…증시 낙관론 퍼지는 까닭	한국경제	2023-06-02 18:28
코스피, 1년 만에 2600 탈환	한국경제	2023-06-02 18:26
코스피 1년만에 2600 탈환	서울경제	2023-06-02 18:04
[포토] 코스피, 1년 만에 2600선 넘었다	한국경제	2023-06-02 17:41
코스피 1년만에 2600선 탈환	매일경제	2023-06-02 17:39

시황정보 리포트 ▸더보기

제목	출처	일자
교보박스 브리핑	교보증권	2023-06-02
eBest Global Market Daily	이베스트증권	2023-06-02
조금은 긍정적으로 해석해 본 결과들	유안타증권	2023-06-02
Global Daily (6월 2일)	신한투자증권	2023-06-02
Daily Morning Brief(2023.06.02)	다올투자증권	2023-06-02

유가증권시장에 대한 좀 더 상세한 정보를 얻을 수 있습니다. 특히 '시황뉴스'를 통해 시황 전반에 대한 기사를 열람할 수 있고, '시황정보 리포트'에서는 시황에 대한 여러 증권사의 리포트를 확인할 수 있습니다. 주식시장의 시황에 대한 좀 더 분석적인 정보가 필요하다면 여러 증권사 홈페이지를 방문하지 않고도 네이버 증권에서 쉽게 열람할 수 있습니다. 그 외 코스닥시장은 '오늘의 증시'에서 코스닥 차트화면을 클릭하면 유가증권시장과 마찬가지로 '상세페이지'로 이동할 수 있습니다.

시황을 알고 매매에 나서야 한다는 것은 기본입니다. 특히 초보투자자들의 경우 '내가 산 종목은 시황에 관계없이 상승할 수 있다'고 믿는 경우가 많습니다. 하지만 대부분의 종목은 시장의 영향을 지대하게 받고 있다는 것을 조금만 투자해보면 알 수 있습니다. 전반적인 시황에 대한 흐름을 파악하고 난 후 개별종목의 매매에 나서는 것은 숲을 본 후 나무를 보는 기본적인 투자 단계입니다.

시가총액

"10년이면 강산이 변한다"는 말은 예전에나 맞는 이야기일 듯합니다. 요즘은 잠시만 한눈팔면 세상의 변화를 놓치고는 합니다. 주식시장에서는 그 변화가 더욱 빠릅니다. 주가의 향방은 지금이 아닌 미래의 관점이기 때문입니다. 그래서 시가총액의 변화를 보면 세상의 흐름과 변화의 방향을 짐작하게 됩니다. 바로 이것이 주식투자를 해야 하는 또 하나의 이유입니다.

| 시가총액 |

시가총액이란 말 그대로 주식을 시가로 평가해 모두 더한 값입니다. 개별종목의 시가총액은 해당 기업의 시장에서 평가받는 가치의 합을 보여줍니다. 개별기업의 주가와는 다르게 시가총액은 기업의 시장가치 전체 크기를 보여주는 것입니다.

초보투자자가 주의해야 할 점이, 삼성전자의 주가가 7만원이고 삼성바이오로직스 주가가 80만원이라고 하면 '삼성바이오로직스의 주가가 비싸고 삼성전자는 싸다'라고 생각하시는 분이 있다는 것입니다. 기업의 전체 시장가치는 시가총액으로 나타나고, 주가는 그 시가총액을 주식 숫자로 나눈 것입니다. 즉 주가의 고평가, 저평가와는 다른 문제입니다.

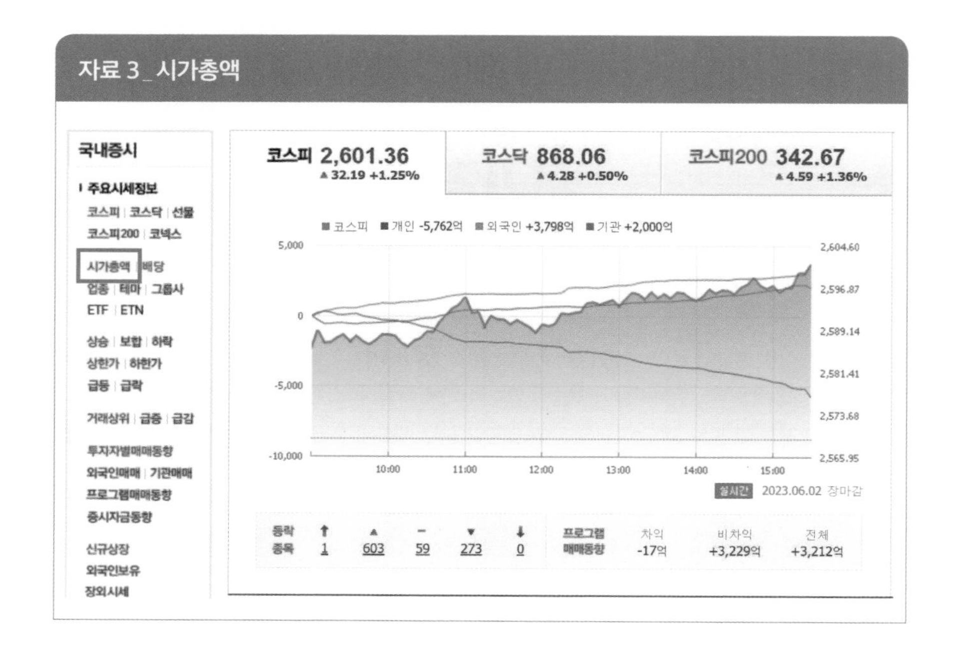

자료 3_시가총액

그렇다면 시가총액이 큰 기업들을 살펴보겠습니다.

네이버 증권의 '국내증시'로 들어가면 '시가총액(자료 3)'이라는 항목을 찾을 수 있습니다.

'시가총액'을 클릭하면 시가총액이 큰 순서로 종목을 확인할 수 있습니다. 일단 코스피, 즉 유가증권시장에서의 시가총액 순위를 확인할 수 있고, 코스닥시장은 코스피 옆 코스닥 항목을 클릭하면 코스닥 시가총액 순위(자료 4)를 확인할 수 있습니다.

코스피 시가총액 순위를 보면 삼성전자가 1위임을 당연하게도 쉽게 알 수 있습니다. 혹시라도 주식투자를 처음 시작하는 분이 어떤 종목을 투자해야 하는지 알지 못하겠다면 쉬운 방법이 있습니다. 시가총액 상위 20개 회사 중에서 투자한다면 장기적으로 벌 수 있고, 잃을 확률이 낮습니다. 왜냐하면 시가총액이 큰 회사는 해당 업종의 대표주이기 때문입니다. 산업에 부침이 있

자료 4_코스피 시가총액 순위 (2023년 6월 기준)

코스피 | 코스닥

N	종목명	현재가	전일비	등락률	액면가	시가총액
1	삼성전자	72,200	▲ 1,300	+1.83%	100	4,310,183
2	LG에너지솔루션	588,000	▲ 4,000	+0.68%	500	1,375,920
3	SK하이닉스	110,300	0	0.00%	5,000	802,987
4	삼성바이오로직스	785,000	▼ 3,000	-0.38%	2,500	558,716
5	LG화학	721,000	▲ 34,000	+4.95%	5,000	508,971
6	삼성전자우	60,000	▲ 900	+1.52%	100	493,732
7	삼성SDI	715,000	▲ 7,000	+0.99%	5,000	491,666
8	현대차	199,500	▲ 2,000	+1.01%	5,000	422,005
9	기아	85,200	▲ 1,000	+1.19%	5,000	342,542
10	NAVER	204,500	▲ 500	+0.25%	100	335,480
11	POSCO홀딩스	376,500	▲ 15,500	+4.29%	5,000	318,411
12	포스코퓨처엠	374,000	▲ 14,500	+4.03%	500	289,712
13	셀트리온	173,500	▼ 1,900	-1.08%	1,000	253,988
14	카카오	57,200	▲ 1,100	+1.96%	100	253,936
15	현대모비스	223,000	▲ 1,500	+0.68%	5,000	210,256
16	삼성물산	109,600	▲ 700	+0.64%	100	203,408
17	LG전자	123,100	▲ 100	+0.08%	5,000	201,450
18	KB금융	47,450	▲ 650	+1.39%	5,000	191,466
19	SK이노베이션	198,000	▲ 3,900	+2.01%	5,000	183,082
20	신한지주	34,950	▲ 250	+0.72%	5,000	182,645

지만 해당 산업이 없어지지 않는다면 상대적으로 시가총액이 큰 기업이 살아남아 업황이 좋아지면 그 수혜를 받게 됩니다.

시가총액이 큰 회사의 순위를 보면 세상이 어떻게 변화하는지 여실히 알 수 있습니다. 10년 전 과거의 시가총액이 큰 회사는 어떤 회사들이 있었을까요? 과거에 상위에 위치하던 현대자동차나 아모레퍼시픽, 조선업종 같은 회사들은 순위가 낮아졌거나 보이지 않습니다. 반면에 어떤 회사들이 눈에 들어오시나요? 2차전지 대장주인 LG에너지솔루션의 약진이 세상의 흐름을 보여주네요. 상대적으로 네이버, 카카오는 순위가 밀렸습니다.

| 플랫폼 세상을 지배하는 네이버와 카카오 |

세상이 참 많이 변했고 지금도 매우 빨리 변하고 있음을 시가총액 순위가 밀리기는 했지만 네이버와 카카오 같은 기업이 삼성, 현대, LG, SK와 시가총액 경쟁을 한다는 것을 통해서 알 수 있습니다.

제 고객들 주식포트폴리오에 네이버나 카카오를 담는 것을 추천해드리고 있는데, 네이버를 좀 더 추천해드렸습니다. 그렇다고 카카오의 경쟁력을 무시하는 것은 결코 아닙니다. '카카오 택시'와 같은 사업은 진심으로 제가 감동한 서비스입니다. 앞으로도 네이버와 카카오의 경쟁은 주식투자가 아니더라도 흥미롭게 지켜볼 뿐만 아니라 한국의 성장을 위해서도 두 회사가 세계로 그 명성을 떨치기를 기원합니다.

시가총액 순위는 요즘 플랫폼이 중요하다는 것을 보여줍니다. 플랫폼 하면 기차역의 승강장이 먼저 생각납니다. 컴퓨터라면 시스템을 구성하는 기초적인 틀을 의미하는데, 그 의미를 어떻게 사용하든 수많은 사용자가 만나는 유무형의 공간이자 틀입니다. 공급자와 수요자의 연결과 그를 통한 새로운 가치를 창출해낼 수 있다면 플랫폼이 됩니다.

인터넷 세상에서 검색의 강자 네이버와 SNS 강자 카카오의 성장은 비즈니스를 이해하는 분이라면 어렵지 않게 알 수 있었을 것입니다. 주식투자자는 이런 변화에 맞춰, 즉 세상의 변화에 맞춰 투자를 실행해야 합니다.

저는 카카오T를 통해 택시를 자주 이용하는데, 종종 택시 기사분들에게 카카오T에 대해 탐문을 하곤 합니다. 소비자로서 제가 느꼈던 편리함은 택시 기사분들에게 카카오T를 배제하기 어렵도록 하는 강력한 무기가 이미 되었음을 알 수 있었습니다.

| 제약·바이오 산업의 성장 |

시가총액 상위 기업에 당당히 2차전지 관련주가 자리잡고 있습니다. 반도체를 넘어 한국의 달러박스가 된다는 2차전지 관련 산업은 주식투자자라면 당연히 관심을 가져야 하는 업종입니다.

코스닥기업의 시가총액 상위(자료 5)에는 제약·바이오 관련 기업이 더 많이 눈에 들어옵니다. 셀트리온헬스케어와 같은 기업이 보이고, 장기적으로 셀트리온처럼 성장하기를 기대하는 알테오젠과 같은 제약·바이오 회사도

자료 5_ 코스닥 시가총액 순위 (2023년 6월 기준)

코스피 | 코스닥

N	종목명	현재가	전일비	등락률	액면가	시가총액
1	에코프로비엠	255,000	▲ 5,500	+2.20%	500	249,393
2	에코프로	567,000	▲ 5,000	+0.89%	500	150,979
3	셀트리온헬스케어	76,700	0	0.00%	1,000	126,141
4	엘앤에프	267,000	▲ 1,000	+0.38%	500	96,760
5	HLB	38,050	▲ 200	+0.53%	500	46,652
6	JYP Ent.	128,700	▲ 1,400	+1.10%	500	45,685
7	셀트리온제약	87,000	▼ 200	-0.23%	500	34,460
8	펄어비스	50,800	▲ 1,450	+2.94%	100	32,638
9	카카오게임즈	39,300	0	0.00%	100	32,400
10	오스템임플란트	188,000	▲ 200	+0.11%	500	29,284
11	알테오젠	51,800	▼ 1,000	-1.89%	500	26,707
12	에스엠	101,900	▲ 100	+0.10%	500	24,284
13	HPSP	27,800	▼ 1,150	-3.97%	500	22,562
14	케어젠	195,500	▲ 3,600	+1.88%	500	21,003
15	레인보우로보틱스	104,800	▲ 600	+0.58%	500	20,175
16	리노공업	130,600	▼ 400	-0.31%	500	19,907
17	스튜디오드래곤	64,600	▼ 600	-0.92%	500	19,418
18	동진쎄미켐	37,700	▼ 950	-2.46%	500	19,383
19	메디톡스	262,500	▲ 1,500	+0.57%	500	19,158
20	천보	189,300	▲ 1,200	+0.64%	500	18,930

보입니다. 그 외 게임주, IT기업이 많습니다. 코스닥시장의 특성을 그대로 보여주고 있습니다. 유가증권에 비해 규모는 적지만 성장성이 좋은 기업들입니다.

| 시가총액의 변화 |

시가총액의 변화에는 세상의 변화가 그대로 담겨 있습니다. 개인적인 선호와는 무관하게 투자는 세상의 흐름에 맞춰야 합니다. 미래의 세상에는 어떤 회사들이 떠오를까요? 미래를 선도할 업종과 기업을 탐구하고 공부해야 주식투자에 성공할 확률이 높아집니다.

여러분은 한국 콘텐츠의 우수성을 널리 알린 드라마 〈오징어 게임〉을 보면서 엔터테인먼트 주식을 더 관심 있게 지켜보게 됩니다. 혹시나 그동안 재무제표가 제시하는 숫자를 중심으로 투자하셨다면, 이제는 그 숫자를 넘어서는 세상의 변화를 읽어야 주식시장에서 살아남을 확률이 높아집니다.

급등종목을 찾아라

오랜 기간 주식시장에서 산전수전을 겪은 분을 만날 기회가 있었습니다. 그분에게서 "트레이더에게 싼 주식은 무엇인가요?"라는 질문을 받았습니다. 그분이 생각하는 싼 주식은 지금 오르고 있는 주식이었습니다. 오르면 방금 전의 가격은 낮은 가격이 됩니다. 이처럼 전문가는 내리는 주식이 아니라 오르는 주식에서 답을 찾고 있습니다.

| 네이버 증권의 급등종목 검색 |

자료 6_ 종목 검색

국내증시

| 주요시세정보

코스피 | 코스닥 | 선물
코스피200 | 코넥스
시가총액 | 배당
업종 | 테마 | 그룹사
ETF | ETN
상승 | 보합 | 하락
상한가 | 하한가
급등 | 급락
거래상위 | 급증 | 급감
투자자별매매동향
외국인매매 | 기관매매
프로그램매매동향
증시자금동향

주가가 오른다는 것은 그 자체로도 의미가 있습니다. 그중에서도 급등하거나 새로운 고가를 형성하는 경우에는 더욱 큰 의미가 있습니다. 그 종목에 대한 매수가 강한 만큼 주가는 관성적으로도 더 상승할 확률이 높기 때문입니다.

일반 개인투자자들은 주가가 많이 하락한 종목을 안전하다고 생각해 선호하는 경향이 있지만 투자의 고수일수록 하락하는 종목보다는 오르는 종목에서 투자처를 발굴합니다.

주식은 좋은 회사를 찾는 게임이 아니라 주가가 오를 회사를 찾는 게임이기 때문에 오르는 종목에 투자해야 성공 확률을 높일 수 있습니다.

네이버 증권의 '국내증시' 화면 왼쪽 메뉴바(자료 6)에서 급등종목을 쉽게 찾을 수 있습니다.

상승, 상한가, 급등 아이콘을 클릭하면 각각의 조건에 맞는 종목을 찾아줍니다. 예를 들어 '상한가'를 클릭하면 당일 상한가를 기록한 종목들을 보여줍니다.

자료 7_ 검색 세부조건 설정

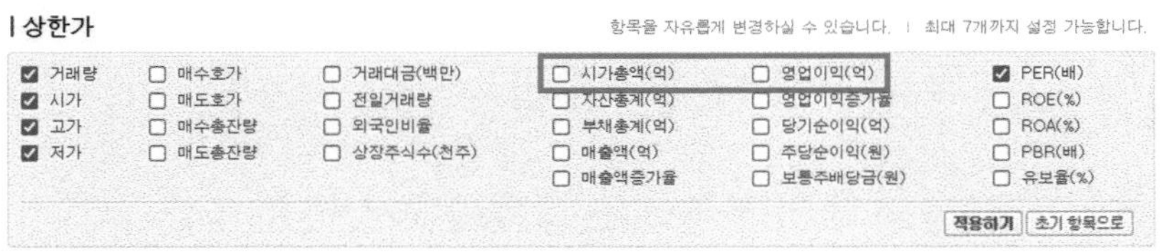

상한가 종목을 검색할 때 검색 세부조건을 설정할 수 있습니다. 초기 항목은 5가지가 설정되어 있고, 위 화면(자료 7)처럼 7가지 항목을 선정할 수 있습니다.

시가총액이 너무 적은 종목은 초보자가 매매하기엔 조심스러울 수 있으니 시가총액 항목을 선택해서 검색하는 것이 좋습니다. 그리고 기업의 기본은 영업으로 돈을 버는 것이니 영업이익도 같이 클릭하거나 각자의 종목선정 기준에 따라 검색항목을 선정해 종목을 선별하시면 됩니다.

| 네이버의 52주 최고가 검색 |

네이버는 우리나라를 대표하는 검색포털사이트이므로 검색에 강점이 있는 것은 너무나 당연합니다. 52주, 즉 1년간 최고가를 경신한 종목도 쉽게 찾을 수 있습니다.

네이버 홈페이지 검색화면에 '52주 최고가(자료 8)'를 검색하면 국내증시의 52주간 최고가를 기록한 종목들이 다음과 같이 나옵니다.

자료 8_52주 최고가 검색

N 52주최고가

통합 VIEW 이미지 지식iN 인플루언서 동영상 쇼핑 뉴스 어학사전 지도

증권정보

국내증시 52주 최고가 코스피 코스닥

종목명	현재가	전일대비	등락률	시가총액	거래량
경창산업	3,905	▲ 745	+23.58%	1,399억	14,933,087주
인성정보	4,105	▲ 770	+23.09%	1,610억	75,345,138주
뷰노	23,650	▲ 3,500	+17.37%	2,701억	3,426,607주
잉글우드랩	8,960	▲ 1,030	+12.99%	1,780억	3,134,477주
모헨즈	4,865	▲ 415	+9.33%	531억	18,940,924주
예스티	11,500	▲ 880	+8.29%	2,076억	596,148주
에프앤가이드	8,900	▲ 560	+6.71%	1,075억	116,134주
일지테크	4,325	▲ 265	+6.53%	584억	409,558주
GRT	3,765	▲ 230	+6.51%	2,537억	186,584주
메타바이오메드	4,090	▲ 220	+5.68%	976억	5,113,816주

챗GPT가 불러일으킨 인공지능(AI)의 관심이 의료기기에도 돌풍을 일으키고 있습니다. 뷰노라는 기업이 눈에 들어옵니다.

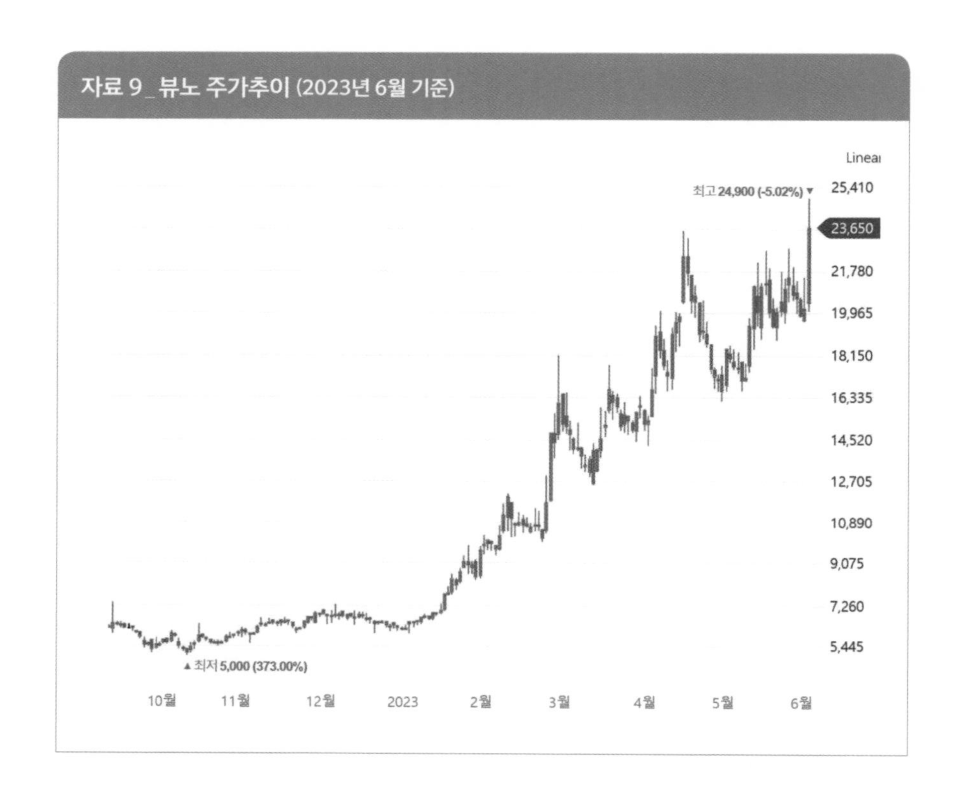

자료 9_뷰노 주가추이 (2023년 6월 기준)

뷰노는 의료AI 진단기업입니다. 인공지능을 기반으로 엑스레이, CT, MRI 등 의료영상을 분석하는 기기를 개발합니다. 뷰노의 재무제표(자료 10)를 살펴보면 아직은 적자를 기록 중입니다.

성장의 기대감에 급상승하는 종목은 고평가 논란이 뒤따라오게 됩니다. 그러므로 실적으로 가시적인 성과를 보여주는지 관심을 가지고 지켜볼 필요가 있습니다. 상승추세에 맞게 탄력적인 매매를 하는 경우라면 기술적 분석을 참고하시면 좋겠습니다.

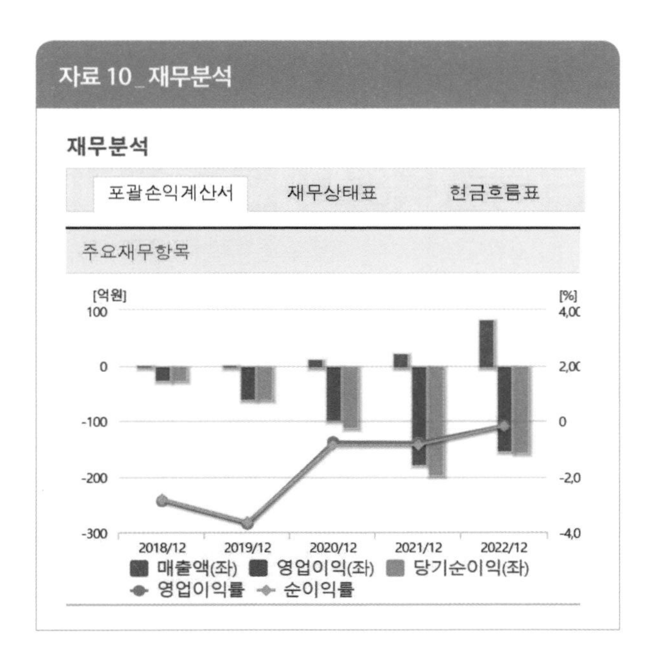

| 최근 시장흐름을 보여주는 신고가 |

물론 하루에도 등락을 거듭하기 때문에 단순히 고가를 형성한다고 해서 추격매수를 하다가는 큰 코를 다칠 수도 있습니다. 다만 신고가를 형성하는 종목이 많은 섹터나 산업은 분명 최근의 주식시장의 흐름을 선도하는 산업이나 섹터라는 점은 분명합니다. 흐름에 역행하는 투자보다는 시대의 변화를 좇는 투자가 유리합니다.

저도 금융권에서 수십 년을 일했지만 비트코인이 이렇게 하나의 트렌드로 당당하게 금융시장에 입성할지 몰랐습니다. 창피해서 어디 가서 말도 못 꺼냅니다. 자신의 생각과는 다르다고 해서 고집을 피울 일이 아닙니다. 세상은 늘 변하니까요.

급락종목에서 진주 찾기

세상 일이 내 마음 같지 않듯이 주가도 어이없이 무너지곤 합니다. 추락하는 것에 모두 날개가 있는지는 모르겠지만 사연 없는 주가의 추락은 없습니다. 그리고 그 추락의 사연이 해결된다면 주가 반등도 가능할 수 있습니다. 급락을 하고 있는 와중에서도 시간과의 싸움을 이겨낼 수 있다면 진주를 발견할 수 있습니다.

| 네이버 증권의 하락종목 검색 |

하락관련 종목을 찾는 방법은 상승관련 종목을 찾는 것처럼 네이버 증권 '국내증시' 화면의 메뉴바(자료 11)에서 할 수 있습니다.

일반적으로 주식투자는 상승 추세에서 매매하는 것이 성공 확률을 높이는 방법입니다. 따라서 하락의 경우에는 특별한 사유가 있는 경우에 매매하는 것이 좋습니다. 예를 들어 이미 오픈된 악재이거나 악재가 오해에서 비롯되었거나 악재가 쉽게 해소될 수 있는 상황인지 면밀히 살피고 매매해야 합니다.

자료 11_종목 검색

국내증시

| 주요시세정보

코스피 | 코스닥 | 선물
코스피200 | 코넥스

시가총액 | 배당
업종 | 테마 | 그룹사
ETF | ETN

상승 | 보합 | 하락
상한가 | 하한가
급등 | 급락

거래상위 | 급증 | 급감

| 하락종목의 매수 조건 |

1) 악재에 대한 과도한 우려

갑작스런 악재로 해당 기업의 주가가 하락하는 것은 당연하나, 지나치게 하락이 과도한 경우에는 일정 시간이 지나 반등이 나오게 됩니다. 이를 활용하는 방법입니다.

2) 무관심으로 인한 저평가

주식시장을 주도하는 업종이 아닌 경우 시장의 주목도가 낮아져 저평가를 받기도 합니다. 이런 경우에는 결국엔 장기적으로 주가는 실적을 반영해 오르게 됩니다.

악재에 대한 지나친 우려로 하락하는 경우에는 짧은 반등이 올 때 단기매매로 대응하는 것이 합리적이고, 시장에서 소외된 경우에는 상대적으로 길게 보고 투자해야 합니다.

보통 급등락이 많이 발생하는 업종은 '제약·바이오'입니다. 저성장·고령화 시대에 돋보이는 성장산업이지만, 업종의 특성상 등락이 커서 변동성을 즐기는 투자자에게 적합합니다.

제약·바이오업에서 가장 중요한 점은 기술력입니다. 과거에 비해 제약·바이오에 대한 관심이 높아져서 가능성을 가진 기업이라면 당장 매출이 없더라도 상장을 할 수 있습니다. 그 잠재성을 알리는 기회가 바로 각종 컨퍼런스입니다. 특히 바이오업종에 투자하는 경우에는 해마다 비슷한 시기에 열리는 각종 학회의 컨퍼런스 일정(자료 12)을 염두에 두고 사전에 투자를 고려해야 합니다.

자료 12_ 글로벌 주요 컨퍼런스 일정 (2023년 기준, 출처: 키움증권)

구 분	세부 일정	학회명	비 고
'23.1월	'23.1.9.~1.12.	J.P. Morgan Healthcare Conference	제약바이오의 가장 큰 행사. 다국적 제약사, 바이오텍 다수 참석
'23.3월	'23.3.14.	AACR 임상 및 임시 초록(Clinical Trials, Late-breaking) 공개	임상 및 임시 초록 마감 '23.1.12.
'23.4월	'23.4.11.	EASL Congress 초록 공개	
	'23.4.12.	EASL Liver Cancer Summit 초록 공개	
	'23.4.14.~4.19.	American Association for Cancer Research(AACR)	미국 암학회
	'23.4.20.~4.22.	EASL Liver Cancer Summit	유럽 간암 학회
'23.5월	'23.5.25.	ASCO 초록(Abstract) 공개	초록 마감 '23.2.14. 임시 초록(Late-breaking) 마감 '23.3.16.
	'22.5.31.~6.3.	European Alliance of Associations for Rheumatology(EULAR)	유럽 류마티스학회
'23.6월	'23.6.2.~6.6.	American Society of Clinical Oncology(ASCO)	미국 임상 종양 학회, 세계 최대 암 학회
	'23.6.5.~6.8.	BIO International Convention	세계 최대 바이오 산업 전시 컨퍼런스
	'23.6.15.~6.18.	Endocrine Society(ENDO)	미국 내분비학회
	'23.6.21.~6.24.	European Association for the Study of the Liver Congress(EASL)	유럽 간 학회
	'23.6.23.~6.26.	American Diabetes Association Scientific Sessions(ADA)	미국 당뇨 학회
'23.9월	'23.9.9.~9.13.	International Association for the Study of Lung Cancer(IASLC)	세계 폐암 학회
	'23.9.21.~9.23.	European Society of Paediatric Endocrinology(ESPE)	유럽 소아 내분비 학회
'23.10월	'23.10.3.~10.6	European Association for the Study of Diabetes(EASD)	유럽 당뇨 학회
	'23.10.20.~10.24.	European Society for Medical Oncology(ESMO)	유럽 종양 학회
	'23.10.24.~10.27	Clinical Trials on Alzheimer's Disease(CTAD)	알츠하이머 임상 학회
'23.11월	'23.11.1.~11.5.	Society for Immunotherapy of Cancer(SITC)	면역 항암 학회
	'23.11.11.~11.13.	American Heart Association(AHA)	미국 심장 협회
'23.12월	미정	American Society of Hematology(ASH)	미국 혈액 학회

이 중에서 인류의 가장 큰 질병인 암이 중요하므로 1월의 제이피모건 컨퍼런스, 4월의 미국암학회, 11월 면역종양학회 등이 조금 더 관심을 가져야 할 컨퍼런스입니다. 그런 컨퍼런스에 참여해 그간의 임상결과 등을 알리고 기술수출(LO)을 협의하게 되는데, 이 중 기술력이 있지만 매출이 아직 없는 경우로 하락이 깊었던 종목을 공부 삼아 살펴보겠습니다.

네오이뮨텍은 면역을 담당하는 T세포 증폭을 유도하는 차세대 면역항암제(NT-I7)를 가지고 글로벌 항암제 제약사인 로슈, 머크, BMS와 병용투여에 대한 공동 임상개발을 진행중에 있습니다. 예를 들어 면역항암제의 대표 신약인 머크사의 키트루다의 경우 단독 투여로는 효과가 없는 고형암, 즉 췌장암이나 대장암 환자를 대상으로 진행된 임상으로 의미 있는 결과를 보여주고 있습니다. 다만 상장 후 실제 기술수출까지의 긴 시간을 적자를 감수하며 기

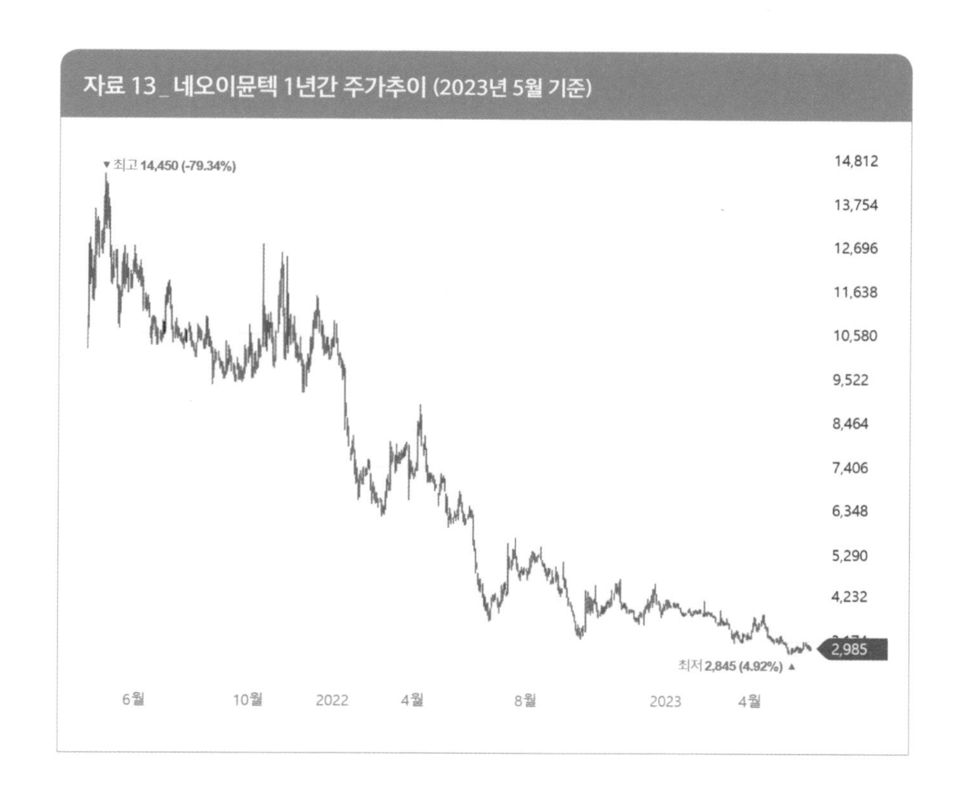

자료 13_ 네오이뮨텍 1년간 주가추이 (2023년 5월 기준)

다려야 하는 어려움으로 주가는 하락을 거듭했습니다. 이 회사의 성장 잠재력을 믿고 변동성을 견딜 수 있는 투자자라면 하락의 기회에 묻어두는 투자로 높은 수익률을 노려볼 수 있습니다.

추천드리는 투자방법은 아니지만, 신저가를 기록한 종목을 찾아 투자하는 사례를 보여드리겠습니다. 네이버 검색창에 '코스닥 52주 최저가'라는 키워드로 검색해보도록 하겠습니다. 신저가에 투자할 때는 당연하게도 각별한 주의를 요합니다. 신저가가 발생한 사유가 있을 것이고, 그 이유가 해소될 수 있는지와 시장이 지나치게 과민반응을 보인 것인지 등을 꼼꼼하게 살펴봐야 하는 것은 기본입니다.

이 중(자료 14)에서 케이아이엔엑스 종목이 눈에 들어옵니다. 한때 클라우

자료 14_코스닥 52주 최저가 (2021년 8월 27일 기준)

N 코스닥 52주 최저가

통합 VIEW 이미지 지식iN 동영상 쇼핑 뉴스 어학사전 지도 책 ···

증권정보

국내증시 52주 최저가 코스피 코스닥

종목명	현재가	전일대비	등락률	시가총액	거래량
이노와이즈	101	▼ 34	-25.19%	31억	13,533,918주
브레인즈컴퍼니	45,400	▼ 3,250	-6.68%	1,865억	332,812주
바이젠셀	59,900	▼ 900	-1.48%	5,650억	704,102주
제주맥주	3,200	– 0	0.00%	1,804억	524,687주
체리부로	1,730	– 0	0.00%	482억	141,195주
케이엠더블유	43,450	▲ 150	+0.35%	1조7,302억	271,059주
케이아이엔엑스	51,800	▲ 200	+0.39%	2,528억	18,839주

드 관련해 나름 인기 종목이었던 이 종목이 어쩌다 52주 신저가 종목에 들어가게 되었는지 궁금해집니다. 주가추이(자료 15)도 살펴보겠습니다.

케이아이엔엑스는 인터넷 인프라서비스를 하는 회사입니다. 인터넷 서비스 제공업체(ISP)와 콘텐츠 제공업체(CP) 간에 망을 이어 인터넷 트래픽을 교환할 수 있게 하는 연동 시스템 회사로, 이 부분(IX) 매출이 줄어들었습니다. 그러나 클라우드 허브는 성장하고 있습니다. 데이터센터도 2023년 완공을 준비하고 있으므로 인터넷 데이터센터(IDC) 사업은 지속적으로 성장할 것으로 생각됩니다.

이를 확인하기 위해서 네이버 증권에서 약식 기업실적(자료 16)을 살펴보면, 매출 증가율이 다소 낮아졌지만 매출액과 영업이익은 여전히 증가하고

자료 15_ 케이아이엔엑스 1년간 주가추이 (2021년 8월 27일 기준)

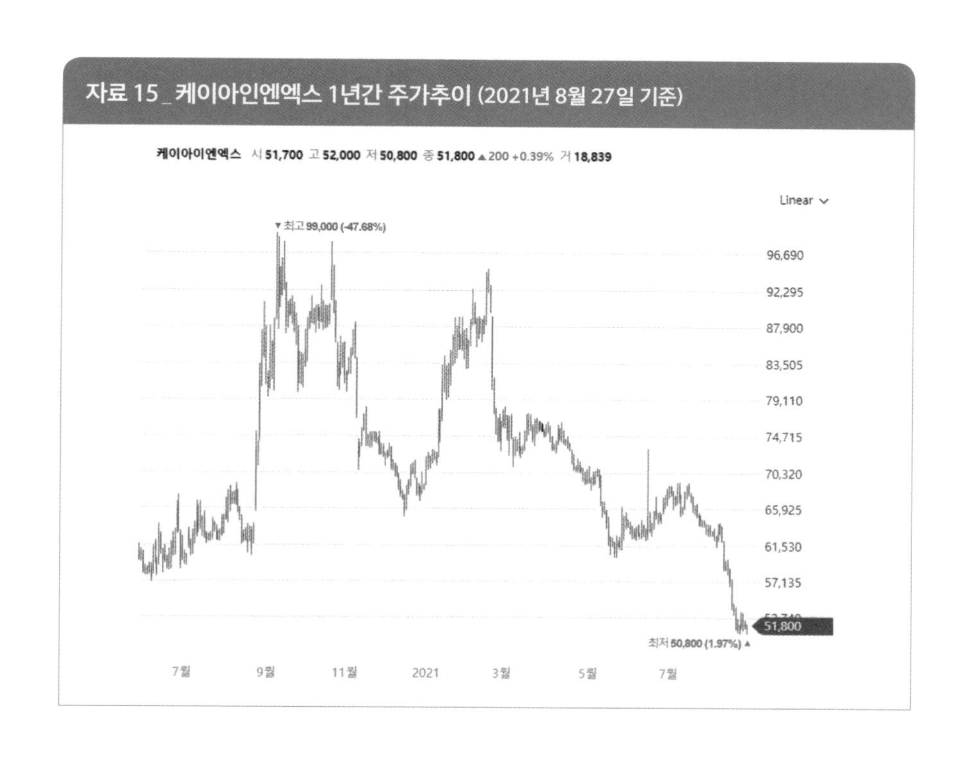

자료 16_ 케이아이엔엑스 기업실적분석 (2021년 8월 기준)

기업실적분석

주요재무정보	최근 연간 실적			
	2018.12 IFRS 연결	2019.12 IFRS 연결	2020.12 IFRS 연결	2021.12 (E) IFRS 연결
매출액(억원)	563	646	704	
영업이익(억원)	132	165	178	
당기순이익(억원)	125	157	157	
영업이익률(%)	23.38	25.48	25.25	
순이익률(%)	22.14	24.25	22.25	
ROE(%)	19.55	20.10	15.63	

있습니다. 게다가 영업이익률도 안정적으로 유지되고 있습니다.

이런 경우 시장에서 주목받지 못해 과거에 예측한 정도의 성장성을 보여주지는 못했다 하더라도 52주 최저가 정도에 이를 정도로 하락한 것은 과도한 측면이 있다고 생각됩니다. 그러므로 충분한 시간을 가지고 지켜볼 필요가 있습니다. 하락 추세가 멈추고 횡보 추세로 바뀌게 되면 기술적 분석 방법들을 참고해 매수타이밍을 잡아볼 만합니다.

케이아이엔엑스의 1년 후 주가(자료 17)를 보도록 하겠습니다. 나름 괜찮은 성과를 보여줍니다. 투자할 종목은 일반적으로 상승 추세에서 찾지만, 과도한 하락의 경우에는 악재의 해소 여부를 살펴봐야 합니다. 실적에 비해 소외된 종목도 시장의 관심은 언제든지 바뀔 수 있기 때문에 기다릴 여유가 있다면 투자매력은 생기게 됩니다.

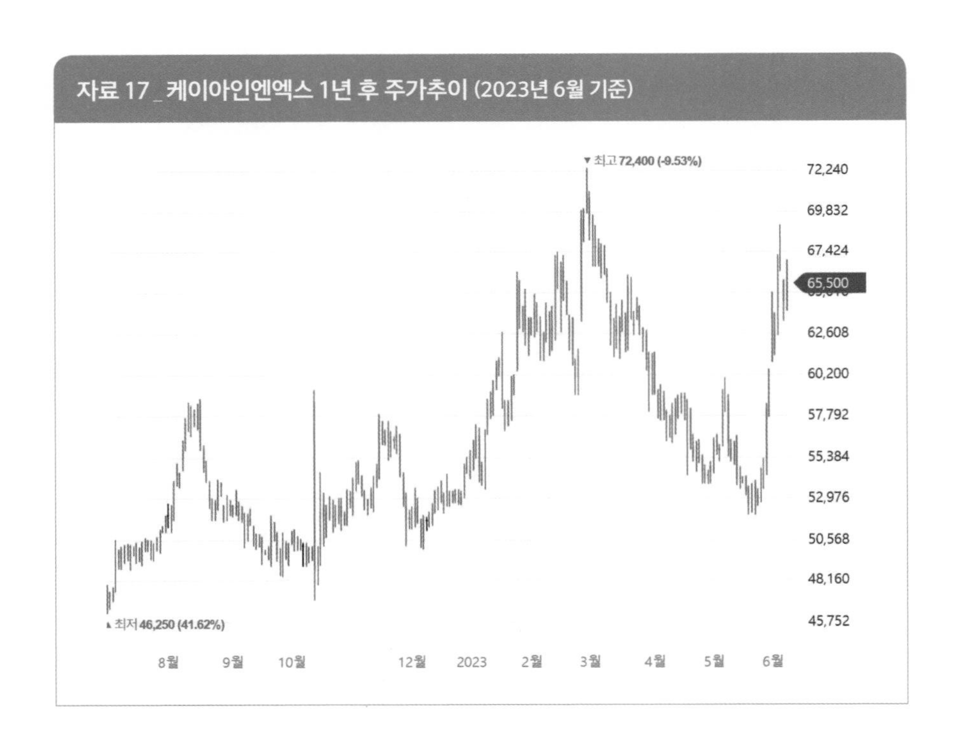

자료 17_ 케이아인엔엑스 1년 후 주가추이 (2023년 6월 기준)

외국인매매동향

주식시장에서 나름 큰손으로 통했던 분을 만날 기회가 있었는데, 그분의 여러 가지 투자원칙 중 하나는 '외국인 투자자 돈 벌어주는 일은 안 한다'는 것이었습니다. 그 말을 다른 측면에서 생각해보면 그만큼 외국인 투자자의 한국주식시장에 대한 영향력이 크다는 반증이기도 합니다. 이번에는 네이버 증권 화면에서 외국인매매동향을 확인하고 활용하는 방법을 공부해보도록 하겠습니다.

기술적 분석에서 주가의 상승 및 하락을 결정하는 방향을 해당 종목에 대한 수요와 공급으로 판단합니다. 즉 주가의 상승은 매수세력이 매도세력을 이긴 것이고, 주가의 하락은 매도측이 매수측보다 더 강했다는 것입니다. 따라서 3대 매매주체이면서 얄밉기도 한 외국인 투자자의 매매동향을 반드시 확인하면서 매매해야 합니다.

| 외국인 투자자 |

외국인 투자자의 투자비중은 삼성전자와 같은 주요 대형종목의 경우에는 시가총액 기준으로 대략 절반 정도를 차지합니다. 즉 외국인 투자자의 방향에 따라 시장뿐만 아니라 개별종목의 주가에 미치는 영향이 매우 큽니다.

'서학개미'로 통칭하는 해외주식투자가 붐을 이루고 있습니다. 한국인 투자자가 미국주식에 투자하면 상대방 입장에서 우리가 외국인 투자자가 되듯이, 외국인 투자자도 개인 및 기관으로 다양할 수 있습니다. 다만 한국시장에 투자하는 외국인은 대부분 기관투자자입니다. 외국계 투자은행, 외국계 연기금, 헤지펀드나 해외펀드 등으로 분류할 수 있습니다.

외국인 투자자는 상대적으로 장기투자를 한다고 알려져 있지만 꼭 그렇지는 않습니다. 물론 연기금의 경우에는 길게 보고 수년간 투자를 계획하는 경우가 많습니다.

| 외국인 투자자의 특징 |

국경을 넘나드는 투자를 고려할 때 일반적인 투자변수에 한 가지 더 항목이 추가되는데 바로 환율입니다. 외국인 투자자는 환율에도 영향을 받습니다. 원화가 달러 대비 강세일 때 원화 베이스로 투자하려는 수요가 늘어 외국인 투자 규모가 늘어나는 것이 일반적입니다. 즉 환율이 하락하거나 하락이 예상되면 상대적으로 원화강세를 의미하므로 외국인 투자자 매수가 유입되는 경향이 강해집니다. 반대로 환율이 상승하거나 상승이 예상되면 외국인 투자자가 매수 규모를 줄일 확률이 높아집니다.

외국인 투자자가 보는 한국시장은 규모가 작기 때문에 대형주의 선호도가 높습니다. 따라서 시가총액 상위 종목들인 삼성전자와 같은 종목을 선호합니다. 그래서 유가증권시장에서 대형주는 상대적으로 외국인 투자자의 매매동향에 영향을 크게 받습니다.

네이버 증권에서 외국인매매동향을 확인해보도록 하겠습니다.

자료 18_국내증시 외국인매매동향

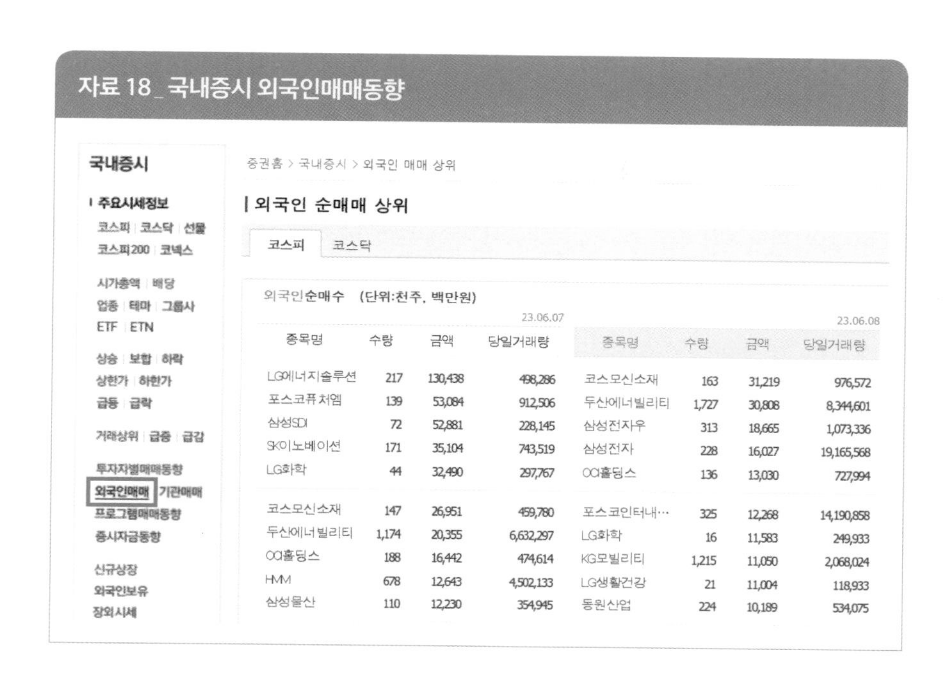

국내증시

주요시세정보
코스피 | 코스닥 | 선물
코스피200 | 코넥스
시가총액 | 배당
업종 | 테마 | 그룹사
ETF | ETN
상승 | 보합 | 하락
상한가 | 하한가
급등 | 급락
거래상위 | 급증 | 급감
투자자별매매동향
외국인매매 | 기관매매
프로그램매매동향
증시자금동향
신규상장
외국인보유
장외시세

증권홈 > 국내증시 > 외국인 매매 상위

외국인 순매매 상위

코스피 | 코스닥

외국인순매수 (단위:천주, 백만원)

23.06.07

종목명	수량	금액	당일거래량
LG에너지솔루션	217	130,438	498,286
포스코퓨처엠	139	53,084	912,506
삼성SDI	72	52,881	228,145
SK이노베이션	171	35,104	743,519
LG화학	44	32,490	297,767
코스모신소재	147	26,951	459,780
두산에너빌리티	1,174	20,355	6,632,297
OCI홀딩스	188	16,442	474,614
HMM	678	12,643	4,502,133
삼성물산	110	12,230	354,945

23.06.08

종목명	수량	금액	당일거래량
코스모신소재	163	31,219	976,572
두산에너빌리티	1,727	30,808	8,344,601
삼성전자우	313	18,665	1,073,336
삼성전자	228	16,027	19,165,568
OCI홀딩스	136	13,030	727,994
포스코인터내…	325	12,268	14,190,858
LG화학	16	11,583	249,933
KG모빌리티	1,215	11,050	2,068,024
LG생활건강	21	11,004	118,933
동원산업	224	10,189	534,075

자료 19_외국인매매상위

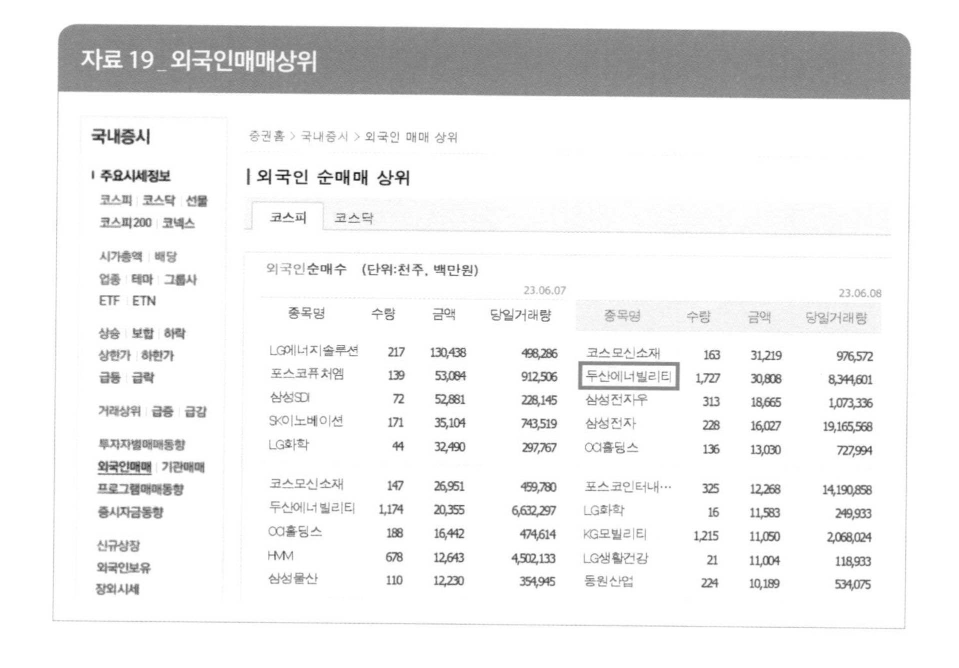

국내증시

주요시세정보
코스피 | 코스닥 | 선물
코스피200 | 코넥스
시가총액 | 배당
업종 | 테마 | 그룹사
ETF | ETN
상승 | 보합 | 하락
상한가 | 하한가
급등 | 급락
거래상위 | 급증 | 급감
투자자별매매동향
외국인매매 | 기관매매
프로그램매매동향
증시자금동향
신규상장
외국인보유
장외시세

증권홈 > 국내증시 > 외국인 매매 상위

외국인 순매매 상위

코스피 | 코스닥

외국인순매수 (단위:천주, 백만원)

23.06.07

종목명	수량	금액	당일거래량
LG에너지솔루션	217	130,438	498,286
포스코퓨처엠	139	53,084	912,506
삼성SDI	72	52,881	228,145
SK이노베이션	171	35,104	743,519
LG화학	44	32,490	297,767
코스모신소재	147	26,951	459,780
두산에너빌리티	1,174	20,355	6,632,297
OCI홀딩스	188	16,442	474,614
HMM	678	12,643	4,502,133
삼성물산	110	12,230	354,945

23.06.08

종목명	수량	금액	당일거래량
코스모신소재	163	31,219	976,572
두산에너빌리티	1,727	30,808	8,344,601
삼성전자우	313	18,665	1,073,336
삼성전자	228	16,027	19,165,568
OCI홀딩스	136	13,030	727,994
포스코인터내…	325	12,268	14,190,858
LG화학	16	11,583	249,933
KG모빌리티	1,215	11,050	2,068,024
LG생활건강	21	11,004	118,933
동원산업	224	10,189	534,075

네이버 증권에서 '국내증시'로 찾아가면 왼쪽 메뉴바(자료 18) 중에서 '외국인매매'를 찾을 수 있습니다. '외국인매매'를 클릭하면 주요 종목의 외국인 매매가 많은 종목들을 찾아줍니다.

이 화면의 상단(자료 19)에는 외국인 투자자의 매수가 많은 종목을, 아래에는 매도가 많은 종목을 보여줍니다. 그중에서 두산에너빌리티를 한번 살펴보겠습니다. 두산에너빌리티를 클릭하면 개별종목화면으로 들어갑니다.

자료 20_ 두산에너빌리티 1주일간 주가추이 (2023년 6월 기준)

두산에너빌리티의 1주일간 주가추이(자료 20)를 살펴보면 점진적인 상승의 흐름이 확인됩니다. 해당 개별종목 선차트 바로 하단의 메뉴바에서 '투자자별 매매동향'을 찾을 수 있습니다.

'투자자별 매매동향'을 클릭하면 날짜별로 기관투자자와 외국인 투자자의 매매동향이 보여집니다(자료 21). 이를 분석해보면 외국인의 매수가 유입되었

자료 21 _ 외국인·기관 순매매거래량

투자자별 매매동향 | 거래원 정보 : 일별 상위 5위 거래원의 누적 정보 기준 (20분 지연) 더보기

거래원 정보				외국인 ·기관				
매도 상위	거래량	매수상위	거래량	날짜	종가	전일비	외국인	기관
키움증권	958,238	제이피모간	929,595	06/08	17,910	▲510	+1,727,295	+627,839
NH투자증권	852,229	키움증권	891,226	06/07	17,400	▲450	+1,174,453	+529,885
미래에셋증권	815,773	KB증권	840,256	06/05	16,950	▲510	+1,293,186	+407,352
한국증권	706,564	신한투자증권	740,644	06/02	16,440	▲240	+598,634	+175,395
삼성	640,731	미래에셋증권	557,030	06/01	16,200	▲120	+166,747	+26,714
외국계추정합	152,516	+1,128,352	1,280,868	05/31	16,080	▲20	+291,699	+11,077

자료 22 _ 두산에너빌리티 주가추이

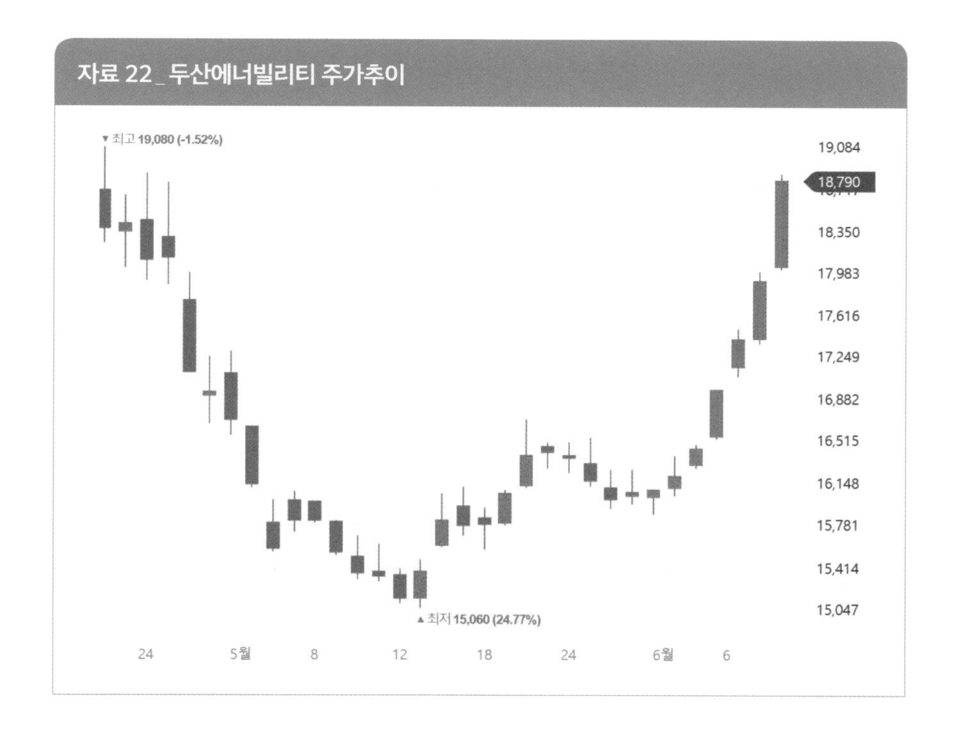

는데 최근 6거래일 동안 외국인의 매수세가 강했음을 알 수 있습니다. 이런 외국인 투자자의 매매가 주가에 어느 정도 반영이 되었을지는 해당 종목의 메뉴바 중에서 '차트'를 클릭하면 쉽게 확인이 가능합니다. 봉차트(자료 22)로

보게 되면 두산에너빌리티에 외국인의 매수가 유입되면서 주가의 흐름이 강하게 나타나는 것을 어렵지 않게 확인하실 수 있습니다.

특히 대형주 위주로 매매하는 분은 이렇게 외국인 투자자의 매수세가 유입이 되는 중인지, 반대로 매도세가 강화되는 추세인지 확인하고 매매할 필요가 있습니다. 한국의 우량주에 투자하고 배당을 쏙쏙 받아가다가 차익을 남기고 떠나는 듯해서 얄밉기는 하지만 어쩔 수 없이 신경을 써야만 합니다.

| 시장 전반의 영향력 |

외국인 투자자가 시장 전체에서 미치는 영향도 매우 큽니다. 네이버 증권 초기화면의 시장 전반적인 상황을 알려주는 화면에서도 주요 매매주체의 투

자료 23 _ 코스피 현황

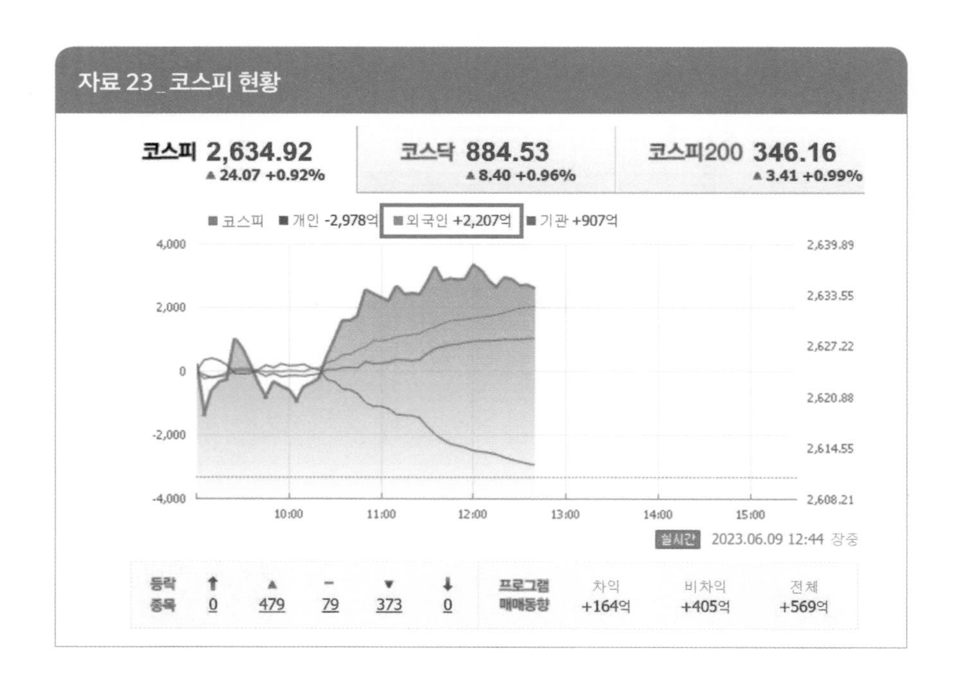

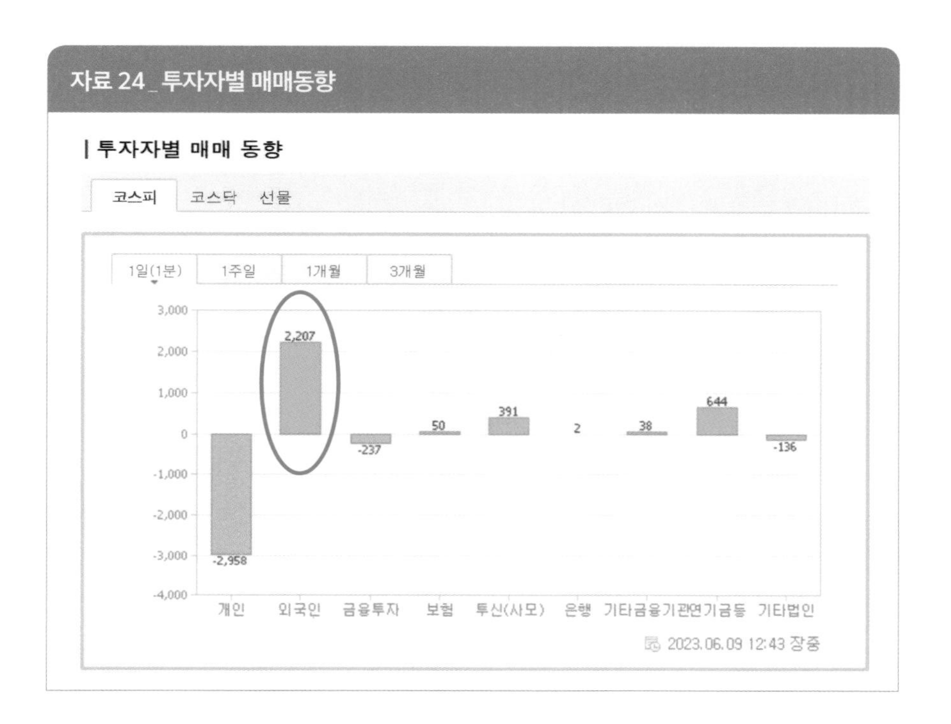

자료 24_투자자별 매매동향

자 상황을 보여줍니다.

초기화면(자료 23)의 상단에서 매매 3주체인 개인, 외국인, 기관투자자의 해당일 수급을 파악할 수 있습니다. 화면의 '외국인'을 클릭하면 좀 더 상세한 수급동향을 확인할 수 있는 화면(자료 24)으로 이동합니다.

위 화면에서 예를 들어 '3개월'을 클릭하면 코스피 시장에서 최근 3개월간 개인이 매수하고 외국인이 주로 매도한 것을 확인할 수 있습니다(자료 25). 개인이 3개월 기간 동안 매도했지만 유가증권시장이 차트(자료 26)에서 보듯이 상승하는 데는 이렇게 외국인 투자자의 매수가 영향이 큰 탓입니다. 전반적인 주식시장의 주가가 단계적인 상승이 나오려면 역시 외국인투자자의 매수가 필요한 것입니다. 과거와는 다르게 개인이 합리적이고 힘이 강해진 것을 폄하하는 것은 아니지만 말입니다.

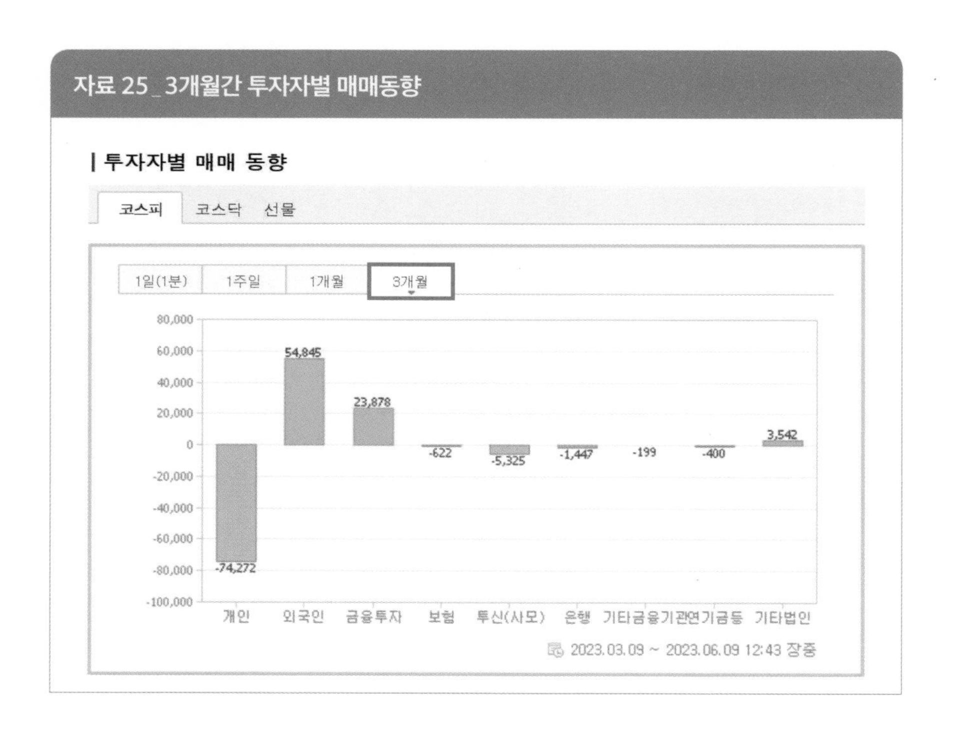

| 투자자별 매매 동향
코스피 코스닥 선물
1일(1분) 1주일 1개월 3개월
80,000
60,000
40,000
20,000
0
-20,000
-40,000
-60,000
-80,000
-100,000
-74,272
54,845
23,878
-622
-5,325
-1,447
-199
-400
3,542
개인 외국인 금융투자 보험 투신(사모) 은행 기타금융기관연기금등 기타법인
2023.03.09 ~ 2023.06.09 12:43 장중

자료 25_3개월간 투자자별 매매동향

KOSPI 시 2,573 고 2,580 저 2,565 종 2,569 ▼8 -0.31% 거 675,233
최고 2,638.02 (-0.09%)
2,645
2,636
2,622
2,599
2,576
2,553
2,530
2,507
2,484
2,461
2,438
2,415
2,392
2,369
2,346
최저 2,346.11 (12.34%)
7
21
4월
14
5월
14
6월

자료 26_3개월간 코스피 추이

결론적으로 주식시장에 여러 매매주체가 있고, 이런 매매주체 간의 힘겨루기를 통해 주가가 움직이게 됩니다. 시장 전반적인 흐름과 추세뿐만 아니라 개별종목의 매매에 있어서도 좋건 싫건 외국인매매동향도 잘 살피면서 매매에 임하는 것이 좋습니다. 특히 지수에 투자하거나 대형주에 투자하는 경우에는 더욱 그러합니다.

투자자보호

주식시장은 돈이 바로 부딪치는 전쟁터 같은 곳입니다. 따라서 투자자보호를 위한 나름의 장치들을 가지고 있습니다. 그 의미들을 잘 알고 위험은 피하되 나름대로 정보를 활용할 수 있는 부분은 잘 취할 수 있어야 합니다. 상장폐지 및 관리종목 등엔 가급적 진입하지 않아야 합니다. 또한 투자주의, 투자경고, 투자위험 등 시장경보가 발령될 땐 해당 종목의 위험성을 충분히 고려해야 합니다.

| 네이버 증권의 투자자보호 검색 |

거래소는 불특정 다수가 참여해 매매하므로, 투자자가 투자할 만한 최소한의 요건을 갖출 것을 요구합니다. 일정 요건을 충족하지 못하면 해당 주식을 거래대상에서 제외하거나 경고를 주는 것으로 투자자를 보호하게 됩니다.

네이버 증권의 '국내증시' 화면의 왼쪽 메뉴바(자료 27)에서 투자자보호 메뉴를 찾을 수 있습니다. 이 메뉴에서 클릭하면 관리종목, 거래정지종목, 시장경보종목 리스트를 확인할 수 있습니다. 리스트와 더불어 관리종목 및 거래정지종목에 대한 간략한 사유 등도 확인할 수 있습니다. 시장경보종목은 주가가 급등하는 경우 주의를 요한다는 사례가 많습니다.

자료 27 _ 투자자보호

| 투자자보호
관리종목
거래정지종목
시장경보종목

| 상장폐지 및 관리종목 |

상장폐지는 상장법인이 기업 내용의 변화 등으로 적격성을 상실하는 경우 거래대상에서 제외해 투자자를 보호하는 제도입니다. 관리종목은 상장폐지 우려가 있는 경우 사전예고단계로 투자자 주의를 환기하는 종목입니다. 따라서 투자에 극히 유의해야 하는 종목입니다. 전문가의 경우 일부러 관리종목에 투자하기도 하지만, 초보투자자라면 아예 접근을 하지 않는 것이 계좌와 건강에 좋다고 생각하시면 됩니다.

투자하는 종목이 시장에서 퇴출되기도 하는데, 구체적인 해당 요건에 대해서 살펴보도록 하겠습니다.

1) 유가증권시장 주요 퇴출요건

❶ **매출액 :** 최근년 매출액 50억원 미만 시 관리종목, 2년 연속이면 상장폐지

❷ **자기자본 :** 최근년 자본잠식률 50% 이상 시 관리종목, 2년 연속이면 상장폐지

❸ **감사의견 :**

㉠ 반기보고서 부적정·의견거절(관리종목), 감사보고서 부적정·의견거절 상장폐지

㉡ 감사보고서 범위제한으로 한정(관리종목), 2년 연속이면 상장폐지

❹ **즉시퇴출 :** 최종부도, 해산사유 발생 등

2) 코스닥시장 주요 퇴출요건

❶ **매출액 :** 최근년 매출액 30억원 미만 시 관리종목, 2년 연속이면 상장폐지

❷ **장기간 영업손실 :** 4년 연속이면 관리종목, 5년 연속이면 상장폐지

❸ 감사의견 :

㉠ 반기보고서 부적정·의견거절·범위제한 한정(관리종목), 감사보고서 부적정·의견거절·범위제한 한정 상장폐지

❹ 즉시퇴출 : 최종부도, 해산사유 발생 등

3) 상장적격성 실질심사

❶ 의의 : 기업의 계속성 점검이 요구되는 기업을 대상으로 상장 유지가 적정한지 판단하는 제도

❷ 주요 대상 :

㉠ 불성실공시로 관리종목에 지정된 법인

㉡ 회생절차개시 신청법인으로 관리종목에 지정된 법인

㉢ 상장폐지가 필요하다고 인정되는 경우

㉣ 자기자본의 5% 이상의 횡령, 배임 혐의 확인 등

❸ 실질심사기준에 해당하면 매매거래정지하고 심의대상 여부 결정

4) 상장폐지절차

❶ 상장폐지 서면 통보

❷ 이의신청

❸ 상장폐지 유예 혹은 상장폐지 결정

❹ 상장폐지 : 정리매매 기간 7일

매매거래가 중지된 종목 사례를 살펴보겠습니다.

산업 내에서 경쟁에 밀린 기업들이 주로 감사의견거절을 받는 경우가 많습니다. 이 종목 중에서 한때 매매했던 지코라는 자동차부품회사가 눈에 들어옵니다. 지코와 업종 대표주인 현대차의 주가추이를 문득 비교해보고 싶어졌습니다.

자료 28_ 거래정지종목 리스트 (2021년 8월 27일 기준)

거래정지종목 전체 | **코스피** | 코스닥

	종목명	정지일	지정사유
1	제주항공	2021.08.27	주식병합 분할등 주권제출요구
2	코오롱머티리얼	2021.08.02	기타공익과투자자보호및시장관리상
3	흥아해운	2021.07.30	기타공익과투자자보호및시장관리상
4	센트럴인사이트	2021.04.06	기타공익과투자자보호및시장관리상
5	쌍용차	2021.04.01	감사의견거절(발행 ELW 포함)
6	셀마테라퓨틱스	2021.03.30	감사의견거절(발행 ELW 포함)
7	세우글로벌	2021.03.24	감사의견거절(발행 ELW 포함)
8	성안	2021.03.23	감사의견거절(발행 ELW 포함)
9	세기상사	2020.08.14	기타공익과투자자보호및시장관리상
10	컨버즈	2020.03.31	감사의견거절(발행 ELW 포함)
11	폴루스바이오팜	2020.03.30	감사의견거절(발행 ELW 포함)
12	지코	2020.03.30	감사의견거절(발행 ELW 포함)
13	와이투솔루션	2020.03.30	기타공익과투자자보호및시장관리상
14	세원정공	2019.07.25	기타공익과투자자보호및시장관리상

자료 29_ 지코와 현대차의 주가추이 비교

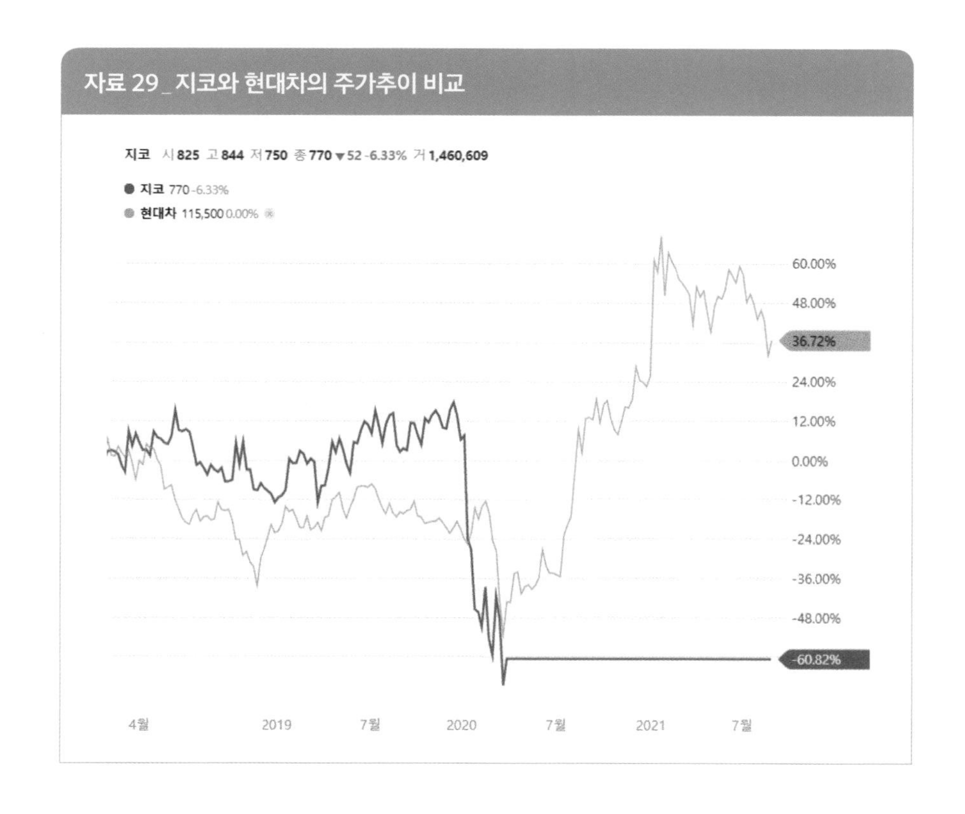

해당 종목의 차트에 들어가서 차트 바로 아래 '종목 또는 지수 비교'라는 돋보기에 비교하고 싶은 지수나 종목을 검색하면 비교 차트(자료 29)를 구할 수 있습니다. 지코와 현대차는 유사한 주가흐름을 보이는가 싶더니 거래정지 이전 급락 후 멈춰진 모습입니다. 보수적인 투자자나 초보투자자는 대형주 위주로 투자하는 것이 좋다는 것을 여실히 보여줍니다. 지코도 감자 후 증자가 잘 이루어져 거래가 재개되기를 바라봅니다.

| 시장경보 |

시장경보는 투기적이거나 불공정거래의 개연성이 있는 경우, 주가가 비정상적으로 단기에 급등하는 경우 등 투자자의 주의를 환기하기 위한 제도입니다. '투자주의 → 투자경고 → 투자위험'의 3단계로 지정됩니다. 해당 종목에 대한 위험성을 충분히 고려하면서 투자하는 것이 바람직합니다.

1) 투자주의종목

투자주의종목은 투기적이거나 불공정거래의 개연성이 있는 종목을 의미하며, 일반 투자자들의 뇌동매매를 막고 잠재적 불공정거래 행위자에 대한 경각심을 불러일으키기 위해 시장감시위원회에 의해 지정됩니다. 투자주의종목으로 지정되는 사유는 소수지점 거래집중, 소수계좌 거래집중, 종가급변, 상한가잔량 상위, 단일 계좌 거래량 상위, 투자경고종목 지정예고, 투자경고종목 지정해제 등이 있습니다. 투자주의종목은 1일간(공시일 다음 매매거래일) 지정됩니다.

2) 투자경고종목

주가가 비정상적으로 급등한 종목을 의미하며, 투자자에게 주의를 환기시키고 불공정거래를 사전에 방지하기 위해 투자경고종목으로 지정됩니다. 투자주의종목보다 한 단계 높은 시장경보로서, 투자자들은 해당 종목에 투자 시 주의가 필요합니다. 투자경고종목으로 지정되는 사유는 주가 단기급등, 중장기 상승, 투자주의종목 반복 지정 등입니다. 투자경고종목으로 지정된 이후에 특정일의 주가가 지정일 전일 및 직전 매매거래일의 주가보다 높거나 2일간 주가 상승률이 20% 이상일 경우 그다음 매매거래일 1일간 매매거래가 정지됩니다.

3) 투자위험종목

투자경고종목으로 지정되었음에도 투기적인 가수요 및 뇌동매매가 진정되지 않고 주가가 지속적으로 상승할 경우 투자위험종목으로 지정됩니다. 가장 높은 단계의 시장경보로서, 투자자들은 해당 종목에 투자 시 보다 높은 주의가 필요합니다. 투자위험종목으로 지정되는 사유는 주가 단기급등, 중장기 상승 등이고, 투자위험종목으로 지정된 후에도 지속적으로 주가가 상승하면 1일간 매매거래가 정지됩니다.

재무제표는 기업의 재무상황을 요약해서 보여주는 표입니다. 사람이 건강검진을 하듯 기업은 재무적인 현황을 재무제표를 통해 체계적으로 보여줍니다. 오랫동안 쌓인 노하우를 가지고 집약해놓았기 때문에 주식투자자는 반드시 종목을 파악할 때 기본적으로 사용하게 됩니다. 재무제표를 통해 비율을 분석하는 방법은 고평가와 저평가 여부를 판정할 때 가장 많이 사용되는 기법입니다.

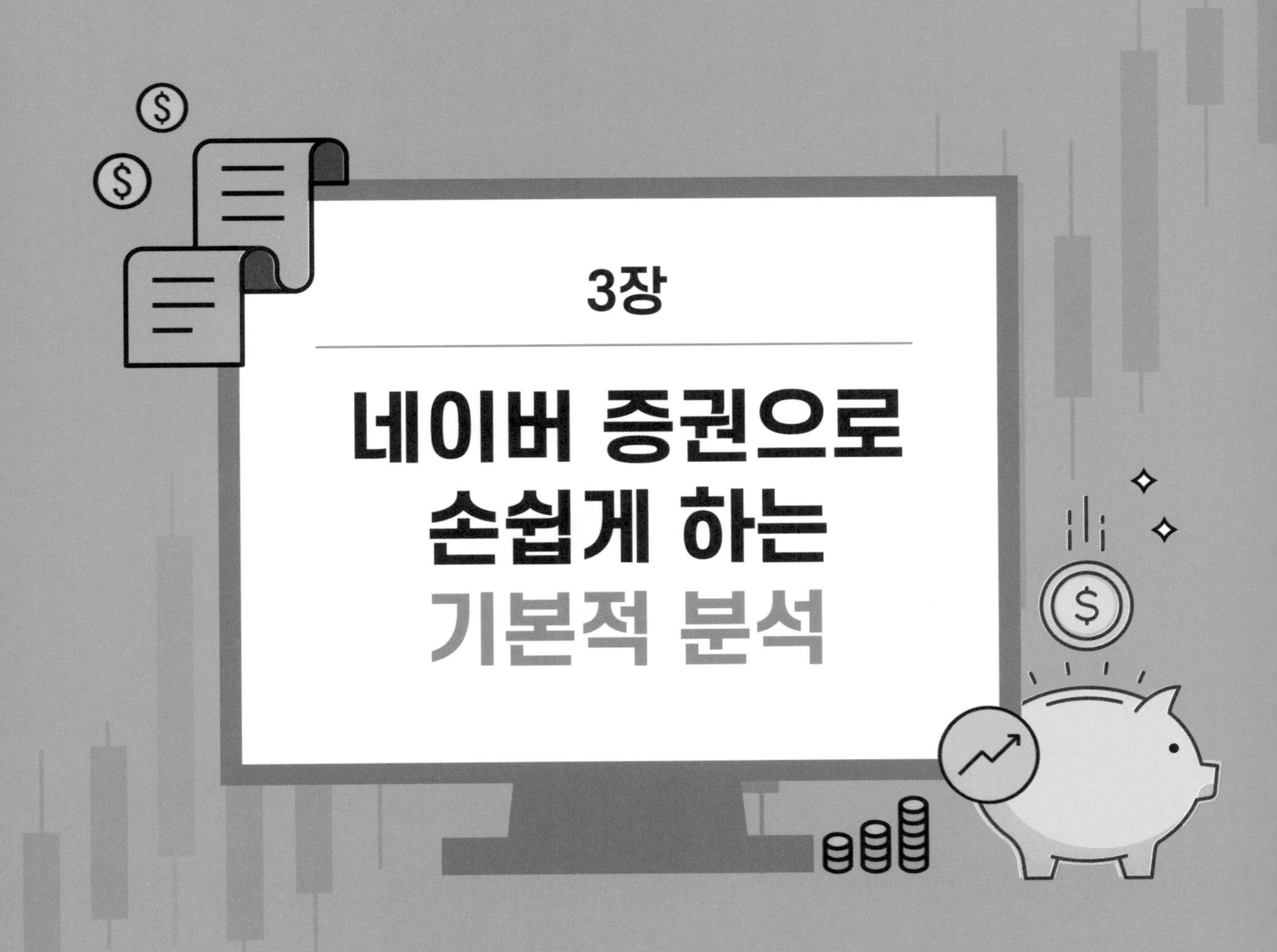

3장

네이버 증권으로 손쉽게 하는 기본적 분석

▸ 3장 ◂

저자직강 동영상 강의로
이해 쑥쑥!

3장의 핵심 내용을 이해하기 쉽게 풀어낸
저자의 동영상 강의입니다

기본적 분석

주식투자로 돈을 벌기 위해서는 주식을 싸게 사서 더 높은 가격에 팔아야 합니다. 이때 '싸다'라는 기준은 투자자마다 조금씩 다릅니다. 주가가 기업의 가치를 반영한다면 그 가치를 어떻게 산정하고 평가할 것인지에 집중하는 것이 바로 기본적 분석입니다. 말 그대로 기본적인 것으로, 주식투자자라면 기본적 분석에 대해 반드시 이해해야 합니다.

| 기본적 분석 = 재무제표 분석 |

주식을 발행한 기업의 본질적인 내재가치를 찾기 위해 투자자는 기업에 대한 분석을 할 수 있어야 합니다. 먼저 전반적인 경기를 분석해 주가에 영향을 줄 대세적인 흐름을 파악할 수 있습니다. 그리고 산업분석을 통해 유망산업을 찾을 수 있고, 투자가 유망한 산업 중에서도 어떤 기업이 경쟁력이 높거나 저평가인지 찾게 됩니다.

기업분석은 결국 해당 기업의 돈을 버는 능력을 파악하는 것인데, 즉 그 기업의 경영성과를 재무제표를 통해 분석합니다. 재무제표는 기업의 재무상태를 숫자로 나타내기 때문에 해당 기업에 대한 가장 객관화된 자료입니다. 따라서 기본적 분석에서 재무제표 분석은 출발점이자 기본이 되는 것입니다.

| 재무제표 |

기업의 현황을 분석하고 비교하며 경영계획을 수립하고 실행하려면 일정한 형식의 보고서가 필요합니다. 이를 위해 기업회계기준에서 정한 일정한 틀을 갖춘 보고서가 바로 재무제표입니다. 재무제표를 일정 기간마다 작성해 기업의 관련인(경영자, 주식투자자, 채권자 등)이 경영 및 투자에 참고하도록 알리게(공시) 됩니다.

재무제표 중 중요한 것은 재무상태표, 손익계산서, 이익잉여금처분계산서, 현금흐름표가 있습니다. 이 중에서 특히 재무상태표와 손익계산서는 주식을 투자하는 사람이라면 회계사처럼 심도 있는 분석까지는 아니더라도 반드시 기본적인 이해는 하고 있어야 합니다.

주식투자자가 꼭 알아야 할 재무상태표의 대략적인 구성에 대해 살펴보도록 하겠습니다.

| 재무상태표 |

재무상태표(Statement of Financial Position, B/S)는 기업의 일정시점의 재무상태(자산, 부채, 자본의 상태)를 나타내는 정태적 보고서로서 재무제표 중 핵심입니다. 아울러 기업의 경제적 자원, 재무구조, 유동성과 재무건전성 및 기업환경에 적응할 수 있는 능력 등 재무상태를 파악하는 데 유용한 정보를 제공하는 기능을 하고 있습니다.

재무제표는 회계기간을 1년 단위로 보고 그 기간 말에 작성하기 때문에 재무상태표는 당해 회계연도 말 시점에서의 기업재무상태를 나타냅니다. 재무상태표는 '자산, 부채, 자본'의 3가지 항목으로 구성되어 있으며, 자산은 왼쪽(차변)에 기록하고 부채와 자본은 오른쪽(대변)에 기록합니다.

즉 기업은 타인자본과 자기자본을 합해 자본을 조달하고, 그 조달한 자본으로 기업을 운영하게 되면 그 결과가 여러 자산으로 나타나게 됩니다. 재무상태표의 오른쪽에서는 어떻게 자본을 조달했는지, 그리하여 왼쪽에는 어떤 경영의 결과물이 도출되었는지를 보여줍니다. 예를 들어 채권을 발행하거나 증자를 해서 자본을 조달하고 그 경영성과가 좋았다면 현금과 같은 자산이 증가하게 됩니다. 따라서 자산은 '부채와 자본의 합계'와 그 합이 일치해야 합니다.

❙ 부채와 자본 ❙

부채를 다른 말로 타인자본이라고 하고, 자본을 순수하게 자기자본이라고 하면 이 둘을 합해 총자본이라고 합니다. 이러한 재무상태표를 통해서 말 그대로 기업의 재무상태가 건전한지 유동성이 좋은지, 그리하여 투자의 효율성이 있을지 파악할 수 있습니다. 여기서 유동성이란 단기적인 채무이행능력을 평가하는 것입니다. 유동성은 돈을 빌려준 채권자에게 중요한 지표입니다.

재무상태표 등식 : 자산 = 부채 + 자본

❶ 적극적 재산(자산) - 소극적 재산(부채) = 순재산(자본)

❷ 자산 = 채권자지분(부채) + 소유주지분, 주주지분(자본)

❸ 총재산(자산) = 타인자본(부채) + 자기자본(자본)

다시 한번 정리하면, 재무상태표의 오른쪽은 사업을 위한 자금조달 현황을 보여줍니다. 주인의 몫은 자본으로, 타인의 몫은 부채로 구분합니다. 재무상태표 왼쪽 편은 그 조달한 재원을 가지고 펼친 비즈니스의 결과를 보여줍니다. 그 결과가 다양한 자산으로 나타나게 됩니다. 즉 현금을 많이 벌어들였다면 현금자산이 많이 늘어나게 되고, 공장을 확충했다면 부동산 자산이 늘게 될 것입니다.

| 재무상태표 약식 예시 |

재 무 상 태 표

□□주식회사 202*. 12. 31.

자 산	부 채 / 자 본
자 산 유동자산 (당좌자산, 재고자산) 비유동자산 (투자자산, 유형자산, 무형자산, 기타비유동자산)	**부 채** (유동부채, 비유동부채) **자 본** 납입자본(자본금, 자본잉여금) 이익잉여금(법정적립금, 임의적립금, 미처분이익잉여금) 기타자본요소(자본조정, 기타포괄손익)

| 재무상태표 작성 기준 |

① 자산은 유동자산과 고정자산으로 구분합니다.

부채는 유동부채, 고정부채로 구분합니다.

자본은 자본금, 자본잉여금, 이익잉여금, 자본조정으로 구분합니다.

② 자산, 부채, 자본은 총액에 의해 기재합니다.

③ 자산과 부채는 1년을 기준으로 유동자산과 고정자산으로, 유동부채와 고정부채로 구분합니다.

④ 자산과 부채 배열은 유동성 배열에 따라 유동성이 높은 순으로 기록합니다.

⑤ 자본거래에서 발행한 자본잉여금과 손익거래에서 발생한 이익잉여금은 구분해 기록합니다.

| 재무상태표 해석 시 주의사항 |

재무상태표를 보면서 해석에 주의해야 할 점은 크게 2가지입니다.

1) '부채는 나쁘다'는 편견

일반적으로 가지게 되는 대표적인 오해인데 '부채는 나쁜 것'이라는 편견입니다. 물론 부채는 채권자에게 상환해야 할 의무이지만 비즈니스를 위해 필요한 자금을 조달하는 하나의 수단입니다. 만약 사업이 잘되면 정해진 이자만 지급하면 되니 주주인 주식투자자 입장에서는 기대수익률이 높아지게 됩니다. 이를 레버리지 효과라고 합니다. 당연히 과도한 부채는 문제지만 기업이 필요할 때 적절하게 부채를 조달해서 사업을 영위하는 것은 당연하기도 하고, 꼭 필요하기도 한 것입니다. 그리고 평균적인 부채비율은 업종마다 다른데, 예를 들어 건설업종은 부채비율이 높을 수밖에 없는 업이므로 단순히 부채가 많다는 이유로 위험하다고 분석하기보다는 해당 업종의 평균 수준과 비교하는 것이 합리적입니다.

2) '자본은 많을수록 좋다'는 편견

두 번째로 오해하는 것이 바로 단순히 '자본이 많으면 좋다'는 생각입니다. 자본은 주인의 몫으로 자본이 어떻게 늘어나는지에 대한 분석이 필요합니다. 영업이 잘되어 이익이 자본으로 편입되면 매우 좋겠지만, 영업이 어려워 주주에게 증자와 같은 방식으로 자본을 더 조달하는 경우 주식투자자로서는 증자대금 납입 부담이 커지게 됩니다. 아울러 증자 같은 경우 주식수가 늘어나는 만큼 주주 숫자가 늘어나거나 나의 지분비율이 줄어드는 경우도 생길 수도 있습니다. 잘되는 회사일수록 나의 지분비율이 높은 것이 좋은 것처럼, 단순히 자본금액이 크다고 좋다고 볼 수 없으며 복합적으로 판단해야 합니다.

❙ 네이버 증권에서 재무상태표 찾기 ❙

기업의 재무상태표를 보려면 네이버 증권 해당 기업 화면의 가로 메뉴바에서 '전자공시'를 클릭하면 다음과 같이 금융감독원 전자공시시스템(자료 1)에 연결되며 다양한 공시자료에서 쉽게 찾을 수 있습니다. 분기보고서, 반기보고서, 결산보고서를 클릭하면 됩니다.

실제 재무상태표를 찾아서 살펴보겠습니다. 다음은 삼성전자의 2020년 사업보고서 중 약식 재무상태표(자료 2)입니다.

삼성전자의 재무상태표를 예시를 든 이유는 삼성전자의 현금성 자산이 막강하다는 것을 보여드리고 싶어서입니다. 단기금융상품이라는 것이 필요하면 중도에 해지도 가능하니 여차하면 쓸 수 있는 현금성 자산이 100조가 훌쩍 넘는다는 점입니다. 자본주의 사회에서 힘은 곧 돈이니, 이렇게 막강한 현금성 재원으로 미래 삼성전자의 먹거리를 준비할 것으로 생각합니다.

자료 1 _ 전자공시 찾기 (2023년 6월 기준)

자료 2 _ 삼성전자 약식 재무상태표 (2023년 6월 기준)

1. 요약재무정보

가. 요약연결재무정보

(단위: 백만원)

구 분	제55기 1분기	제54기	제53기
	2023년 3월말	2022년 12월말	2021년 12월말
[유동자산]	214,442,141	218,470,581	218,163,185
・현금및현금성자산	72,949,377	49,680,710	39,031,415
・단기금융상품	35,200,184	65,102,886	81,708,986
・기타유동금융자산	32,911	443,690	3,409,791
・매출채권	36,632,159	35,721,563	40,713,415
・재고자산	54,419,586	52,187,866	41,384,404
・기타	15,207,924	15,333,866	11,915,174
[비유동자산]	239,649,636	229,953,926	208,457,973
・기타비유동금융자산	14,667,502	12,802,480	15,491,183
・관계기업 및 공동기업 투자	11,198,623	10,893,869	8,932,251
・유형자산	171,857,516	168,045,388	149,928,539
・무형자산	23,617,703	20,217,754	20,236,244
・기타	18,308,292	17,994,435	13,869,756

이 책을 쓰고 있는 동안에도 삼성전자의 주가 정체를 걱정하는 고객의 전화를 몇 통 받았습니다. "세상 쓸데없는 걱정 중 하나가 삼성전자 걱정"이라고 말씀드리곤 합니다. 삼성전자는 과거에 그러했듯이 앞으로도 위기를 잘 극복할 겁니다. 재무상태표가 말해주듯 재무구조가 이렇게 탄탄한 기업을 뭐 그리 걱정하겠습니까? 삼성전자가 비메모리에서 성과를 보여주면 또 언제 그랬나 싶게 증권사들이 목표주가를 경쟁적으로 올리겠지요.

손익계산서

손익계산서는 일정 기간(1년) 동안 기업이 영업을 얼마나 잘 했는지를 파악하기 위해서 작성하는 재무제표입니다. 즉 한 해 동안 기업이 올린 매출과 발생한 원가, 그리고 이익을 얼마만큼 거두었는지를 파악할 수 있게 해줍니다. 손익계산서는 기업이 돈을 버는 능력을 판단할 수 있게 해주므로 주식투자자에게 가장 중요한 재무제표입니다.

| 손익계산서 구조 |

매출액
- 매출원가

매출총이익

- 판매비와 관리비

영업이익

+ 영업외수익 - 영업외비용

경상이익

+ 특별이익 - 특별손실

법인세 비용 차감 전 순이익

- 법인세

당기순이익

이것은 기본적인 손익계산서의 구조를 정리한 자료입니다.

이 손익계산서 계정을 이해하기 쉽게 말로 풀어서 살펴보겠습니다.

① 매출총이익은 매출액에서 매출원가를 차감한 금액인데, 이는 제품의 판매액에서 제품을 생산하는 데 드는 비용을 차감한 금액입니다.

② 영업이익은 매출총이익에서 제품판매활동과 제품을 판매하기까지 관리하는 데 발생한 비용, 즉 '판매비와 일반관리비'를 차감한 금액으로, 기업의 영업활동을 통해서 경영성과를 측정합니다. 본업에서 벌어들인 영업이익이야말로 해당 기업의 생존과 성장을 가늠할 수 있는 가장 중요한 항목입니다.

③ 경상이익은 순수한 영업활동 이외에 기업의 활동으로 인해 이익과 손실이 발생한 부분들을 영업외이익과 영업외손실이란 항목으로 설정하고, 영업이익에서 이익은 가산하고 손실은 차감해 계산합니다.

④ 경상이익에서 특별이익과 특별손실을 고려해 계산한 금액이 법인세 비용 차감 전 순이익입니다. 법인세 비용 차감 전 순이익에서 일정한 세율로 법인세를 산출한 다음에 이를 공제하면 최종 당기순이익을 구할 수 있습니다.

기업의 한 해 동안의 당기순이익을 산출하기까지는 각종 이익항목과 손실항목들이 가감되는데, 이 중에는 직접적으로 영업활동과 연관되는 비용과 이익이 있는 반면 영업활동과 직접적인 연관 없이 발생하는 비용도 있기 때문에 단순히 영업활동만을 잘했다고 해서 당기순이익이 높아지는 것은 아닙니다. 그러므로 단순히 당기순이익이 높다고 해서 좋은 경영성과라고 단정하는 것은 부정확합니다. 결론적으로 이익과 손실의 원인을 종합적으로 판단해야 합니다. 이를 통해 기업의 수익력, 즉 돈을 버는 능력을 판단할 수 있고 그 추이를 보면서 미래 주가를 예측하게 됩니다.

| 손익계산서 작성 기준 |

① 모든 수익과 비용은 그것이 발생한 기간에 적정하게 배분되도록 처리합니다. 수익은 실현시기를 기준으로 계상하고, 미실현수익은 당기의 이익계산에 산입하지 않는 것이 원칙입니다.

② 수익과 비용은 그 발생원천에 따라 명확하게 분류하고, 각각 수익항목과 이에 관련되는 비용항목을 대응해 표시합니다.

③ 수익과 비용은 총액에 의해 기재함이 원칙이며, 수익과 비용을 직접 상계해 각 금액을 손익계산서에서 제외해서는 안 됩니다.

네이버 증권에서 손익계산서는 재무상태표와 마찬가지로 '전자공시'를 통해서 찾을 수 있습니다. 또한 해당 종목화면에서 조금만 아래로 내려가면 매출과 이익에 대한 자료를 바로 찾을 수 있습니다.

2018년부터 한국전력의 매출실적(자료 3)을 보면 늘어나는 것이 아니라 소폭 감소하고 있습니다. 게다가 영업이익과 당기순이익이 4개년 중 3년이 적자임을 보여주고 있습니다. 그렇다면 한국전력의 주가는 어떠했을까요?

한국전력의 5년간 주가추이(자료 4)를 보면 지속적으로 우하향해 하락했음을 보여줍니다. 너무나 자명한 논리지만 돈을 많이 버는 기업의 주가는 오르고, 그러하지 못하면 주가는 하락하게 됩니다. 그런데 여기서 한 가지만 더 살피자면, 2022년을 지나면 주가는 더 이상의 하락을 멈추고 미세하게나마

자료 3_ 한국전력 기업실적분석 (2023년 6월 기준)

기업실적분석

주요재무정보	최근 연간 실적			
	2020.12	2021.12	2022.12	2023.12(E)
	IFRS 연결	IFRS 연결	IFRS 연결	IFRS 연결
매출액(억원)	585,693	606,736	712,579	875,992
영업이익(억원)	40,863	-58,465	-326,552	-78,082
당기순이익(억원)	20,925	-52,156	-244,291	-75,538

자료 4_ 한국전력 5년간 주가추이 (2023년 6월 기준)

상승을 하고 있다는 점입니다. 바닥을 충분히 다졌고 한전이 공기업적 성격을 가진 점을 감안해 부도위험은 없다고 할 때 여기서 조금만 전기요금 인상이 전향적으로 결정되면 주가는 우상향의 가능성이 있다고 판단됩니다.

자료 5_한국전력 주당순자산

	2020년	2021년	2022년	2023년(E)
EPS(원)	3,102	-8,263	-38,112	-11,879
PER(배)	8.83	-2.67	-0.57	-1.63
BPS(원)	107,945	99,352	63,158	51,318
PBR(배)	0.25	0.22	0.35	0.38

한국전력의 주당순자산이 5만원이 넘는 것에 비하면(자료 5) 2023년 6월 주가는 지나치게 낮으므로 모멘텀이 주어지면 주가는 오를 가능성이 높아보입니다. 그러니 중장기 투자자라면 관심을 가져볼 만한 자리입니다.

이번에는 매출과 이익이 대폭 증가하는 대표적인 기업을 찾아보겠습니다. 주식투자를 하지 않더라도 한국인이라면 이름을 알게 된 양극재의 상징과 같은 기업인 에코프로비엠의 매출 추이를 보면, 앞자리 숫자가 매년 바뀔 만큼 가파른 성장을 보여 주고 있습니다. 이익 추이 역시 무서운 증가를 기록하고 있습니다(자료 6).

주식을 투자해보면 아시겠지만 주가는 성장에 민감하게 반응합니다. 에코프로비엠의 주가도 당연하지만 아름답게 상승했습니다. 다만 2023년 4월 들어 가파른 주가 상승에 대한 기술적 하락과 더불어 고평가 논란에 주가가 잠시 쉬어가는 모습을 보여주고 있습니다. 당연히 주가는 오르고 내리겠지만

자료 6 _ 에코프로비엠 기업실적분석 (2023년 6월 기준)

기업실적분석

주요재무정보	최근 연간 실적			
	2020.12 IFRS 연결	2021.12 IFRS 연결	2022.12 IFRS 연결	2023.12(E) IFRS 연결
매출액(억원)	8,547	14,856	53,576	92,138
영업이익(억원)	548	1,150	3,807	5,861
당기순이익(억원)	467	978	2,727	4,409
영업이익률(%)	6.41	7.74	7.11	6.36
순이익률(%)	5.46	6.58	5.09	4.78
ROE(%)		20.26	24.26	24.25

자료 7 _ 에코프로비엠 주가추이 (2023년 6월 기준)

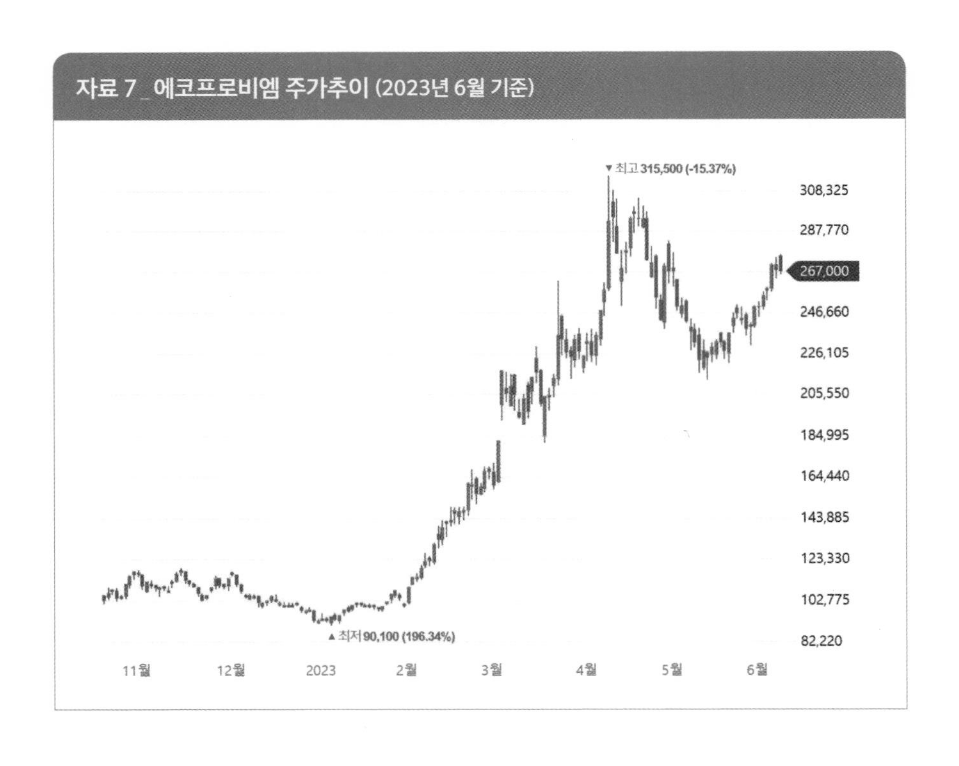

미래의 전기차 점유율이 높아질 것을 생각하면 에로프로비엠은 또다시 좋은 결과를 보여주리라 생각합니다.

주가가 가파르게 오른 만큼 기술적인 하락이 오겠지만 미래의 자동차가 '달리는 스마트폰'이 될 것이라 믿기에 배터리 산업의 성장과 함께 기술력이 좋은 2차전지 관련주는 장기적으로 우상향할 것으로 생각합니다. 제 고객 계좌에도 2차전지 관련주는 꼭 담아드리고 있습니다. 또한 한국의 경제나 주식 시장의 성장을 위해서도 삼성이나 현대, LG 같은 기존 그룹사가 아닌 새로운 얼굴이 지속적으로 나와주어야 한다는 측면에서도 2차전지 산업에 거는 기대가 큽니다.

돈을 잘 버는 기업의 주가는 결국 오를 수밖에 없으므로 네이버 증권에서 기업실적을 점검하는 습관은 주식투자자의 기본적인 투자 자세입니다. 제2의 성장산업 관련주를 발굴하기 위해서도 그렇습니다.

종목분석

소중한 돈으로 투자하는 종목에 대해 우리는 얼마나 알고 있을까요? 삼성제약이 삼성그룹의 계열회사인 것으로 잘못 알고 계신 분이 있을 정도로 때론 당혹스러운 상황을 만나곤 합니다. "친구야, 너만 알고 있어"라는 이야기에 공부 없이 무작정 투자했다가 뒤늦게 온 국민이 다 알고 있는 정보라는 것을 알게 되는 상황은 피해야 합니다.

| 네이버 증권의 종목분석 |

내가 투자하는 주식이 어떤 회사인지 나름 분석을 하고 투자해야 한다는 것은 기본 중의 기본입니다. 그런 기본을 지키는 일이 바로 합리적인 투자의 시작인데, 의외로 기본을 지키지 않는 투자자가 꽤 많습니다.

그래서 네이버 증권을 잘 활용할 필요가 있습니다. 네이버 증권의 장점은 매우 많지만, 그중에서도 특히 종목분석을 일목요연하게 신속히 살펴볼 수 있는 것은 참으로 큰 장점입니다.

SK하이닉스를 예를 들어 살펴보도록 하겠습니다. 네이버 증권의 홈화면에서 'SK하이닉스'를 검색하면 개별종목화면으로 들어갑니다. 화면 상단의 차트 화면 바로 아래에 종합정보 등 다양한 항목을 가진 메뉴바가 나옵니다.

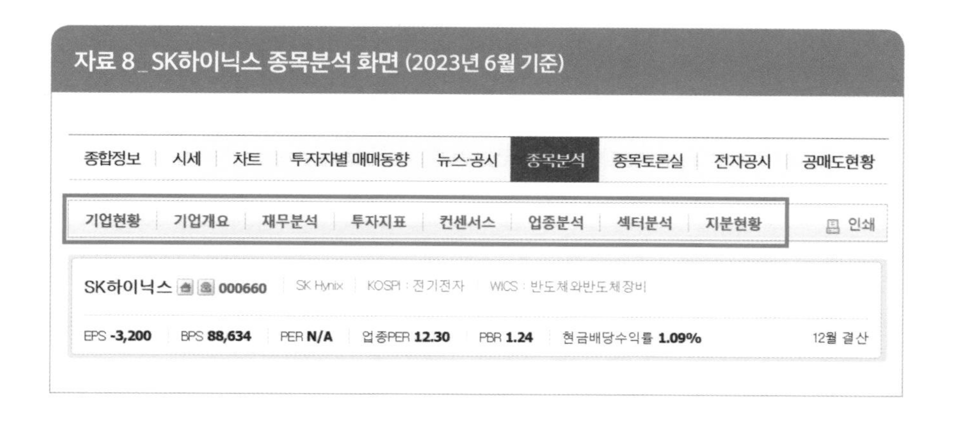

여러 항목 중에서 '종목분석'으로 들어가보도록 하겠습니다. 클릭하게 되면 기업현황과 기업개요, 재무분석, 업종분석 등 다양한 세부 메뉴바를 확인할 수 있습니다. 종목에 대한 요약자료집처럼 잘 정리되어 있습니다. 이런 보석 같은 정보들이 잘 정리되어 있는데, 이를 찾아보는 작은 수고를 생략한다면 올바른 투자자의 자세가 아닙니다. 시간이 될 때마다 항목 하나하나 클릭해보시면 종목에 대해 큰 흐름을 파악하는 데 부족함이 없습니다.

'종목분석' 화면 중간에서는 '시세 및 주주현황'을 살펴볼 수 있습니다.

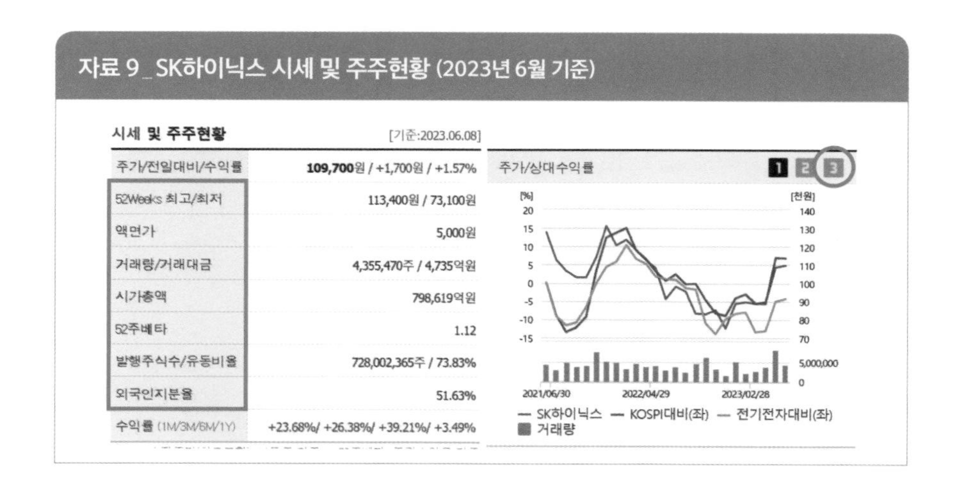
자료 9_SK하이닉스 시세 및 주주현황 (2023년 6월 기준)

시세 및 주주현황 [기준:2023.06.08]

주가/전일대비/수익률	109,700원 / +1,700원 / +1.57%
52Weeks 최고/최저	113,400원 / 73,100원
액면가	5,000원
거래량/거래대금	4,355,470주 / 4,735억원
시가총액	798,619억원
52주베타	1.12
발행주식수/유동비율	728,002,365주 / 73.83%
외국인지분율	51.63%
수익률 (1M/3M/6M/1Y)	+23.68%/ +26.38%/ +39.21%/ +3.49%

'시세 및 주주현황'에서 중요한 정보들을 확인할 수 있습니다. 현재 주가와 과거 52주 동안의 최고가 및 최저가를 보고 현재 주가수준을 체크할 수 있습니다. 주식의 액면가가 5,000원이라는 점을 확인할 수 있고, 시가총액과 시장민감도인 베타값도 알 수 있습니다. 베타란 시장의 전반적인 움직임과 해당 종목 움직임과의 관계를 말하는 것으로, 베타값이 1보다 크다는 것은 시장움직임 대비 좀 더 변동성이 크다는 의미입니다. 이 화면(자료 9)의 오른쪽 차트에서는 종합주가지수나 업종 대비 해당 종목의 주가흐름을 비교할 수도 있습니다.

| 대형주의 외국인 지분율 추이 |

〈자료 9〉의 오른쪽 차트에서 3번을 클릭하면 〈자료 10〉과 같은 화면이 나와 외국인 지분율의 추이와 주가의 흐름을 분석할 수 있습니다.

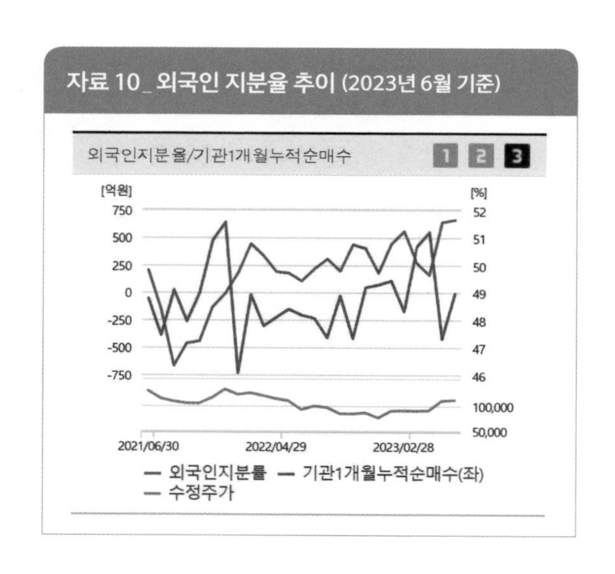

자료 10_ 외국인 지분율 추이 (2023년 6월 기준)

SK하이닉스의 외국인 지분율이 50%를 넘어섰다는 것을 알 수 있습니다. 외국인 지분율이 높을수록 외국인 투자자의 움직임을 고려하면서 주식을 투자해야 합니다.

〈자료 10〉의 화면에서 파란색으로 표시된 외국인 지분율이 오를 때 차트 아래 보라색의 주가추이도 함께 오르는 모습을 확인할 수 있습니다. 붉은색으로 표시된 기관투자자의 움직임보다는 차트에서 제시되는 기간 동안에는 외국인 투자자의 동향에 주가 움직임이 영향을 많이 받는다는 것을 알 수 있습니다.

자료 11 _ SK하이닉스 재무요약 (2023년 6월 기준)

Financial Summary　주재무제표　검색　IFRS　산식　* 단위 : 억원, %, 배, 주　* 분기: 순액기준

전체　연간　분기

주요재무정보	연간				분기			
	2020/12 (IFRS연결)	2021/12 (IFRS연결)	2022/12 (IFRS연결)	2023/12(E) (IFRS연결)	2022/09 (IFRS연결)	2022/12 (IFRS연결)	2023/03 (IFRS연결)	2023/06(E) (IFRS연결)
매출액	319,004	429,978	446,216	244,726	109,829	76,720	50,881	55,890
영업이익	50,126	124,103	68,094	-104,587	16,556	-18,984	-34,023	-32,266
영업이익(발표기준)	50,126	124,103	68,094		16,556	-18,984	-34,023	
세전계속사업이익	62,370	134,160	40,028	-112,355	16,832	-44,214	-35,252	-33,106
당기순이익	47,589	96,162	22,417	-90,627	11,027	-37,207	-25,855	-28,030
당기순이익(지배)	47,551	96,023	22,296	-90,479	11,067	-37,276	-25,804	-25,994
당기순이익(비지배)	38	139	121		-41	68	-51	
자산총계	711,739	963,465	1,038,715	973,776	1,095,458	1,038,715	1,043,846	
부채총계	192,648	341,555	405,810	440,795	408,226	405,810	433,761	
자본총계	519,091	621,911	632,905	532,981	687,232	632,905	610,085	

'종목분석' 화면 하단에는 당연하게도 재무현황에 대한 요약이 나옵니다. 메뉴바에서 연간 혹은 분기별로도 클릭해 확인할 수 있습니다. 2023년 SK하이닉스의 영업이익 전망은 적자가 예상됩니다. 실적에 'E'라고 표시되는 것은

Expectation의 약자로 예측자료라는 것을 알려줍니다. 삼성전자를 비롯해 SK하이닉스도 2022년 주가의 하락이 길어져서 걱정이 많았습니다.

2018년 D램과 낸드플래시 가격이 올라 큰 폭의 영업이익을 보였다가 2019년 들어 반도체 업황이 하락에 들어갑니다. 이런 반도체업의 높은 변동성이나 피크아웃(Peak Out) 경험 때문에 실적이 나쁘지 않았던 기간에도 주가는 힘을 쓰지 못했습니다.

| 장기적인 반도체 경기 |

반도체는 업종의 특성상 경기변동성이 강합니다. 이를 'Cyclical하다'라고 전문가들은 이야기합니다. 반도체 경기를 정확히 예측한다는 것은 전문가도 어렵습니다. 그러므로 개인 투자자 입장에서는 어느 정도의 변동성은 인정하면서 장기로 투자하는 것이 현실적인 방법입니다.

식당에 가서 주문한 음식이 나오면 숟가락을 먼저 드는 것이 아니라 스마트폰의 촬영 버튼을 먼저 누르곤 합니다. 그리고 이 사진을 여러 SNS에 올립니다. 생각해보면 우리가 매일매일 생성하는 사진, 텍스트, 동영상이 어딘가에는 저장이 되어야 하니, 가면 갈수록 메모리 반도체 수요가 줄어들지는 않을 것입니다. 물론 수급에 진폭이 있겠지만 장기적으로 전망이 어둡지 않다면 대형주는 1년 정도의 위축은 무시하고 투자할 만한 배짱을 가지고 있어야 합니다.

업종의 주도주와 대형주는 증권사의 전문가들이 투자의견을 〈자료 12〉처럼 제시해줍니다. 이를 통해 증권사가 제시하는 목표주가 대비 현재 주가와의 차이를 확인할 수 있습니다. 대부분의 증권사는 SK하이닉스와 같은 대형

자료 12_SK하이닉스 투자의견 컨센서스 (2023년 6월 기준)

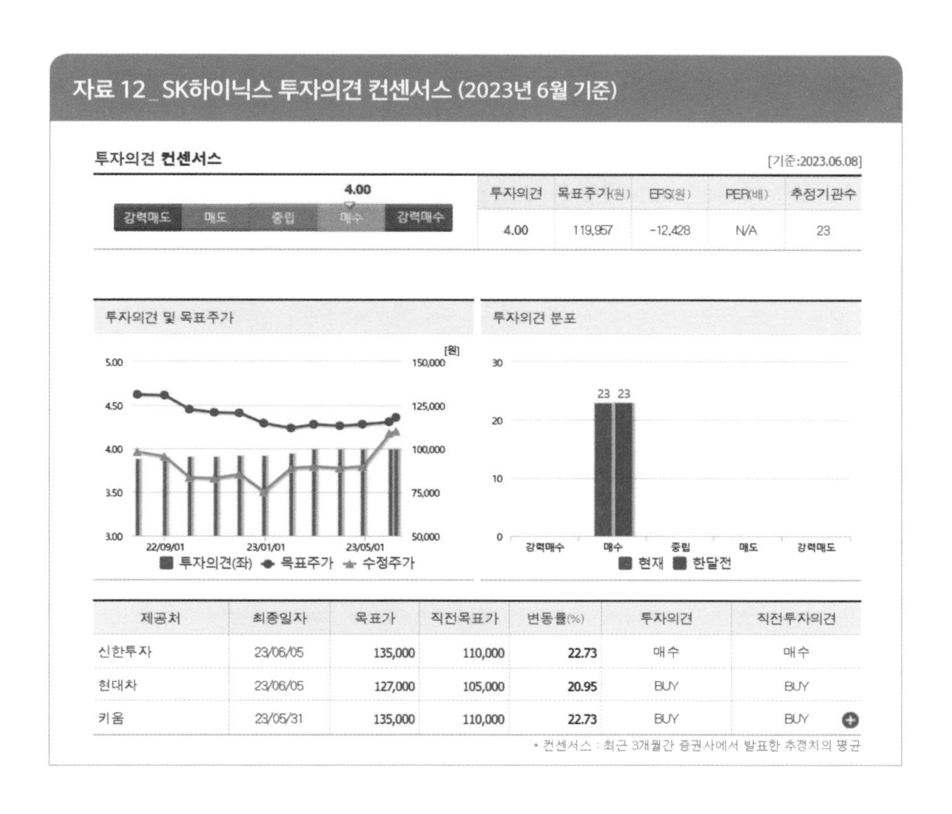

투자의견 컨센서스 [기준:2023.06.08]

투자의견	목표주가(원)	EPS(원)	PER(배)	추정기관수
4.00	119,957	-12,428	N/A	23

제공처	최종일자	목표가	직전목표가	변동률(%)	투자의견	직전투자의견
신한투자	23/06/05	135,000	110,000	22.73	매수	매수
현대차	23/06/05	127,000	105,000	20.95	BUY	BUY
키움	23/05/31	135,000	110,000	22.73	BUY	BUY

• 컨센서스 : 최근 3개월간 증권사에서 발표한 추정치의 평균

주의 리포트와 함께 목표주가도 제시합니다. 투자의견은 매수인 경우가 많고 목표주가도 중요하지만, 더 관심깊게 살필 부분은 목표주가를 상향하는지입니다. 주가는 미래전망에 따라 움직이기 때문입니다.

'종목분석'은 개별종목화면에서는 설명을 다 드리지 못한 부분도 많을 정도의 다양한 정보를 도표를 포함해 게시하고 있습니다. 투자하고 싶은 종목의 '종목분석' 화면을 수시로 찾아보면서 투자한다면 어이없이 무너지는 그런 실수는 막을 수 있습니다.

재무비율분석

기업의 성과를 측정할 때 결론은 '얼마나 벌었는가'로 알 수 있습니다. 물론 주식투자자 입장에서는 앞으로 얼마나 벌 수 있을 것인지를 함께 판단해야 합니다. 이런 판단을 위해 경영활동의 결과가 집결되는 재무제표를 분석하게 됩니다. 네이버 증권을 통해서 기본적이지만 중요한 재무비율분석에 대해 살펴보겠습니다.

| 재무비율분석의 목적 |

재무비율분석은 재무제표를 구성하고 있는 여러 항목들 간의 상대적 비율을 이용해 해당 기업의 재무적 건강상태를 파악하는 자료로 사용하는 것입니다. 주로 기업의 재무건전성을 기본으로 여러 가지 측면을 고려합니다. 경영자의 입장에서는 경영실적평가와 투자결정 여부, 자금조달결정 등에 사용하고, 채권자라면 원리금 상환능력 파악이 중요할 것입니다. 주식투자자의 입장에서는 과거 실적을 바탕으로 기업의 미래수익, 배당금 지급능력, 투자위험파악 등이 주요 목적이 될 것입니다. 투자하는 기업의 재무현황과 재무건전성 정도를 파악하기 위해 안정성, 활동성, 수익성, 성장성 측면에서 분석을 많이 합니다.

| 재무비율의 분류 |

안정성 비율	- 단기부채 지급능력 및 시장여건 변화에 대한 재무적 대응능력 - 유동비율, 부채비율, 자기자본비율, 이자보상배율
활동성 비율	- 기업의 자산이용의 효율성 - 총자산회전율, 자기자본회전율, 매출채권회전율, 재고자산회전율
수익성 비율	- 기업의 자산이용의 효율성 및 이익창출능력의 평가 - 총자산이익률, 자기자본이익률, 매출액순이익률, 영업이익률
성장성 비율	- 기업의 규모 및 수익창출의 증가 비율 - 매출액증가율, 영업이익증가율, 순이익증가율, 총자산증가율

재무비율에는 위와 같이 다양한 비율이 있고, 각각 의미가 있는 비율입니다. 주식투자자 입장에서 해당 기업이 지속적으로 유지될 수 있는지 확인하는 것은 기본입니다. 그래서 안전성 비율은 보수적인 투자자가 아니더라도 꼭 확인해야 합니다.

| 안정성 비율 |

기업이 안정성을 가진다는 것은 부채를 상환하는 데 있어서 별 무리가 없으며, 경기변동이 있더라도 적절하게 대처할 수 있는 능력이 있다는 것입니다. 안정성 비율은 장기투자자와 보수적인 투자자에게 더욱 중요한 비율입니다. 특히 초보투자자라면 해당 기업이 업종 평균에 못 미치는 기업인 경우 투자를 되도록 피하는 것이 좋습니다.

❶ 유동비율 = 유동자산 / 유동부채 × 100(%)

• 단기(1년) 채무지급능력을 측정하는 데 유용함

• 일반적으로 100% 이상이 권장됨

❷ 부채비율 = 타인자본 / 자기자본 × 100(%)

• 부채비율이 높을수록 재무레버리지 효과가 커지나 그만큼 위험성도 높아짐

❸ 고정비율 = 비유동자산 / 자기자본 × 100(%)

• 자기자본이 비유동자산에 어느 정도 투입되었는지를 알아보기 위한 비율임

• 기업의 비유동자산은 일반적으로 자기자본으로 조달하는 것이 타당함

❹ 이자보상비율 = 영업이익 / 이자비용 × 100(%)

• 영업이익으로 이자를 충분히 충당할 수 있는지 측정함

• 높을수록 좋으며, 최소한 1배 이상을 요구함

• 1배가 안 된다는 것은 '영업이익으로 대출이자를 충당할 수 없다'는 것이므로 투자에 주의해야 함

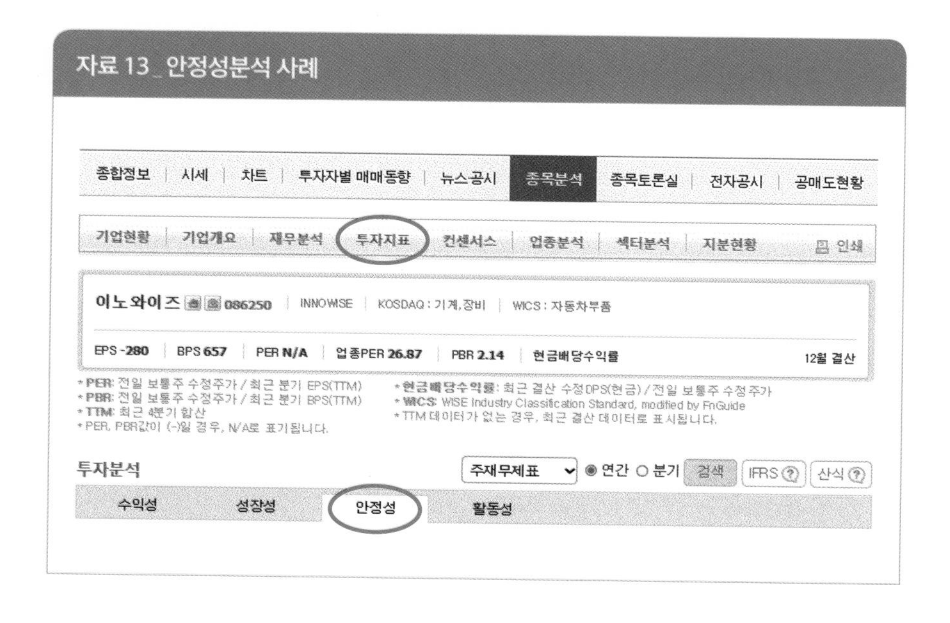

자료 13_ 안정성분석 사례

네이버 증권의 각 기업의 초기화면에서 '종목분석'을 클릭하고 '재무분석' 이나 '투자지표'에 들어가면 차트로 다양한 비율분석을 쉽게 확인할 수 있습니다. 그중에서도 이노와이즈의 안정성지표(자료 13)를 예로 살펴보도록 하겠습니다.

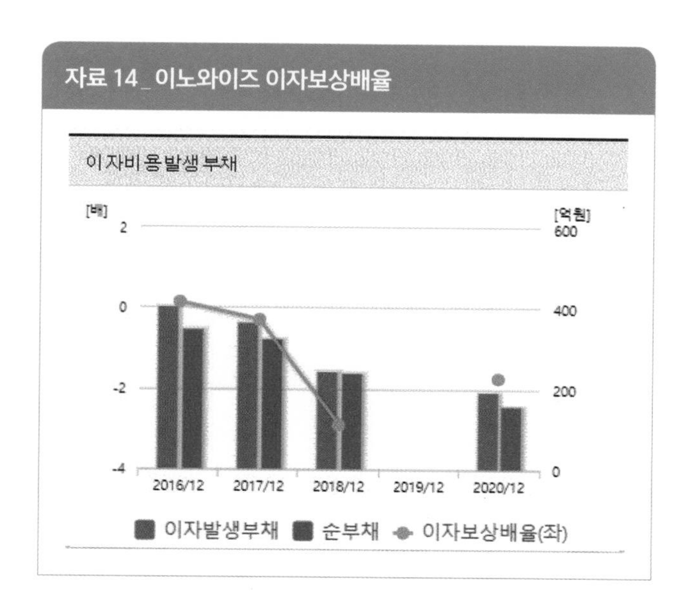

자료 14_ 이노와이즈 이자보상배율

〈자료 14〉에서 보듯, 사례로 제시된 기업의 이자보상배율(이자보상비율)은 오랜 기간을 넘기지 못하고 오히려 악화되었습니다. 영업이익이 마이너스가 지속되면 결국 해당 기업의 존속에 문제가 생기게 됩니다. 보수적인 투자자라면 '영업활동으로 벌어서 적어도 대출이자는 낼 수 있는 수준이 되는 기업'에 투자하는 것이 좋습니다.

물론 영업활동으로 대출이자 정도는 벌어야 한다는 것은 그야말로 최소한의 조건입니다. 내가 투자한 기업이 대출이자만큼도 못 번다면 투자자로서 얼마나 불안하겠습니까? 물론 기업실적이 호전될 수 있지만 초보투자자일수

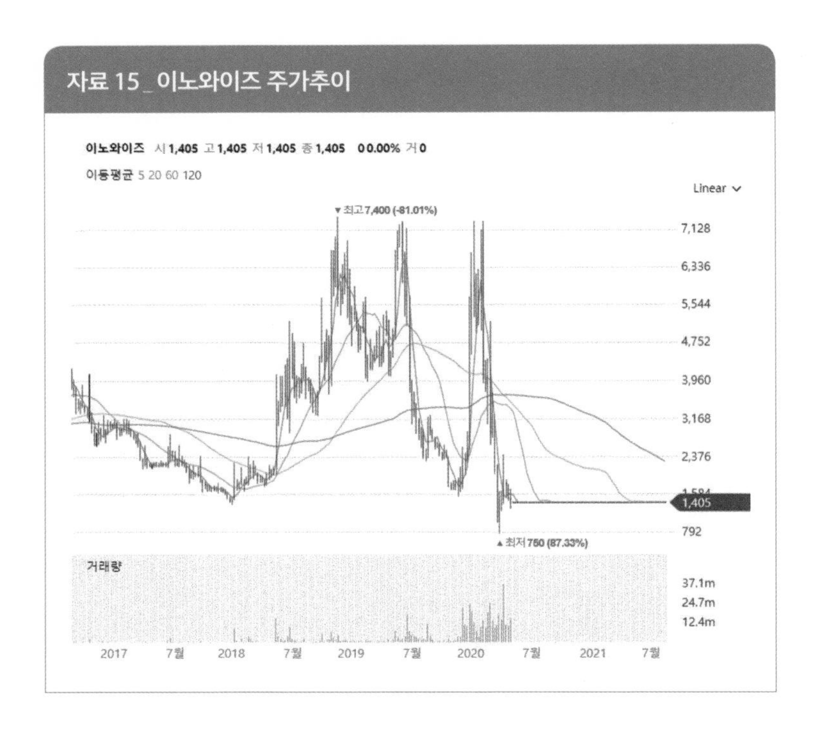

자료 15_ 이노와이즈 주가추이

록 안정적으로 돈을 버는 기업부터 투자하시는 것을 추천드립니다.

이노와이즈는 결국 거래가 정지되는 상황을 맞게 되었습니다.

| 수익성 비율 |

수익성 비율은 기업이 보유하고 있는 자산으로 얼마의 수익을 올릴 수 있는지 확인하는 비율입니다. 투자자에 따라서는 총자본이익률 혹은 자기자본이익률 중 선호하는 수익성 비율이 차이가 날 수 있습니다. 수익성 비율을 평가할 때 주의할 점은 제시되는 비율이 과거 자료라는 것입니다. 미래를 예측하기 위해서는 과거 수익성의 추이를 면밀히 검토해야 합니다.

❶ **총자본이익률(ROI) = 당기순이익 / 총자본 × 100(%)**

- 기업의 생산활동에 투입된 자본이 효율적으로 운영되고 있는지를 측정함
- 총자본은 총자산과 같은 금액이므로 총자본 대신에 총자산을 사용해 총자산이익률(ROA)라고도 함

❷ **자기자본이익률(ROE) = 당기순이익 / 자기자본 × 100(%)**

- 총자본에는 자기자본뿐만 아니라 타인자본(부채)도 포함되어 있으므로 자기자본이익률에서는 타인자본을 제외한 자기자본의 효율적 운영 측면을 분석함
- 주주측면에서 중요한 비율임

❸ **매출액순이익률 = 당기순이익 / 매출액 × 100(%)**

- 기업의 전반적인 경영활동이 얼마나 합리적인지 파악함
- 당기순이익은 영업활동과 직접적인 연관이 없는 비용들이나, 이익들이 영향을 미치기 때문에 순순한 기업의 영업활동의 효율성을 판단하기 위해서는 매출액 대비 영업이익을 고려하는 매출액영업이익률로 파악하기도 함
- 매출액영업이익률이 10%가 넘는다면 일반적으로 수익성이 좋은 기업이라고 할 수 있음

| 활동성 비율 |

❶ **총자산회전율(회) = 매출액 / 총자산**

- 기업이 매출활동을 벌이는 데 보유하고 있는 자산을 몇 번이나 활용했는지를 파악함
- 이 비율이 높을수록 좋은 영업활동을 했다고 볼 수 있음

❷ 고정자산회전율(회) = 매출액 / 고정자산

- 고정자산을 얼마나 잘 활용했는지 측정함
- 만약 이 비율이 지나치게 높은 상태라면 공장증설과 같은 추가 투자를 고려해야 함
- 이 비율이 낮다면 고정자산에 과다한 투자가 이루어졌다는 의미임

❸ 재고자산회전율(회) = 매출액 / 재고자산

- 재고자산의 판매활동 여부를 알 수 있음
- 이 비율이 높으면 '생산한 제품을 재고로 남겨두는 기간이 짧다'는 것으로, 더 많은 제품을 생산할 필요가 있다는 신호임
- 이 비율이 너무 낮으면 '재고량이 너무 많다'는 의미로, 재고관리에 더욱 신경을 써야 함 (예를 들어 의류업과 같이 재고자산의 가치가 시간이 지날수록 급격히 낮아지는 경우, 재고자산에 대해 보수적인 판단이 필요함)

| 성장성 비율 |

❶ 매출액증가율 = (당기 매출액 - 전기 매출액) / 전기 매출액 × 100(%)

- 다른 비율도 마찬가지이지만 매출액증가율을 비교할 때 산업의 평균과 비교해야 함. 즉 해당 산업의 평균 성장과 비교해 해당 기업의 성장성이 좋은지를 판단해야 함

❷ 총자산증가율 = (당기말총자산 - 전기말총자산) / 전기말총자산 × 100(%)

- 당기에 기업의 자산규모가 얼마나 성장했는지를 분석함

❸ 영업이익증가율 = (당기영업이익 - 전기영업이익) / 전기영업이익 × 100(%)

- 영업이익률이 10% 이상이면서 영업이익이 지속적으로 성장하는 기업이 투자하기에 가장 유망한 기업에 해당됨

이번에는 성장성이 좋은 기업과 그 성장성의 추이가 주가와 어떤 관계에 있는지 살펴보겠습니다.

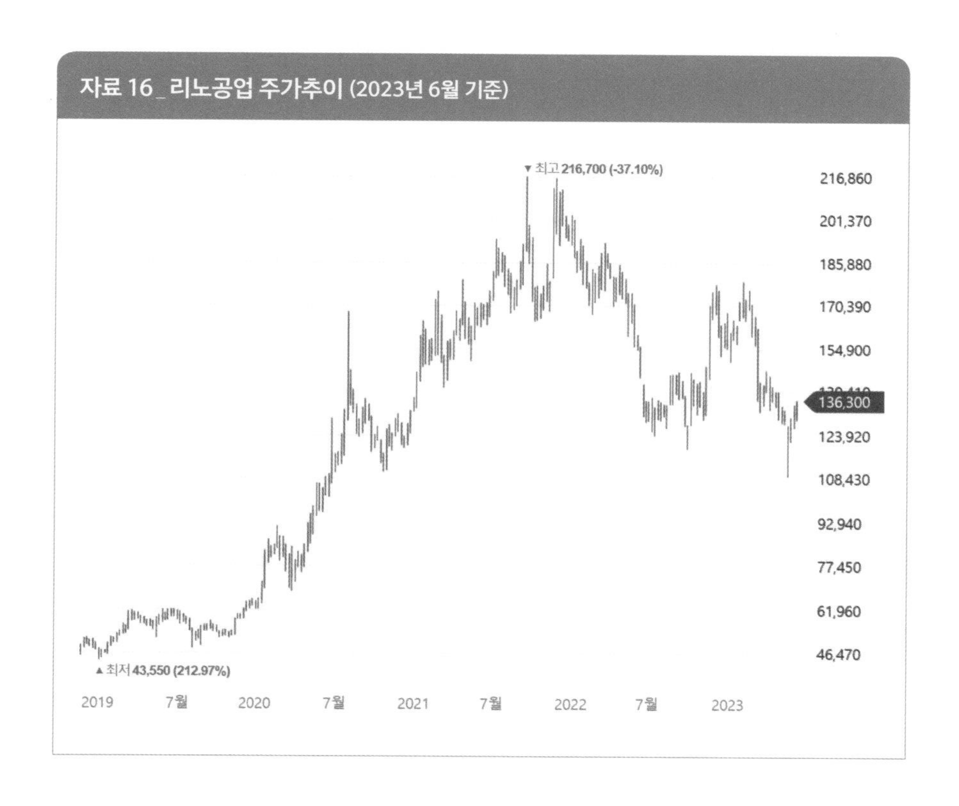

자료 16_ 리노공업 주가추이 (2023년 6월 기준)

리노공업의 경우, 이렇게 꾸준히 주가가 우상향을 할 수 있다는 것은 그만큼 실적이 꾸준히 좋게 나왔으리라는 것을 쉽게 예측할 수 있습니다.

자료 17 _ 리노공업 성장성 지표 (2023년 6월 기준)

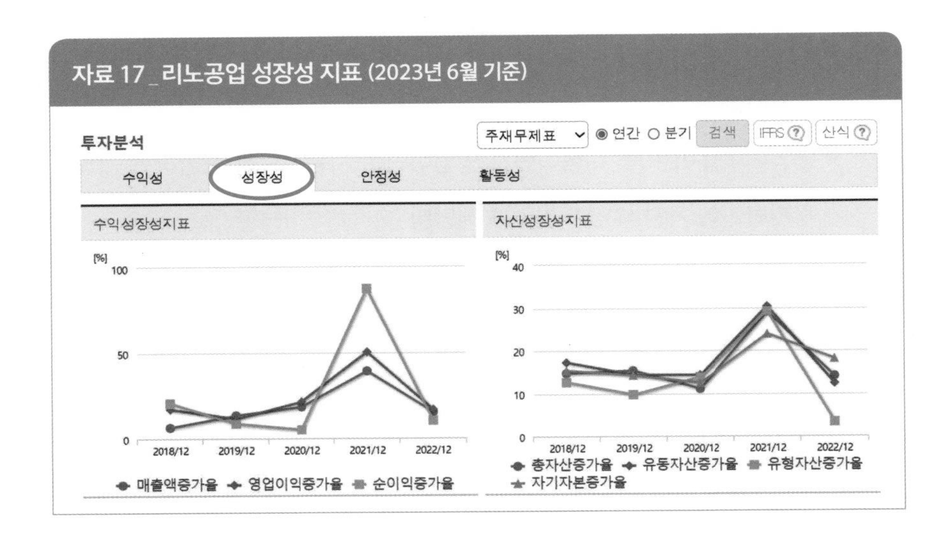

리노공업의 성장성 지표(자료 17)를 확인하니 매출액 및 영업이익률이 증가하다가 2021년을 정점으로 성장성이 하락하게 됩니다. 여전히 좋은 기업으로 좋은 영업이익을 보여주고 있다는 것은 참으로 대단한 일이지만 그 성장성이 꺾이면서 주가도 정점을 찍고 내려왔다는 점을 확인하시기 바랍니다.

이번에는 구체적인 실적추이를 통해 숫자로 확인해보겠습니다.

자료 18 _ 리노공업 실적추이 (2023년 6월 기준)

기업실적분석

더보기

주요재무정보	최근 연간 실적				최근 분기 실적					
	2020.12 IFRS 별도	2021.12 IFRS 별도	2022.12 IFRS 별도	2023.12(E) IFRS 별도	2022.03 IFRS 별도	2022.06 IFRS 별도	2022.09 IFRS 별도	2022.12 IFRS 별도	2023.03 IFRS 별도	2023.06(E) IFRS 별도
매출액(억원)	2,013	2,802	3,224	2,759	893	914	901	516	491	749
영업이익(억원)	779	1,171	1,366	1,042	375	413	420	158	173	289
당기순이익(억원)	554	1,038	1,144	875	312	365	387	80	157	280
영업이익률(%)	38.68	41.80	42.38	37.75	42.03	45.20	46.66	30.52	35.16	38.55
순이익률(%)	27.51	37.05	35.47	31.71	34.92	39.93	42.90	15.56	32.04	37.32
ROE(%)	17.37	27.50	25.11	16.94	29.48	28.84	28.86	25.11	22.63	

네이버 증권 개별종목 초기화면의 '기업실적분석'을 보면 쉽게 숫자로 파악할 수 있습니다.

리노공업은 실적은 2022년을 정점으로 다소 하락하고 있습니다. 리노공업은 반도체 검사용 프로브를 만드는 회사로 그 기술력을 인정받아 반도체 테스트시장에서 입지를 넓혀가고 있습니다. 그 결과로 분기별 실적이 다소 하락했지만 언제든지 반등을 모색할 수 있는 기업입니다. 좋은 기업이 좋은 주식이 되는 정석과도 같은 사례를 보여주고 있습니다.

주식투자를 위한 종목발굴은 그다지 어렵지 않습니다. 매출, 이익, 자산이 꾸준히 증가하는 기업에서 투자할 종목을 찾는다면 실패할 확률이 매우 낮아집니다.

PER

PER는 주가를 평가할 때 가장 기본적으로 사용하는 재무비율 혹은 시장가치비율분석 방법입니다. 기업의 단위당 수익력에 대한 상대적인 주가수준이라고 이해하면 됩니다. PER 이외에도 많은 재무비율 분석 방법이 있지만 PER가 가장 자주 사용되며, 자주 사용되는 만큼 시장 참여자에게 논리적인 투자근거로도 사용되므로 꼭 익숙해져야 합니다.

| 시장가치비율분석의 종류 |

재무제표에서 제공되는 숫자와 주가를 이용해 기본적인 나눗셈으로 계산되므로 쉽게 구할 수 있고, 자주 사용합니다.

다음에 제시되는 비율은 주식투자를 하는 사람이라면 기본적으로 반드시 알고 계셔야 하는 용어인 만큼 뉴스나 리포트에서 너무나 자주 보게 됩니다. 해당 비율의 식을 외우는 것보다 그 의미를 정확히 이해하는 것이 더 중요합니다.

투자자들이 반드시 알아야 하고 자주 사용하는 시장가치비율분석의 기본식은 다음과 같습니다.

주당순이익 (EPS)	- 당기순이익 / 발행주식수 - 클수록 주가가 높은 것이 일반적
주가수익비율(배) (PER)	- 주가 / 주당순이익 - 낮다면 저평가라고 판단하는 것이 일반적
주가순자산비율(배) (PBR)	- 주가 / 주당순자산 - 낮다면 저평가라고 판단하는 것이 일반적
주가현금흐름비율(배) (PCR)	- 주가 / 주당현금흐름
주가매출액비율 (PSR)	- 주가 / 주당매출액
배당수익률	- 1주당 배당금 / 주가 × 100(%) - 배당수익률은 주가 대비이며, 배당률은 액면가 대비

| 주가수익비율(PER)의 의미 |

주가수익비율(PER : Price Earnings Ratio)은 현재 주가를 주당순이익(EPS : Earnings Per Share)으로 나누어 구할 수 있습니다.

$$PER = \frac{주가}{주당순이익(EPS)}$$

PER 값을 정의하자면 기업이 벌어들이고 있는 한 단위의 이익에 대해 증권시장의 투자자들이 얼마의 대가를 지불하고 있는가를 말합니다. 즉 기업의 단위당 수익력에 대한 상대적인 주가수준을 나타냅니다.

예를 들어 A라는 기업의 주당이익이 1,000원이고 주가가 10,000원이라 할 때 A사의 PER는 10배이고, 이는 투자자가 A사에 투자할 경우 주당이익 발생능력에 대해 10배의 대가를 지불하고 있음을 의미합니다. 다른 시각에서 보면, 10년의 기간을 기다리면 투자자의 원금만큼 주당순이익이 커버된다는 의미이기도 합니다.

PER는 기업수익력의 성장성, 위험, 회계처리방법 등 질적인 측면이 총체적으로 반영된 지표로, 그 증권에 대한 투자자의 신뢰를 나타낸 것으로도 해석할 수 있습니다. 그렇다 보니 각 주식마다 PER 값이 상이하게 나타나는데, 그 주된 요인은 이익의 질적 차이에서 찾아볼 수 있습니다.

예를 들어 특정 산업 내에서 1등 기업인 경우에는 2등이나 3등 기업에 비해 PER가 높은 경우가 많습니다. 즉 1등 기업은 산업이 경기침체에 들어가 위험이 증가하더라도 살아남을 확률이 높다고 판단하므로 같은 이익에도 점수를 높게 주게 되는 것입니다.

같은 논리로 성장성이 낮은 산업의 경우에는 PER가 낮게 형성되는 경우가 많습니다. 당장은 현금흐름이 나쁘지 않더라도 장기적으로 수익의 증가가 크지 않으리라고 보면 투자자가 더 높은 가격을 지불하지 않으려 하기 때문입니다.

| 네이버 증권에서의 PER 분석 |

네이버 증권의 개별종목화면에서 PER는 쉽게 찾을 수 있습니다. 제약·바이오업종의 선두 주자격인 셀트리온으로 살펴보도록 하겠습니다.

네이버 증권 개별종목화면 중앙의 '기업실적분석'에서 PER 배수를 쉽게 찾을 수 있습니다(자료 19).

셀트리온은 토종 바이오기업으로 그 기술력을 인정받고 있을 뿐만 아니라 램시마, 트룩시마 등 항체 바이오시밀러 제품 매출로 단순히 가능성이 아닌 매출의 증가를 숫자로 보여주는 기업입니다. 위의 '기업실적분석'에서도 매출액과 영업이익이 꾸준하게 성장하고 있음을 알 수 있습니다. 그리고 PER

자료 19_ 셀트리온 기업실적분석 (2023년 6월 기준)

기업실적분석

주요재무정보	최근 연간 실적			
	2020.12 IFRS 연결	2021.12 IFRS 연결	2022.12 IFRS 연결	2023.12(E) IFRS 연결
매출액(억원)	18,491	18,934	22,840	25,654
영업이익(억원)	7,186	7,442	6,472	8,033
당기순이익(억원)	5,257	5,958	5,426	6,454
영업이익률(%)	38.86	39.30	28.34	31.31
순이익률(%)	28.43	31.47	23.76	25.16
ROE(%)	17.07	16.04	13.35	14.41
부채비율(%)	46.46	40.09	37.84	
당좌비율(%)	193.38	206.23	176.54	
유보율(%)	2,446.72	2,833.54	3,093.79	
EPS(원)	3,552	3,966	3,677	4,350
PER(배)	95.56	48.09	43.65	38.66
BPS(원)	22,862	27,041	28,885	32,940
PBR(배)	14.85	7.05	5.56	5.11

배수도 40배 정도 근처에서 매우 높게 형성되고 있습니다. 그만큼 성장성에 대해 주식투자자들이 긍정적으로 평가하고 있음을 알 수 있습니다.

주의할 점은 2023년 PER 값이 상대적으로 낮게 제시되고 있다는 것입니다. 그 이유는 2023년 예상(E)실적 기준 대비 현재 주가비율이기 때문입니다. 그래서 PER 배수를 볼 때 단순히 현재까지 공시된 재무제표의 순이익으로 산정된 PER인지, 아니면 예측(E)되는 순이익으로 산정된 PER인지 꼭 확인하셔야 합니다. 네이버 증권 종목화면에서도 업종 내에서 다른 종목과 비교하는 화면에서 제시되는 PER 값은 공시된 재무제표의 값으로 비교되는 것이니 이 점을 유의하셔야 합니다. 모든 종목에 추정되는 실적자료를 구할 수 없기 때문에 종목 내에서 비교할 때는 공시자료만으로 구해집니다.

자료 20_ 셀트리온 주가추이 (2023년 6월 기준)

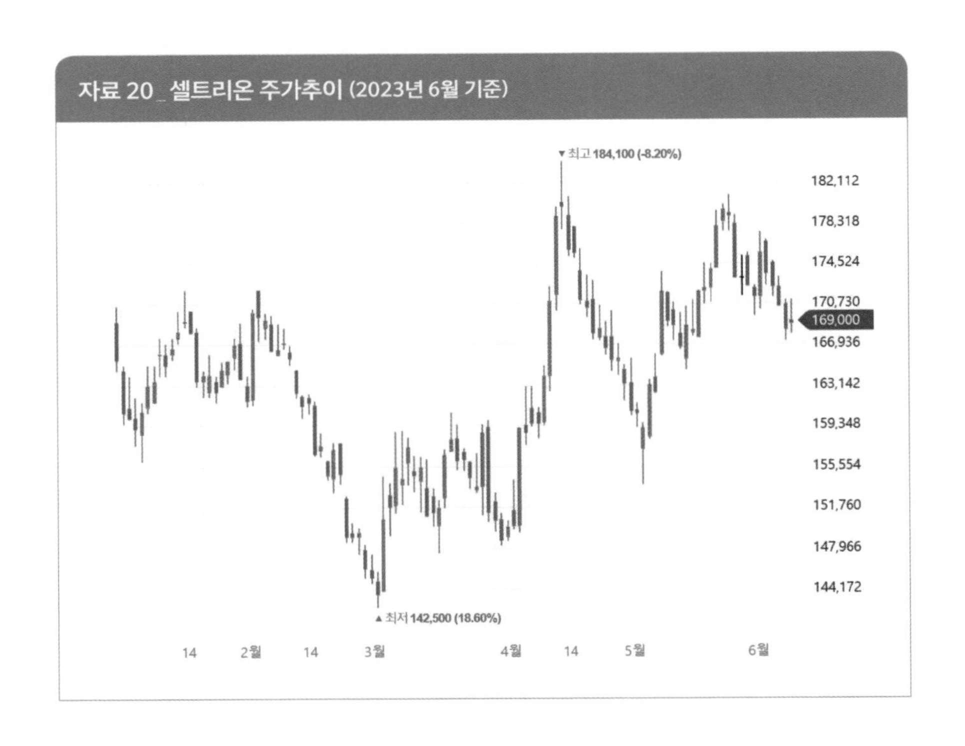

코로나19 이후 금리인상과 경기침체로 제약·바이오산업이 어려움이 있었지만 셀트리온은 2023년 1분기 바닥을 잡고 상승 반전하는 모습을 보여줍니다.

주식투자자 입장에서는 바이오업종에서 투자종목을 발굴하고자 할 때 PER 배수는 유용한 투자 아이디어를 제공합니다. 네이버 증권 화면 아래쪽에서는 동일업종 내에서 종목을 비교 분석할 수 있습니다(자료 21).

자료 21 _ 셀트리온 동일업종 비교 (2023년 6월 기준)

동일업종비교 (업종명 : 제약 | 재무정보: 2023.03 분기 기준) 더보기

종목명 (종목코드)	셀트리온* 068270	삼성바이오로직스* 207940	셀트리온헬스케어* 091990	SK바이오사이언스* 302440	SK바이오팜* 326030
현재가	169,000	801,000	71,900	80,100	73,900
전일대비	▲800	▲16,000	▼400	−0	▲700
등락률	+0.48%	+2.04%	-0.55%	0.00%	+0.96%
시가총액(억)	247,400	570,103	118,246	61,504	57,873
외국인취득률(%)	20.59	10.64	16.80	4.70	6.52
매출액(억)	5,976	7,209	5,036	206	608
영업이익(억)	1,824	1,917	510	-292	-227
조정영업이익	1,824	1,917	510	-292	-227
영업이익증가율(%)	81.30	-38.70	36.75	-435.00	49.23
당기순이익(억)	1,671	1,418	541	-143	-24
주당순이익(원)	1,129.39	1,991.67	328.67	-185.82	-30.25
ROE(%)	14.81	11.79	7.77		-29.30
PER(배)	42.29	71.69	74.97	76.14	-54.30
PBR(배)	5.81	6.25	5.69	3.56	18.30

바이오업종은 성장산업으로, 전통적으로 높은 PER를 인정받는 업종답게 대부분의 기업의 PER가 높게 형성되어 있습니다. 상대적으로 셀트리온의 PER 값이 낮은 것도 확인할 수 있습니다. PER 값이 낮다는 것은 해당 기업의 수익력이 현재로서는 상대적으로 저평가받고 있다는 의미이기도 합니다.

| 저평가 여부 |

PER는 수익력에 비해 주가의 수준이 어떤지 평가하는 지표로 사용된다고 설명드렸습니다. 다른 조건이 유사한 주식 중에서 PER가 높으면 상대적으로 고평가된 것으로, 낮으면 저평가된 것으로 해석할 수 있습니다.

물론 이를 도식적으로 적용하는 것은 어려운 측면이 있습니다. 기업의 수익력은 늘 변하고, 업황도 변하며, 상대 기업과 비교하는 측면도 있기 때문에 여러 시각에서의 검토가 필요합니다.

| PER를 이용한 이론적 주가의 평가 |

증권분석 전문가인 애널리스트의 주가수익비율에 의한 주식의 평가절차 3단계는 다음과 같습니다.

첫째, 1년 후 혹은 그 이후에 예상되는 기업의 주당순이익을 추정합니다.

둘째, 기업의 내재적 가치에 따른 주가수익비율을 추정합니다.

셋째, 앞에서 추정된 주당순이익과 정상적인 주가수익비율을 곱해 미래의 주가를 추정합니다.

우리가 개별종목의 리포트를 볼 때 목표주가를 산정하는 여러 방식이 있겠지만 전문가들도 PER를 이용한 추정을 많이 합니다.

더불어 PER를 활용해 종목을 분석할 때 비교 기준이 될 PER를 구하는 방법은 다음과 같습니다. 한 가지 방법보다 다음의 2가지 방법을 함께 분석할 때 좀 더 합리적인 분석이 가능합니다.

1) 동종산업의 평균 PER

가장 많이 사용하는 방법으로, 현실적으로 위험도와 영업성격이 비슷한 주식군은 주로 동종산업 내의 경쟁업체이므로 산업평균 PER를 사용합니다. 여타 기업의 PER와 비교해 지나치게 낮으면 저평가라고 판단합니다.

2) 과거 수년간의 평균 PER

기준 PER는 과거의 평균적인 신뢰도 수준을 유지하는 것으로 보고 과거평균 PER를 사용합니다. 과거에 비해 지나치게 낮은 PER를 적용받는다면 저평가라고 판단합니다.

| 주가수익비율을 활용할 때의 주의점 |

PER를 사용할 경우 다음과 같은 4가지 주의가 필요합니다.

첫째, PER를 구성하는 회계적 요소들의 시점 불일치입니다. 이는 PER의 분자를 구성하는 주당이익은 직전 기간의 주당이익을 사용하는 반면, 분모를 구성하는 주가는 현재 시가를 사용하기 때문입니다. 따라서 일반적으로 애널리스트는 차기 예상이익을 근거로 PER 배수를 발표합니다. 또한 주당이익은 발생주의를 기본으로 하는 회계처리 방법, 뜻하지 않은 우발적 손익 혹은 경영자의 의도적인 이익의 조작 등으로 합리적인 수익력이 반영되지 않을 가능성도 큽니다.

둘째, 해당 PER 값이 합당한지 이론적 근거가 불명확하다는 것입니다. 이론적인 근거가 약하고, 상대적인 값의 비교에 의존하게 됩니다.

셋째, 이익과 발행주식수 등 기준차이입니다. 어떤 기준인가에 따라 PER의 크기가 크게 달라질 수 있습니다. 세후 순이익에 환차손과 같은 비경상적인 특별손익의 포함 여부, 증자나 워런트의 발행에 따른 보통주의 증가 등으로 PER 값은 수시로 변할 수 있습니다.

넷째, 적자기업인 경우입니다. 적자기업은 분자 값이 음수이므로 PER의 의미를 해석하기가 어렵습니다. 혹은 업황이 개선되면서 이익이 적은 경우에도 지나치게 PER 값이 높게 나와서 PER 값만으로 자칫 고평가로 판단하기 쉽습니다.

이번에는 PER 값이 의미하는 바를 좀 더 확인할 수 있도록 바이오처럼 성장하는 업종이 아닌 상대적으로 성장성이 낮은 은행업종의 PER(자료 22)를 보여드리도록 하겠습니다.

자료 22 _ 은행업종의 PER비교 (2023년 6월 기준)

동일업종비교 (업종명 : 은행 | 재무정보: 2023.03 분기 기준) 더보기

종목명 (종목코드)	기업은행 024110	KB금융 105560	신한지주 055550	하나금융지주 086790	카카오뱅크 323410
현재가	10,360	49,450	35,700	42,200	25,850
전일대비	▲ 40	▲ 1,000	▲ 400	▲ 700	▼ 150
등락률	+0.39%	+2.06%	+1.13%	+1.69%	-0.58%
시가총액(억)	82,613	199,536	186,564	124,871	123,244
외국인취득률(%)	13.92	72.33	59.44	70.15	14.11
매출액(억)	83,959	246,824	95,532	223,887	5,605
영업이익(억)	9,156	21,250	17,562	15,188	1,364
조정영업이익	9,156	21,250	17,562	15,188	1,364
영업이익증가율(%)	-16.06	295.04	219.29	55.91	58.96
당기순이익(억)	7,233	14,992	14,143	11,095	1,019
주당순이익(원)	903.07	3,662.61	2,638.18	3,724.78	213.65
ROE(%)	10.01	8.72	9.25	10.45	5.24
PER(배)	2.91	4.57	4.08	3.33	41.29
PBR(배)	0.26	0.35	0.35	0.32	2.12

은행의 PER 값은 기업은행을 비롯해 대부분 3~4배 수준에 머물러 있습니다. 만만치 않은 수익력에도 불구하고 PER 값이 바이오업종과 차이가 큰 이유는 바로 성장성에 있습니다. 이 성장성과 연결되어 은행업종에서도 카카오뱅크의 PER 값이 매우 높은 것을 알 수 있습니다. 즉 카카오뱅크는 전통적인 은행이 아닌 플랫폼 기업으로 인정을 받기 때문입니다. 핀테크 플랫폼 기업의 성장성에 대한 기대가 매우 높은 카카오뱅크의 PER 값을 용인하는 것입니다.

다만 은행산업은 규제가 매우 높은 산업이기 때문에 투자자가 기대하는 성장성이 나오지 않는 경우 PER 배수가 하락할 수 있다는 점은, 즉 주가가 하락할 수 있다는 점은 염두에 두어야 합니다. 결론적으로 투자종목을 선별할 때 PER 값을 참고하되 단순히 높은가 혹은 낮은가로만 판단하지 않고 다양한 측면에서 분석해야 투자에 성공할 수 있습니다.

PBR

PER 배율이 이익과 주가의 관계에 대한 접근이라면, PBR은 자산가치와 주가의 관계를 가지고 분석합니다. 특정 기업의 현재 입장에서 청산가치와 주가와의 관계이므로 PER와 PBR은 비슷한 듯하면서도 다릅니다. 장기간 주식을 보유하는 보수적인 투자자라면 PBR로 찾은 저평가 종목에 관심이 높을 듯합니다.

| 주가자산비율(PBR)의 의의와 계산 |

주가의 본질가치를 찾기 위한 배당평가모형이나 이익평가모형은 미래의 배당흐름이나 이익흐름을 정확히 예측 가능하다는 것을 전제로 해 이들의 현재가치를 구하는 모형이므로 아무래도 현실적으로 객관성을 가지기가 어려운 측면이 있습니다. 따라서 이번에는 이익이 아닌 재무상태표의 자산 측면에서 주가를 바라보는 PBR 배수를 사용하는 방법에 대해 구체적으로 살펴보도록 하겠습니다.

PBR을 구하기 위해 먼저 순자산을 발행주식수로 나누어 주당순자산가치를 구하는데, 이를 주당장부가치(BPS : Book Value Per Share)라고 합니다. 그리고 주가를 주당순자산 혹은 주당장부가치로 나누어 다음과 같이 PBR을 구할 수 있습니다.

$$\text{PER} = \frac{\text{주가(PBR)}}{\text{주당순이익(BPS)}} = \frac{\text{주당시장가격}}{\text{주당장부가치}}$$

PBR은 분자에 보통주의 한 주당시장가격(주가)을 두고, 분모에 주당 재무상태표의 장부상의 가치로 대비해본 지표입니다. 따라서 자산가치가 반영된 상대적인 주가수준을 측정한 자료라고 할 수 있습니다. 쉽게 생각하면 장부가 대비 시가(시장가격)가 어느 정도 비율인가 하는 것입니다.

| PBR의 주당순자산과 시장가치 간의 괴리 |

다만 여기서 자산가치라는 것은 회계 장부상의 자산가치이므로, 시장에서 거래되는 자산가격과는 괴리가 있을 수 있다는 점에 주의해야 합니다.

예를 들어 1년 전 매입한 공장용 부동산이 10억원이며 장부상 10억원으로 기록되어 있는데, 이 토지가 택지로 수용될 예정으로 현재 20억원으로 가격이 상승했다고 가정해보겠습니다. 시장이 완전시장이라면, 이러한 자산가격 상승부분이 정확히 현재 주가에 반영되어야 합니다. 즉 이렇게 재무상태표에 보통주 한 주가 주당순자산가치(장부가치)의 실질적 가치를 정확히 반영하면 PBR은 1이 됩니다. 그러나 시장가격인 주가와 장부가치인 주당순자산이 일치하지 않는 경우가 대부분입니다. 그 이유를 다음과 같이 3가지로 해석할 수 있습니다.

첫째, 분자의 주가는 기업의 양적인 측면뿐만 아니라 질적인 측면을 모두 포함해 총체적으로 반영한 데 반해, 분모의 주당순자산은 수많은 개별 자산과 부채의 단순한 합에 불과하기 때문입니다.

둘째, 시간에서 차이가 나기 때문입니다. PBR의 분자인 주가(주당시장가격)는 현재의 주가, 즉 시가를 사용하고 분모의 주당순자산은 일반적으로 역사적 취득원가에 준해 기업의 과거에서 현재까지 누적된 자산과 부채를 나타내고 있습니다.

셋째, 회계적인 인식기준에 대한 차이 때문입니다. 자산이나 부채의 장부가액은 일정한 회계기준과 관습에 의해 제약을 받을 수 있어 시가를 반영하기 어려운 측면이 있으며, 평가의 경우에도 기준에 따라 다양하기 때문입니다. 예를 들어 부동산의 경우에도 평가자의 시각에 따라 다를 수 있습니다. 매매가 중요한 사람의 입장에서는 매수나 매도호가, 금융기관의 입장에서는 담보로 보는 가격, 감정평가사의 입장에서는 감정평가액, 본질가치 측면의 가격, 수익력으로 산정한 가격, 경매가액, 매매사례가격 등 너무나 많은 평가금액이 존재할 수 있기 때문입니다.

| PBR을 통한 저평가 산정 |

PBR을 이용해 주식의 이론적 가치를 추정하는 방법은 PER 이용방법과 유사합니다. 이론적 기준이 되는 정상적 PBR에 주당순자산을 곱해 이론적 가치를 추정합니다.

정상적 PBR 추정은 PER와 마찬가지로 유사기업에 대한 PBR, 동종산업에 대한 PBR, 그리고 과거평균 PBR 등을 사용해 다음처럼 구할 수 있습니다.

$$P_0 = \frac{P*}{B} \times BPS$$

$\frac{P*}{B}$: 정상적 주당순자산비율(PBR)

BPS : 주당순자산

즉 PBR은 기업의 마진, 활동성, 부채 레버리지, 그리고 기업수익력의 질적 측면(기업의 자산은 결국 수익이 누적된 결과)이 반영된 지표로, 자산가치에 대한 평가뿐만 아니라 수익가치에 대한 포괄적인 정보가 반영된다는 점에서도 PBR 이용의 유용성이 높다고 할 수 있습니다. 또한 PBR 계산을 위한 회계정보는 재무상태표에서 쉽게 구할 수 있고, 적자기업에도 적용 가능하다는 장점이 있습니다. 기업의 주가가 미래의 수익을 제외하더라도 현재 기업의 순자산가치만큼은 가지는 것이 옳다고 보면, 보수적인 측면에서 기업의 가치를 산정할 때 특히 의미가 있습니다. 그래서 주식을 비교할 때 PBR이 낮으면 저평가의 확률이 높습니다.

개인적으로 제일 좋아하는 만두를 만드는 회사인 CJ제일제당의 PBR 사례를 네이버 증권을 통해 살펴보도록 하겠습니다. 네이버 증권 개별종목화면의 '기업실적분석'에서 PBR 값을 쉽게 찾을 수 있습니다(자료 23).

재무구조에 큰 문제가 없고 시장지배력을 가진 기업이라면 최소한 PBR이 1보다는 큰 값을 가져야 합니다. CJ제일제당은 폭발적인 성장과는 거리가 있지만 위기에 강하고 경기순환성이 적어 자녀명의 계좌의 포트폴리오에 넣어두는 것을 추천해드리고 있는데, 2023년 PBR 값이 1보다 낮은 상황입니다.

PBR 값이 1보다 낮다는 것은 '당장 청산하면 주가의 합보다 더 많은 현금을 받을 수 있다'는 의미입니다. 다시 말하자면 저평가의 신호로 볼 수 있습니다. CJ제일제당의 주가추이(자료 24)로도 살펴보겠습니다.

자료 23_ CJ제일제당 기업실적분석

기업실적분석

주요재무정보	최근 연간 실적			
	2020.12	2021.12	2022.12	2023.12(E)
	IFRS 연결	IFRS 연결	IFRS 연결	IFRS 연결
매출액(억원)	242,457	262,892	300,795	307,503
영업이익(억원)	13,596	15,244	16,647	14,136
당기순이익(억원)	7,864	8,924	8,027	6,310
영업이익률(%)	5.61	5.80	5.53	4.60
순이익률(%)	3.24	3.40	2.67	2.05
ROE(%)	13.50	10.76	9.26	6.34
부채비율(%)	151.93	148.51	160.33	
당좌비율(%)	72.76	61.09	61.80	
유보율(%)	6,940.18	7,393.50	8,033.83	
EPS(원)	41,851	37,413	36,378	26,974
PER(배)	9.10	10.36	10.46	12.01
BPS(원)	329,172	381,542	421,621	448,333
PBR(배)	1.16	1.02	0.90	0.72

자료 24_ CJ제일제당 주가추이 (2023년 6월 기준)

원자재 가격 상승으로 이익률이 하락해 주가는 하락했지만 2023년 2분기부터 바닥을 다지며 상승을 준비하고 있습니다. 2023년 예상기준 PBR은 더욱 낮아지니 배당을 받으면서 장기로 투자할 수 있는 투자자는 고려해볼만 하겠습니다.

대형주이면서 해당 산업에서 시장경쟁력이 있는 기업은 PBR이 1보다 낮은 경우에 기다리면 주가는 적정시세를 찾아갈 것입니다. 이렇게 PBR을 가지고 종목을 개발하는 분은 가치투자자 쪽에 조금 더 가까운 투자성향을 보입니다.

자료 25 _ 현대차 기업실적분석

기업실적분석

주요재무정보	최근 연간 실적			
	2020.12	2021.12	2022.12	2023.12(E)
	IFRS 연결	IFRS 연결	IFRS 연결	IFRS 연결
매출액(억원)	1,039,976	1,176,106	1,425,275	1,557,098
영업이익(억원)	23,947	66,789	98,198	131,417
당기순이익(억원)	19,246	56,931	79,836	113,162
영업이익률(%)	2.30	5.68	6.89	8.44
순이익률(%)	1.85	4.84	5.60	7.27
ROE(%)	2.04	6.84	9.36	12.40
부채비율(%)	174.22	183.17	181.36	
당좌비율(%)	44.87	45.68	51.97	
유보율(%)	4,909.48	5,187.27	5,654.49	
EPS(원)	5,144	17,846	26,592	39,138
PER(배)	37.33	11.71	5.68	5.03
BPS(원)	266,968	289,609	315,142	347,048
PBR(배)	0.72	0.72	0.48	0.57

한 가지 더 사례를 들어보자면 현대차가 있습니다. 현대차는 알게 모르게 아시아시장에서도 일본차를 누르고 시장점유율을 높여가고 있습니다. 디자인에 있어서도 독일차에 밀리지 않을 만큼 상당한 수준에 이르고 있다고 봅니다. 미래를 위한 수소차라는 신성장 아이템도 잘 준비하고 있습니다.

한 달 정도를 보고 단기투자한다면 현대차라는 종목은 적합하지 않을 수 있지만 1, 2년을 보고 투자할 수 있다면 없는 듯 묵혀둘 수 있는 종목입니다.

업종의 대형주로 PBR이 1보다 낮은 주식을 네이버 증권에서 찾아보세요. 이런 종목은 보수적인 장기투자자에게 좋은 선택지가 됩니다.

우리 모두 사는 동안 여러 측면으로 경기라는 경제상황의 영향을 받습니다. 아무리 달리기를 잘해도 눈을 감고 달리기는 어렵습니다. 그래서 더욱 주식투자자라면 경기상황과 경기변동이라는 큰 그림에서 전체 판을 이해하고 투자에 나서야 합니다. GDP, 금리, 환율, 물가 등 경제에 핵심 요소들이 어떻게 주식투자에 영향을 미치는지 알아보겠습니다.

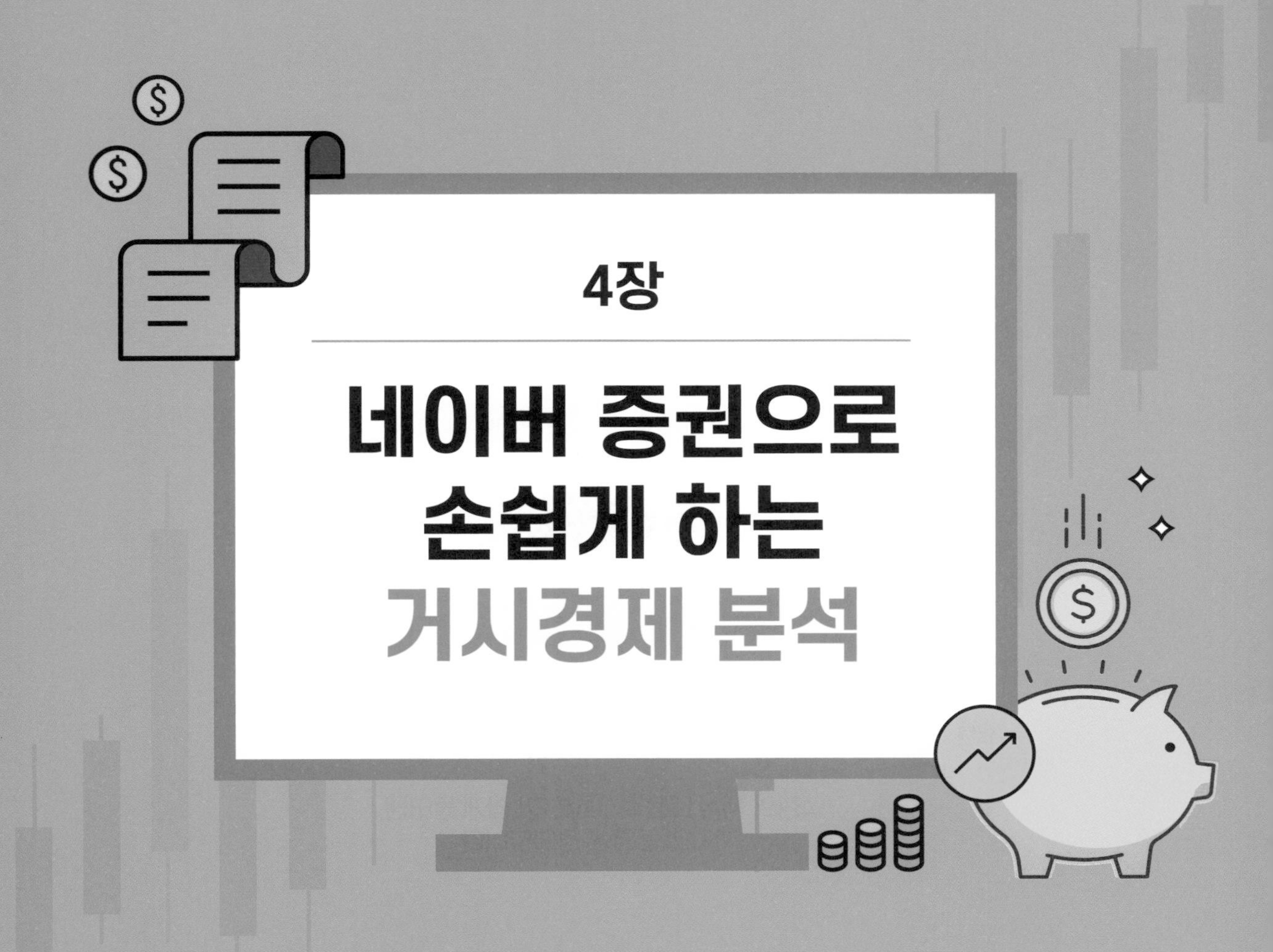

4장

네이버 증권으로 손쉽게 하는 거시경제 분석

▶ 4장 ◀

저자직강 동영상 강의로 이해 쑥쑥!

4장의 핵심 내용을 이해하기 쉽게 풀어낸
저자의 동영상 강의입니다

거시경제

주가는 일차적으로 해당 주식의 수요와 공급에 따라 결정됩니다. 즉 매수세와 매도세의 힘 대결에 따라 주가는 결정되지만 최종 결론은 결국 해당 기업이 돈을 잘 벌 수 있는가에 달려있습니다. 그래서 자신이 투자하려는 회사가 돈을 잘 벌 수 있을지 거시적인 경제상황을 살피면서 주식투자를 해야 하니 주식투자가 만만치 않습니다.

| 경기분석 |

주식투자를 하시는 분들의 흔한 실수 중 하나는 종목에만 집중한다는 점입니다. 숲을 보고 나무를 보는 것이 좀 더 정확한데, 나무에만 신경을 쓰다가 대세의 흐름을 놓치는 경우가 많습니다. 같은 이치로 어떤 종목을 분석할 때 단순히 해당 종목만 살피는 것이 아니라 속한 업종의 상황, 그리고 전반적인 경기상황을 다각적으로 분석해야 합니다. 투자 관련 교과서에서는 이를 'Top Down' 방식이라고 합니다. 즉 큰 틀에서 경제를 분석하고, 산업분석을 통해 유망 업종을 고르고, 기업분석을 통해 유망 종목을 선정합니다.

경기분석이 중요한 이유는 경기를 이기는 종목은 없기 때문입니다. 대표적인 사례가 바로 포스코입니다. 포스코는 세계 철강회사 어느 곳과 견주어도 자랑할 만한 좋은 기업입니다.

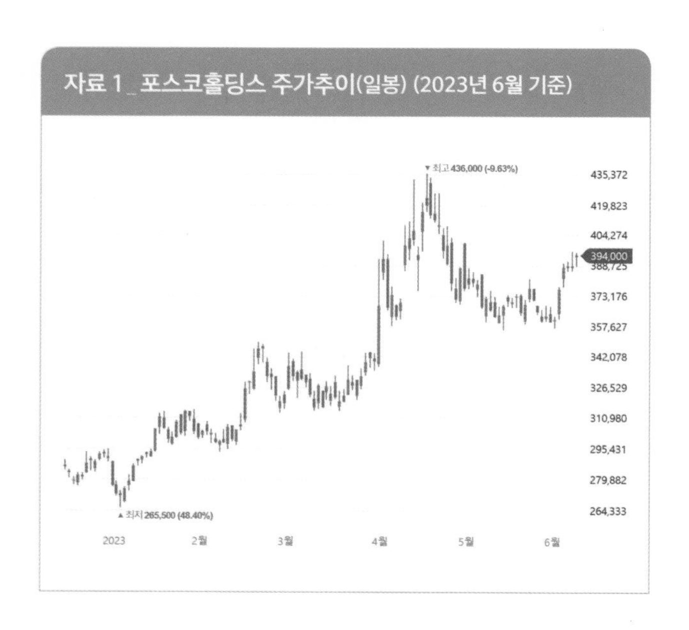

자료 1 _ 포스코홀딩스 주가추이(일봉) (2023년 6월 기준)

위와 같이 포스코홀딩스 주가는 2023년 상반기 꾸준한 상승을 보여주고 있습니다. 그렇지만 아래의 20여 년간의 장기차트를 보면 그간 수많은 추세적 하락의 아픔을 딛고 올라온 것임을 알 수 있습니다.

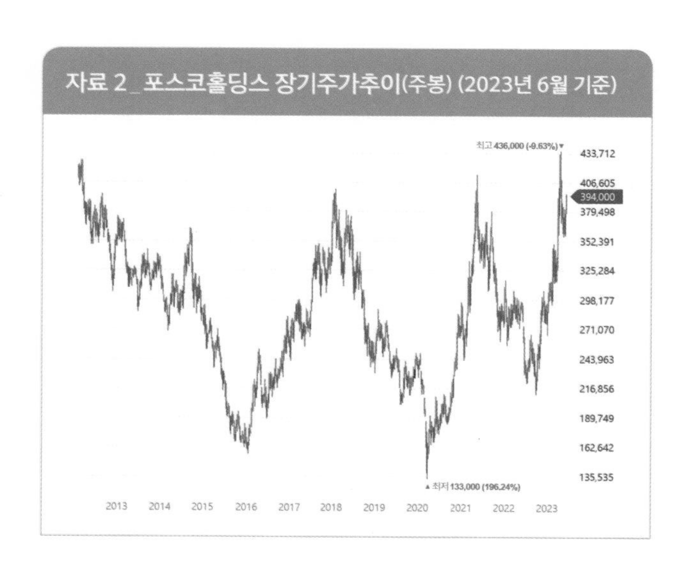

자료 2 _ 포스코홀딩스 장기주가추이(주봉) (2023년 6월 기준)

포스코홀딩스의 장기차트(자료 2)를 보면 제아무리 훌륭한 기업이라도 상당 기간 철강업의 침체기에는 고통스러운 주가 하락을 경험하게 된다는 것을 알 수 있습니다. 우량기업인 포스코도 경기의 하락을 피해가기가 어려운 것입니다.

뒤의 기술적 분석 편에서 더 말씀드리겠지만 120일 이동평균선을 경기선이라 합니다. 이 장기 이동평균선이 상승방향인지 하락방향인지 확인하는 것만으로도 장기투자 시 중요한 투자아이디어를 얻을 수 있습니다.

| 국민소득 |

한 나라의 전반적인 경기판단은 국민소득의 성장 정도로 판단합니다. 국민소득은 한 나라 안의 가계, 기업, 정부 등 모든 경제주체가 일정 기간 동안 새로이 생산한 재화와 서비스의 가치를 시장가치로 평가해 모두 합한 것입니다. 국민소득은 한 나라의 경기 정도를 파악하는 여러 지표 중에서 가장 대표적인 지표입니다.

국민소득은 일반적으로 국내총생산(GDP)이라고 합니다. 한 나라의 경제력이나 그 국민의 생활수준을 파악할 수도 있고, 국민소득의 생산·분배·지출 내역으로 경제상황을 파악하므로 가장 중요한 지표입니다. 이 지표를 개발한 분들이 훗날 노벨경제학상을 받았을 정도로 중요한 숫자입니다.

물론 누락이 많고 삶의 질을 평가하는 데는 미흡하다는 비판도 많지만, 국민소득의 성장이 그 나라의 경제성장을 보여주기 때문에 주식투자자라면 반드시 확인해야 할 지표입니다. 경제성장률을 공식적으로 확인할 수 있는 곳은 한국은행의 통계자료입니다.

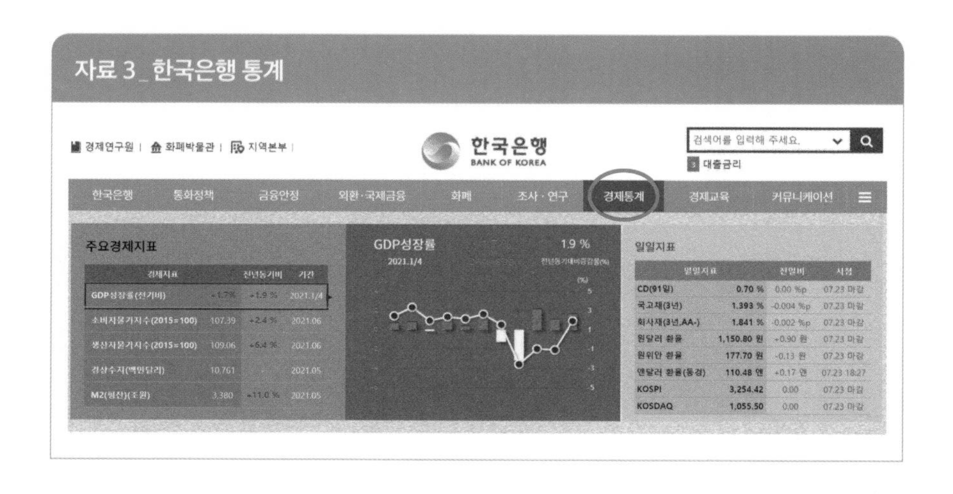

자료 3_한국은행 통계

한국은행 홈페이지 메뉴바에서 경제통계를 클릭하면 가장 먼저 GDP성장률을 찾을 수 있습니다. GDP성장률 추이를 그래프로도 확인할 수 있습니다.

| 경기판단의 주의점 |

경제성장률에 대한 자료는 뉴스로도 쉽게 구할 수 있지만 여기서 경기를 판단하는 매우 중요한 점이 있습니다. 위의 GDP성장률 추이(자료 3)를 보면 코로나19 팬데믹의 상황에서도 2021년 GDP성장률이 하락 후 상당히 가파르게 반등하는 것을 볼 수 있습니다.

코로나19로 인해 자영업자의 경제적 어려움은 이루 말할 수 없는 수준인데 이렇게 경제성장률이 제자리를 쉽게 찾아가는 것이 이해가 되지 않을 수 있습니다. 즉 경기를 주위 사람의 상황만으로 판단하면 안 된다는 의미이기도 합니다. 경기를 파악한다는 것은 경제활동의 총체적인 모습을 보는 것입니다.

한국은 제조업이 탄탄한 나라입니다. 예를 들어 원자재를 제공해도 마스크를 잘 만들 수 있는 나라가 생각보다 많지 않습니다. 한국은 우리가 생각하는 것보다 반도체와 같은 첨단기술 산업부터 철강, 화학, 자동차, 조선, 화장품, 기계 등에 이르기까지 제조강국입니다. 코로나19로 힘들지만 코로나19에 관계없이 혹은 코로나19로 오히려 돈을 버는 업종도 많습니다. 반도체를 필두로 여러 제조업이 코로나19에도 불구하고 슬기롭게 반전의 기회로 삼아 종합주가지수는 큰 폭의 반등을 이끌어냈습니다.

요식업에 종사하는 자영업자가 특히 많은 한국에서 우리 주위에 있는 자영업자의 이야기를 듣다 보면 경제가 어렵게만 느껴집니다. 그렇지만 모든 자영업자가 힘든 것은 아닙니다. 예를 들어 배달전문인 경우에는 오히려 매출이 증가할 수 있습니다. 자동차 산업도 코로나19 팬데믹, 차량용 반도체 수급문제, 러시아-우크라이나 전쟁 등 힘든 상황이지만 시선을 멀리 보면 전기차를 넘어 수소전지차 기술개발에 매진하고 있습니다.

업황이 어렵고 힘든 산업이나 업종에 투자하지 말고, 전망이 좋은 곳이나 좋아질 곳에 투자하면 됩니다. 즉 투자할 곳이 없다는 것은 경기를 제대로 파악하지 못하는 사람의 변명일 뿐입니다. 어려운 경기에도 돈 버는 산업은 있고, 위기를 기회로 활용하는 기업이 있습니다.

| 경기지표법 |

경기지표법은 경기지표의 동향을 통해 경기를 예측하는 방법으로, 한두 개 개별지표의 동향에 의존하는 개별지표법, 경기종합지수·경기확산지수 등의 움직임을 통해 경기를 예측하고자 하는 종합경기지표법, BSI·CSI 등 설문조사를 이용한 설문조사지표법 등으로 나누어볼 수 있습니다. 이 중 개별지표법은 선행지표로 분류된 지표 중 몇 개 지표의 움직임을 보고 앞으로의 경기를 예측하고자 하는 방법으로, 예를 들어 소비자기대지수나 건설 또는 기계 수주상황을 보고 앞으로의 투자활동을 전망하는 방법 등이 이에 속합니다.

이 밖에도 기업의 제품 재고 또는 원재료 재고나 출하의 변동상황을 토대로 한 재고순환선이나 재고순환도도 생산활동의 예측수단으로 이용할 수 있습니다. 또한 L/C(수출신용장)내도액 상황을 살펴봐서 앞으로의 수출입동향을 예상할 수도 있습니다.

그러나 이러한 개별지표법에 의한 경기예측은 특정분야의 경기를 예측하는 데는 손쉽게 이용할 수 있으나 그 포괄범위가 제한적이어서 국민경제 전체의 경기를 예측하는 데는 한계가 있습니다. 따라서 전반적인 경기를 파악하려면 종합경기지표에 따른 경기예측을 많이 사용합니다.

| 경기종합지수 |

경기종합지수란 경기변동의 국면전환점과 속도·진폭을 측정할 수 있도록 고안된 경기지표의 일종으로, 국민경제의 각 부문을 대표하고 경기 대응성이 양호한 경제지표들을 선정한 후 이를 가공·종합해 작성합니다. 경기종합지수에는 선행종합지수, 동행종합지수, 후행종합지수가 있습니다.

① 선행종합지수 : 투자 관련 건설수주지표나 재고순환, 금융 등의 지표처럼 실제 경기순환에 앞서 변동하는 개별지표를 종합해 만든 지수입니다. 향후 경기변동의 단기 예측에 이용됩니다.

② 동행종합지수 : 공급 측면의 광공업생산지수, 취업자 수 등과 수요 측면

의 소매판매액지수 등과 같이 실제 경기순환과 함께 변동하는 개별지표를 종합해 만든 지수입니다. 현재 경기상황의 판단에 이용됩니다.

③ 후행종합지수 : 재고, 소비 등 실제 경기순환에 후행해 변동하는 개별지표를 종합해 만든 지표입니다. 현재 경기의 사후 확인에 이용됩니다.

3가지 종류의 지수 중에서 미래 예측이 중요한 주식투자자 입장에서는 선행종합지수가 가장 중요합니다.

| 경기종합지수 구성지표 |

❶ 선행종합지수

- 구인구직비율
- 재고순환지표
- 소비자기대지수
- 기계류내수출하지수
- 건설수주액
- 코스피지수(종합주가지수)
- 장단기금리차
- 수출입물가비율

❷ 동행종합지수

- 비농림어업취업자 수
- 광공업생산지수

- 서비스업생산지수
- 건설기성액
- 내수출하지수
- 수입액

❸ 후행종합지수
- 취업자 수
- 생산자제품재고지수
- 소비자물가지수변화율
- 회사채유통수익률(금리)
- 소비재수입액

이 항목들 중에서 코스피지수가 선행종합지수의 대표격이라면, 후행종합지수의 대표격이 회사채유통수익률입니다. 그리고 이런 지수는 네이버 뉴스 검색이나 통계청에서 쉽게 찾을 수 있습니다.

| 수출통계 |

한국의 수출통계는 세계에서 가장 빠르고 정확하기로 정평이 나 있습니다. 한국은 수출이 경기를 좌우하기에 수출입 관련 지표는 주식투자자에게 중요한 통계입니다.

수출입통계는 관세청의 수출입통계 사이트(자료 4)에서 가장 쉽게 자세한 자료를 구할 수 있습니다. 수출입에 대한 단순 자료와 함께 수출입 현황 분석

자료 4 _ 관세청 수출입무역통계 (https://unipass.customs.go.kr/)

자료 5 _ 연도별 수출입실적

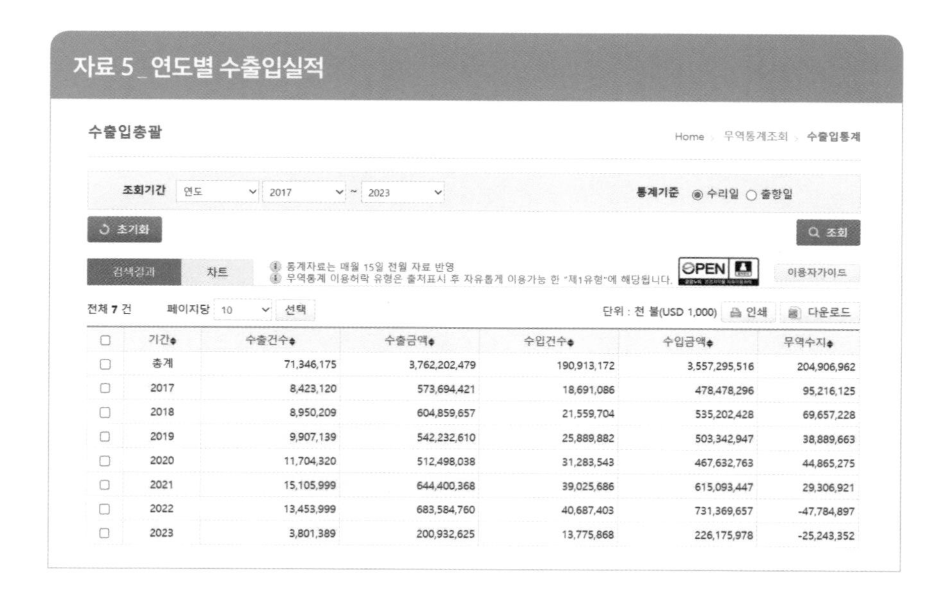

수출입총괄

Home › 무역통계조회 › 수출입통계

조회기간 연도 2017 ~ 2023 통계기준 ◉ 수리일 ○ 출항일

초기화 조회

검색결과 차트

통계자료는 매월 15일 전월 자료 반영
무역통계 이용허락 유형은 출처표시 후 자유롭게 이용가능 한 "제1유형"에 해당됩니다.

이용자가이드

전체 7 건 페이지당 10 선택 단위 : 천 불(USD 1,000) 인쇄 다운로드

기간	수출건수	수출금액	수입건수	수입금액	무역수지
총계	71,346,175	3,762,202,479	190,913,172	3,557,295,516	204,906,962
2017	8,423,120	573,694,421	18,691,086	478,478,296	95,216,125
2018	8,950,209	604,859,657	21,559,704	535,202,428	69,657,228
2019	9,907,139	542,232,610	25,889,882	503,342,947	38,889,663
2020	11,704,320	512,498,038	31,283,543	467,632,763	44,865,275
2021	15,105,999	644,400,368	39,025,686	615,093,447	29,306,921
2022	13,453,999	683,584,760	40,687,403	731,369,657	-47,784,897
2023	3,801,389	200,932,625	13,775,868	226,175,978	-25,243,352

자료도 보도자료로 열람할 수 있습니다. 코로나19 팬데믹에 경기가 좋지 않았지만 수출입현황(자료 5)을 보면 선전했고, 2022년 들어 원자재가격 상승 및 미중무역갈등 등으로 무역적자가 발생하고 있음을 알 수 있습니다.

2023년 무역적자가 이어지지만 반도체경기가 회복되고 2차전지가 더욱 성장하면서 극복되리라고 생각합니다. 2023년 이후라도 한국 주식을 투자하는 투자자라면 어떤 상품의 수출이 잘되는지, 그리고 과거와는 다르게 수출이 부진한지를 살펴보고 투자하면 사야 할 종목과 교체해야 할 종목이 보이게 됩니다.

환율

환율이란 외국통화와 자국통화의 교환비율이라고 간단히 정의할 수 있지만, 환율에 영향을 미치는 요인이 워낙 다양한 탓에 환율 움직임을 예측하는 것은 가장 어려운 작업 중 하나입니다. 그래도 주식투자자가 환율의 변화에 신경을 곤두세워야 하는 이유는 세계의 무역전쟁을 '환율전쟁'이라고 부를 만큼 환율은 중요한 요소이기 때문입니다. 특히 수출이 중요한 우리나라에서는 더욱 그러합니다.

| 환율의 개념 |

환율은 외국 돈과 우리 돈을 바꿀 때 적용되는 교환비율입니다. 대부분의 나라가 환율을 외국통화표시방법으로 표시합니다. 즉 1달러를 구매하는 데 한국 원화를 얼마 지불해야 하는가로 나타냅니다.

직관적으로 쉽게 이해할 수 있는 방법은, 달러도 하나의 상품이라고 보고 환율을 1달러의 가격이라고 이해하는 것입니다. 그래서 환율이 오른다는 것은 1달러의 가격이 올라서 상대적으로 원화의 가격이 내렸다는(원화의 평가절하) 의미이고, 환율이 낮아진다는 것은 1달러의 가격이 떨어져서 상대적으로 원화의 가격이 올랐다는(원화의 평가절상) 의미입니다.

참고로 자국의 통화 1단위로 외국통화를 얼마나 받을 수 있는가를 표시하는 방법을 외국통화표시환율이라고 합니다. 영국과 같은 일부 국가가 외국통화폐표시환율을 사용하는데, 예를 들어 원화 1원당 0.001달러로 표시하는 것입니다. 한국을 포함해 대부분의 국가는 반대의 자국통화표시환율 방법을 사용합니다.

| 환율제도 |

우리나라는 1997년 12월 원화의 대미달러환율의 일중 변동폭 제한을 폐지해 환율이 외환시장에서 자유롭게 결정되는 자유변동환율제도를 채택하고 있습니다. 아울러 달러 이외의 통화에 대한 원화환율은 원화의 대미달러환율을 국제금융시장에서 형성되는 기타통화의 대미달러환율로 재정해 산출합니다.

| 환율의 결정요인 |

자유변동환율제도하에서는 일차적으로 환율은 외환시장에서 외환의 수요와 공급에 의해서 결정됩니다. 외환시장에서 외환의 수요가 공급을 초과하면 외환의 가격은 올라 원화는 약세(절하)가 되며, 반대로 외환의 공급이 수요를 초과하면 외환의 가격은 떨어지고 원화는 강세(절상)가 됩니다.

이런 외환의 수급요인 이외에도 성장·물가 등 경제의 기초변수, 금리·주식시장과 같은 금융변수, 중앙은행의 외환시장 개입 등 다양한 요인이 환율에 영향을 끼칩니다. 장기적으로 경제성장률이 높고 물가가 안정되어 있다면, 해당 국가의 통화 가치는 상승합니다.

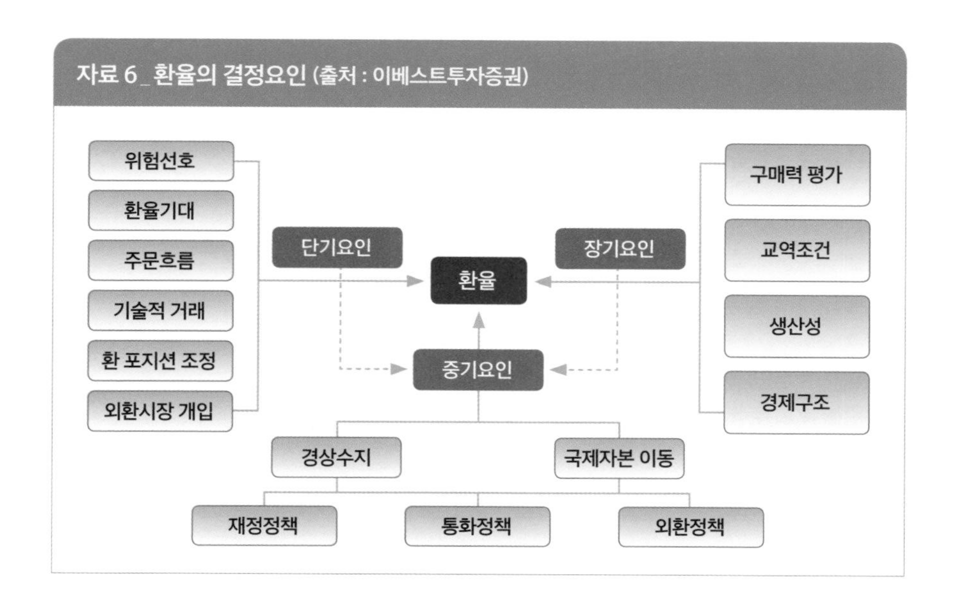

〈자료 6〉에서 보듯 환율에 영향을 미치는 요인이 다양하고 복잡하다 보니 환율의 예측은 어렵습니다. 그럼에도 환율의 움직임에 주식투자자가 신경을 써야 하는 이유는 주식시장에 미치는 영향이 크기 때문입니다. 1차적으로 환율과 수출입의 관계가 중요합니다.

| 환율과 수출입 |

환율이 떨어져 원화가치가 상승하면, 달러표시 수출가격이 올라 경쟁국 제품에 비해 가격이 비싸지게 되므로 수출이 줄어들게 됩니다. 한국은 수출이 GDP의 절반 가까이를 차지하므로 수출이 감소하면 경제성장이 둔화되고 그에 따라 실업이 증가하게 됩니다.

따라서 정부는 환율이 적절한 정도로 상승해 수출이 증대되는 방향으로 환율이 결정되기를 선호하게 됩니다. 다만 모든 경제정책에 플러스 혹은 마이너스 영향만을 미칠 수 없는 것처럼 고환율정책은 수입물가가 오르는 효과가 있으므로 국내물가가 상승하는 부작용이 생깁니다.

〈환율변동의 효과〉
환율 하락 → 수출 감소 및 수입 증가 → 주가 하락 경향
환율 상승 → 수출 증가 및 수입 감소 → 주가 상승 경향

| 네이버 증권의 환율 |

네이버 증권에서 시장지표를 클릭하면 여러 거시경제 팩터를 보여주고 있는데, 그중에서도 가장 먼저 '환율'에 대해서 알려주고 있습니다.

네이버 증권 '환전 고시 환율'에서 '달러환율'을 클릭하면 〈자료 8〉과 같은 달러환율의 추이를 살펴볼 수 있습니다. 그리고 화면 아래로 가면 환율에 관한 뉴스도 확인할 수 있습니다. 네이버 증권은 투자의 보물창고답게 참 정리가 잘되어 있습니다.

〈자료 8〉에서는 10년간의 환율 추이를 보여줍니다. 10여 년간 대략 1,100원에서 1,200원 수준에서 머무를 때가 많았지만, 경제위기 상황이 오면 1,400원대로 급등하기도 합니다. 환율이 주식투자자에게 중요한 이유는 경제상황뿐만 아니라 외국인 수급에도 큰 영향을 주기 때문입니다.

〈자료 9〉에서 보듯이 환율과 외국인 투자자의 매수는 반비례 관계입니다. 기본적으로 원화가 약세가 되면(달러가 강세가 되면), 즉 환율이 오르면 외국인

자료 7_ 네이버 증권 시장지표

자료 8_ 달러환율 10년간 추이

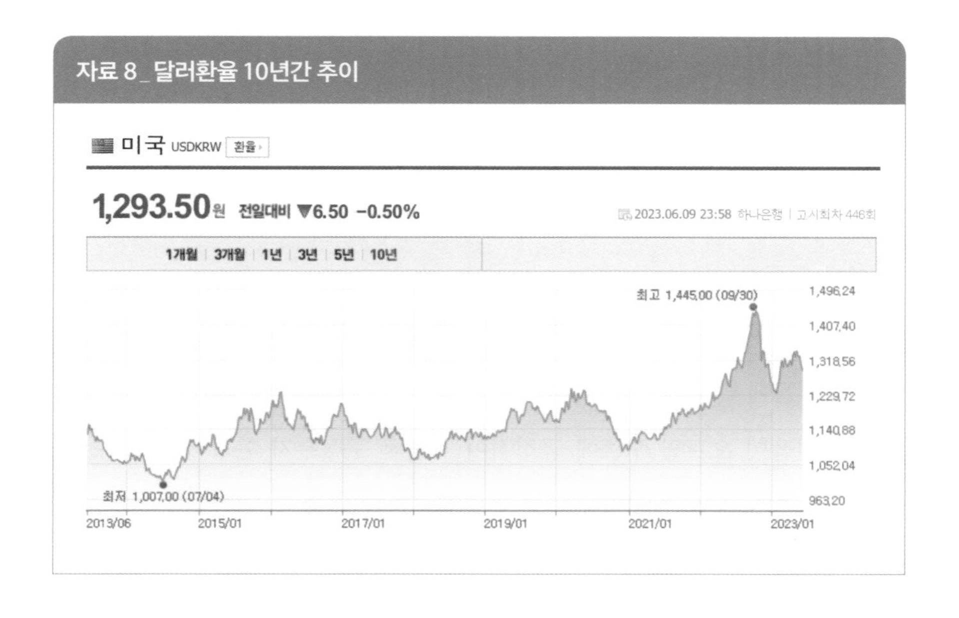

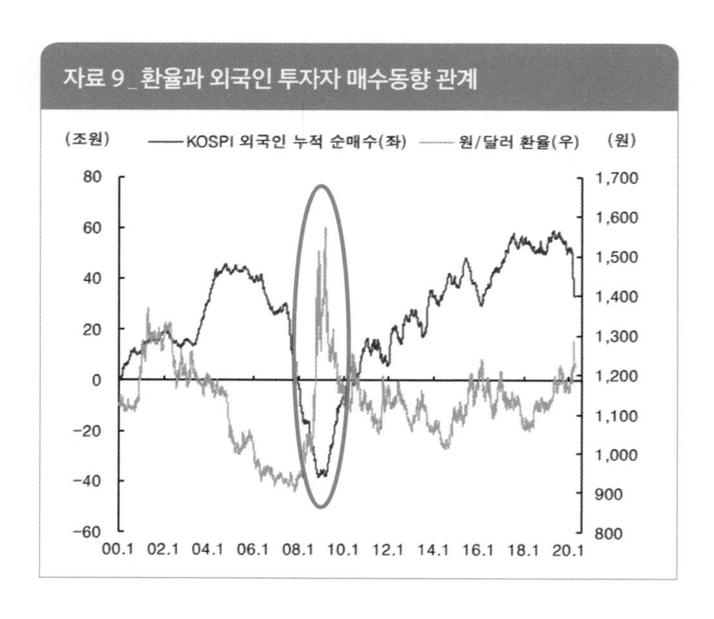

자료 9_환율과 외국인 투자자 매수동향 관계

투자자 입장에서는 강세통화인 달러를 선호하게 되므로 한국 주식수요가 낮아지게 됩니다.

특히 글로벌 금융위기와 같은 큰 위기상황에서 환율이 급등하면 외국인은 강하게 한국시장을 탈출하게 됩니다. 이런 점은 대략 10년에 한 번 정도 나타나는데, 이런 시기에는 주식시장을 매우 보수적으로 판단하고 매매해야 합니다. 저가 매수에 나서더라도 환율이 어느 정도 안정되는 것을 확인하고 매수를 해야 합니다.

환율은 단지 한 국가만의 문제가 아닌 국제금융시장과 밀접하게 얽혀 있는 것이기 때문에 밖에서 한국경제를 바라보는 시각이 녹아 있습니다. 따라서 소폭으로 환율이 오르면 수출에 긍정적이라 한국 주식투자 환경이 좋을 수 있지만, 환율이 급등하는 시기에는 한국 주식투자를 더욱 조심해야 합니다.

| 무역전쟁은 곧 환율전쟁 |

환율이 얼마나 무섭고 무역전쟁이 왜 환율전쟁인지를 보여주는 상징적이고도 극적인 사례가 일본입니다. 1985년 플라자합의로 엔화가 급등하자 잠깐 주가가 버블을 형성하고 이후 일본의 주가지수는 추세적으로 하락에 하락을 거듭합니다. 그만큼 환율이 경제에 미치는 영향이 크다는 의미입니다.

자료 10_ 플라자합의와 일본의 주가추이 (출처 : IBK투자증권)

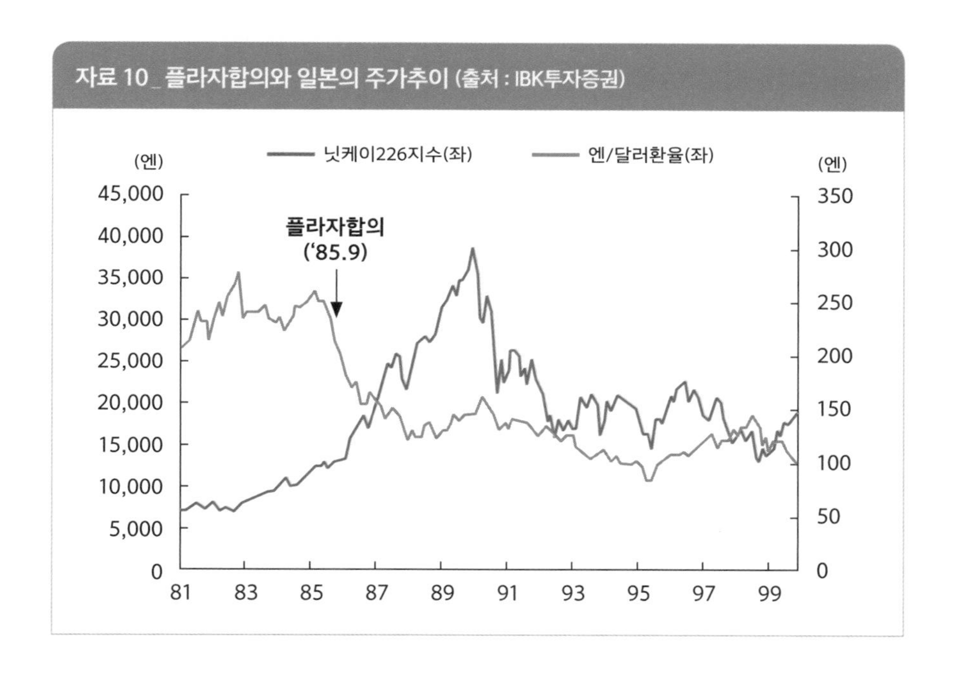

한번 더 당부 드리지만 일반적인 경제상황이라면 환율이 시장상황에 상승과 하락을 반복하면서 일정 범위 내에서 움직이지만 극한 경제상황, 예를 들어 IMF 외환위기나 글로벌 금융위기와 같은 상황이라면 안전자산 선호도가 급등하면서 달러가격이 급등하고 원화가 폭락하며 주가 역시 함께 하락하는 경우가 발생할 수 있기 때문에 환율의 추이를 살펴보는 습관이 필요합니다.

금리

'돈의 값'인 금리를 자금의 신호등이라고 합니다. 돈이라는 것이 금리에 따라 움직인다는 것을 의미합니다. 자연스럽게 돈은 금리라는 신호등을 따라 금리가 높은 곳으로 옮겨갑니다. 즉 금리를 이해하면 경제가 선명해지고, 돈의 흐름을 파악할 수 있습니다. 나아가 금리의 변화를 파악하면 주식시장 분석이 정교해집니다.

| 금리 |

금리를 가장 쉽게 이해할 수 있는 정의는 '돈의 값'이라 말할 수 있습니다. 금리가 높다는 것은 돈이 귀해서 돈의 값이 비싸다는 것이고, 금리가 낮다는 것은 돈이 흔해서 돈의 값이 싸다는 의미로 이해할 수 있습니다. 금융에서 가장 중요한 거시적 요소가 바로 금리이며, 주식이라는 것도 금융상품의 하나라 할 수 있으니 금리의 영향을 피할 수 없습니다.

금리는 돈의 값이라는 넓은 의미이고, 투자할 때 현재에서 미래관점을 보는 입장에서는 수익률이라 부릅니다. 반대로 미래의 관점에서 현재를 보는 측면에서는 할인율이라 부르기도 합니다. 즉 수익률과 할인율은 마치 동전의 양면처럼 깊은 연관관계를 가집니다.

| 통화 |

통화란 일상적인 경제활동에서 사용하는 돈이나 화폐에 대한 통칭입니다. 고전학파에 따르면 금리는 자금에 대한 수요와 공급에 의해서 결정되는데, 자금의 수요와 공급을 정확히 이해하려면 통화에 대해서 개념을 잡고 있어야 합니다. 통화는 현찰만을 의미하는 것이 아니라 계좌이체, 수표, 어음, 인터넷 뱅킹 등 다양한 형태로 주고받는 것을 포괄합니다. 또한 조금 더 통화의 개념을 확대하면 은행의 정기예금도 급한 경우 언제든지 해지해 결제에 사용할 수 있으니 통화에 포함합니다. 이렇게 현금뿐만 아니라 돈의 기능을 가진 금융상품을 모두 포함한 개념이 바로 통화입니다.

일반적으로 뉴스에서 말하는 통화량은 광의통화(M2)를 말합니다. 광의통화는 협의통화보다 넓은 의미의 통화지표로서 현금이나 입출금 통장에 있는 결제성예금에 예금취급기관의 정기예금, 적금, 외화예금, 실세금리를 받는 시장형 금융상품 등을 포함한 개념입니다. 다만 만기 2년 이상의 장기 금융상품은 광의통화에서 제외합니다.

| 통화량과 경제 |

경제규모에 비해 통화량이 너무 많은 경우 돈의 가치가 떨어져 물가가 지속적으로 오르는 인플레이션이 발생하게 됩니다. 반대로 통화량이 지나치게 적은 경우 금리가 상승하고 경제활동이 위축됩니다.

따라서 한국은행의 가장 중요한 통화정책 운용방법은 인플레이션타게팅 방식으로 장기적인 경제성장을 위해 물가를 적정 수준으로 관리하는 것을 목표로 합니다. 이 부분이 경기활성화를 최우선으로 하는 정부와 정책목표가 약간 다른 점입니다.

| 다양한 금리 |

우리는 쉽게 금리(이자율)을 이야기하고 있습니다. 하지만 지금도 경제학자들은 금리가 실물현상인지 화폐적 현상인지를 두고 논쟁을 하고 있습니다.

'자금대차에 대한 대가'로 금리를 설명한다면, 자금을 융통하는 종류가 다양하듯이 금리도 다양하게 나타납니다. 예를 들어 주택을 구매하려는 사람에게는 은행의 주택담보대출금리가 중요할 것이고, 은행에 예금을 하려는 사람에게는 정기예금금리가 중요할 것입니다. 금리에는 기준금리, 회사채수익률, 국채수익률, 예금금리, 대출금리, 사채금리 등 정말 다양하고 제각기 다 나름의 의미가 있습니다.

네이버 증권 초기화면 하단에서는 매일 금리 현황을 보여주고 있습니다. 여러 금리 중에서 가장 대표적인 4가지 금리를 보여줍니다. 그리고 각 금리를 선택해 클릭하면 종류별 금리의 추이도 확인할 수 있습니다.

자료 11_ 네이버 증권 초기화면 하단

환전 고시 환율		› 더보기
미국USD	1,293.50	▼6.50
일본JPY (100엔)	928.01	▼6.87
유럽연합EUR	1,390.19	▼10.04
중국CNY	181.11	▼1.47

국제 시장 환율		› 더보기
달러/일본 엔(06.09)	139.3500	▲0.39
유로/달러(06.09)	1.0756	▼0.00
파운드/달러(06.09)	1.2578	▲0.00
달러인덱스(06.09)	103.5300	▲0.22

금리		› 더보기
CD(91일)(06.09)	3.75	-
콜금리(06.08)	3.56	▲0.07
국고채(3년)(06.09)	3.50	▼0.04
회사채(3년)(06.09)	4.30	▼0.04

| 금리의 종류 |

1) CD 금리

CD(Certificate of Deposit)는 양도성예금증서라 합니다. 정기예금이 다른 사람에게 양도할 수 없는 것과는 달리, CD는 이름 그대로 양도가 가능하도록 증서로 발행하는 정기예금입니다. 은행이 발행한 단기 정기예금이므로 금융시장에서 활발히 거래되어 3개월 정도의 단기자금시장의 대표금리 중 하나입니다.

2) 콜금리

콜시장은 금융기관이 초단기(주로 1일)로 일시적인 여유자금을 빌려주거나(call-loan, 콜론) 부족자금을 차입(call-money, 콜머니)하는 금융기관 간 자금시장입니다. 국내 콜시장은 금융기관 간 무담보 중개거래가 대부분을 차지하고 있습니다. 콜거래의 최장만기는 90일 이내로 제한되나, 만기가 1일인 익일물거래가 전체 거래의 대부분을 차지하고 있습니다. 초단기 금리의 대표금리가 바로 콜금리이며, 기준금리의 영향을 직접 받습니다.

3) 국고채 금리

국고채는 재정을 위해 국회의 동의를 받아 정부가 발행하는 채권입니다. 국가가 발행하는 만큼 신용도를 산정할 때 실무적으로 무위험채권으로 분류합니다. 즉 부도의 위험은 없다고 가정하고 만기까지 시간에 대한 보상으로 금리가 결정된다고 봅니다. 국고채는 매월 재정경제부에서 행하는 정기적인 입찰을 통해 3년, 5년, 10년, 20년, 30년 등의 다양한 만기물을 발행합니다. 그 중에서 3년 만기인 국채가 가장 거래가 많아 지표금리의 대표가 바로 3년 국채금리입니다. 뉴스에서 금리가 오르거나 내렸다고 할 때 역시 국고채 3년 금리를 기준으로 하는 경우가 대부분입니다.

4) 회사채 금리

회사채는 상법상 주식회사가 발행하는 채권으로, 국채와는 달리 신용에 따라 위험등급을 나눕니다. 발행하는 회사의 채무이행 능력에 따라 AAA에서 D까지의 다양한 신용등급을 부여합니다. 채권은 만기에 받을 금액이 확정되어 있어 만기에 받을 원리금에 대한 현재가치, 즉 채권의 가격은 신용도가 높을수록 적게 할인하므로 비싸게 거래됩니다. 일반적으로 AA등급의 회사채를 기준으로 회사채 금리를 제시합니다.

국고채 3년 금리를 네이버 증권에서 클릭해 금리의 추이를 살펴보도록 하겠습니다. 조회한 시점에서 최근 3개월 금리추이(자료 12)를 살펴보면, 금리가 조금씩 상승하고 있다는 것을 확인할 수 있습니다.

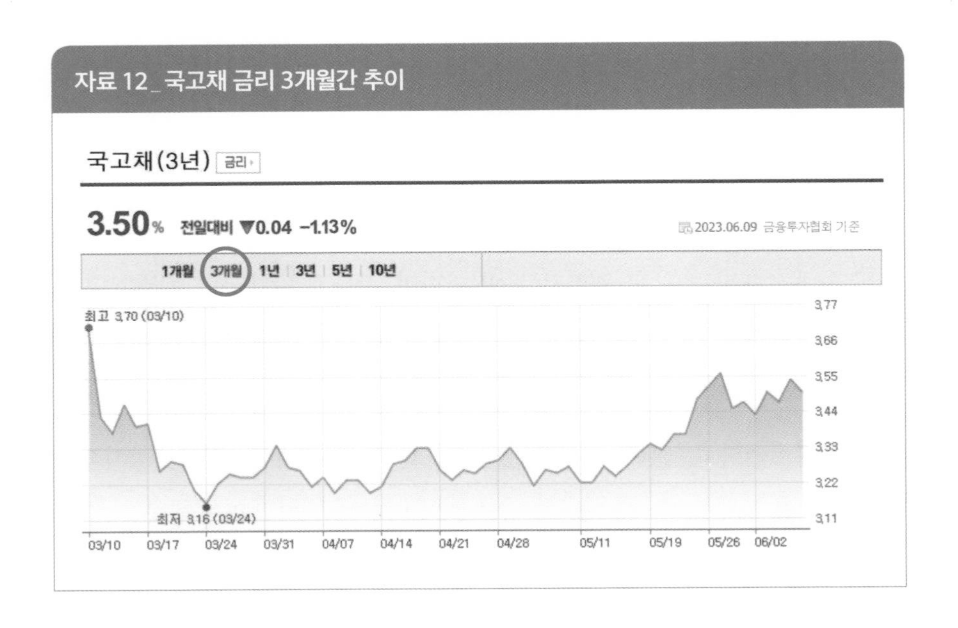

자료 12_ 국고채 금리 3개월간 추이

자료 13_국고채 금리 10년간 추이

10년이라는 장기로 금리의 추이를 살펴보면(자료 13), 금리가 부침이 있지만 지속적으로 하락하는 추세였고, 2020년 후반기부터 하락이 멈추고 상당히 높은 수준까지 상승했다는 것을 확인할 수 있습니다. 금리 인상이 가파를 때 일반적으로 주식투자자는 고통스러운 경우가 많습니다.

| 금리와 주식투자 |

금리의 변화를 파악하는 것은 어렵지 않지만 그 의미를 이해하고 주식투자에 응용하는 것이 중요합니다. 금리에 영향을 주는 요소는 많지만 주식투자자 입장에서 다음의 2가지를 꼭 확인해야 합니다.

1) 국내경기

경기가 좋아지고 소득이 늘어나게 되면 수요가 증가하고 이에 따라 투자도 확대됩니다. 주식투자를 하려는 사람도 늘어납니다. 돈에 대한 수요가 늘면 돈의 값인 금리는 오르게 됩니다. 즉 금리가 오른다는 것은 경기측면에서는 경기가 오르는 방향과 같이 가는 경우가 많습니다. 반대로 경기가 좋지 못하면 돈을 빌려 소비나 투자하려는 사람이 줄어들어 시중금리는 하락하게 됩니다. 즉 장기적으로 금리가 하락했다는 것은 경기가 그만큼 좋지 못했고 경제성장률이 낮아지고 있다는 반증이기도 합니다.

정책 측면에서 보면 경기가 나쁠 때 중앙은행이 가장 많이 사용하는 정책적 수단은 금리의 인하입니다. 즉 금리를 인하해 소비와 투자를 촉진하고자 하는 것입니다. 코로나19 팬데믹의 상황에서 세계 각국의 중앙은행이 금리를 낮춘 것을 보면 쉽게 알 수 있습니다. 이를 또 다른 측면에서 보자면 장기적으로 금리가 하락했다는 것은 경기가 그만큼 좋지 못했고 경제성장률이 낮아지고 있다는 반증이기도 합니다. 참고로 경기가 과열되면, 중앙은행은 금리를 높여 경기과열을 막습니다.

경기 상승 → 소비 및 생산 증가 → 자금수요 증가 → 금리 상승
경기 하락 → 소비 및 생산 감소 → 자금수요 감소 → 금리 하락

2) 물가

물가가 오른다고 예상되면 사람들은 필요한 재화를 미리 매입하려고 합니다. 그리고 물가가 많이 오르게 되면 한국은행은 물가를 안정시키기 위해 기준금리를 올려 금융시장에서 자금을 흡수해 돈의 공급을 줄입니다. 즉 물가

는 금리와 같은 방향으로 움직이는 것이 일반적입니다. 이를 정리한 것을 피셔 방정식이라고 합니다. 주식투자자라면 이 정도는 이해가 필요합니다.

| 피셔 방정식(Fisher Equation) |

피셔 방정식은 금리결정 요인을 모형화시키는 단순한 방법으로 명목금리, 실질금리 및 물가 상승률의 관계를 나타냅니다.

명목금리 = 실질금리 + 물가 상승률

예를 들어 은행의 정기예금(명목금리)이 3%로 제시되고 물가 상승률이 2%라면 실질적인 금리는 1%라는 것입니다. 물가가 오르면 자금을 공급하는 자(예금을 하는 자)의 실질적인 구매력이 낮아지므로 금리를 높게 제시하지 않으면 자금 공급을 꺼리게 됩니다. 즉 금리가 오르게 되는 것입니다. 다만 피셔 방정식은 사후적으로 계산은 간단하지만 사전적으로 쉽게 가늠하기가 어렵다는 단점이 있습니다.

| 금리와 경제성장률 |

금리가 가지는 근본적인 의미는 실질금리가 자본의 한계효율이라는 점입니다. 말이 좀 어렵지만 자본의 값으로서의 금리라는 것이 결국은 자본이 자본을 재생산할 수 있는 능력치라는 것이기 때문입니다. 그러하기 때문에 실질금리가 자본의 한계효율이며 실질경제성장률과 밀접한 관계가 있는 것입니다. 그래서 경제성장률이 높을수록 자본의 한계효율, 즉 기업의 수익성도 높아집니다.

금리를 '자본의 신호등'이라고 표현하는 이유가 또한 여기에 있습니다. 예를 들어 대출이자율이 3%라면, 만약 2%의 확실한 수익을 기대하는 투자대안을 가진 투자자는 투자를 하기 어렵겠지만 4%의 투자수익률을 기대하는 투자자는 투자가 가능해질 것입니다. 즉 시장금리 이상의 수익률을 기대할 수 없는 투자안은 실행하기 힘들어지는 것입니다. 이렇게 금리는 투자나 자금의 흐름을 결정하는 결정적인 요인이 되는 것입니다.

기대수익이 낮은 산업은 자연스럽게 도태됩니다. 단순 제조는 중국과 경쟁하기 힘들어지는 것입니다. 일반적으로 선진국의 금리가 낮고 개발도상국의 금리가 높은 이유가 같은 논리입니다. 그래서 금리가 낮다는 것을 다른 측면에서 보면 그만큼 돈을 벌기 어렵다는 것과 같은 의미입니다.

다만 주식투자자의 입장에서는 금리가 높은 상황이 투자에 좋은 상황이라고 일반화시키면 안 됩니다. 금리는 할인율과 같은 의미로 보아야 합니다. 즉 금리가 높으면 할인율도 높아지는 것입니다.

금리가 높을 경우 미래에 투자로 벌어들일 수익에 대한 할인률도 높아집니다. 특히 당장 돈을 벌지는 못하지만 미래에 많이 벌 수 있다고 기대하는 주식, 즉 흔히 말하는 '기술주'는 금리 인상이 더욱 부담으로 작용하는 경우가 많습니다. 좀 더 구체적으로 설명드리자면, 금리가 오르면 일반적으로 주식시장이 약세를 보이는 경우가 많습니다. 이때 당장 돈을 잘 버는 SK텔레콤의 주가보다 앞으로 돈을 잘 벌 수 있는 네이버의 주가가 좀 더 하락폭이 클 확률이 높다는 것입니다.

| 금리 변화의 여러 의미 |

주식투자자는 금리의 변화가 주식시장에 미칠 영향을 다각도로 분석할 필요가 있습니다. 한 가지 예로 장기와 단기의 금리 차이와 그 차이의 변화도 주식투자자에게 의미하는 바가 매우 큽니다. 단기금리는 중앙은행의 기준금리 영향을 받지만 장기금리는 금융시장의 수급에 영향을 더 받으므로, 장기금리와 단기금리의 차이가 확대되는 경우에는 일반적으로 '경기가 회복된다'는 신호로 보는 경향이 많습니다.

경기가 악화되면 정부와 중앙은행은 돈을 풀고 금리를 낮춰 경기부양을 도모합니다. 경기가 악화되면 장기금리와 단기금리는 서로 밀착하는데, 경기가 바닥을 다지고 경기부양 효과가 나타나면 다시 장기금리부터 오르게 된다는 점을 기억할 필요가 있습니다.

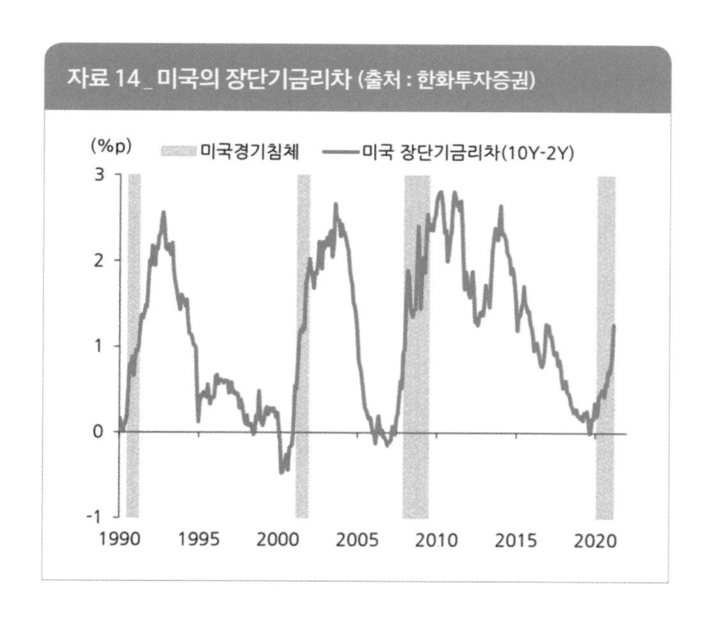

자료 14 _ 미국의 장단기금리차 (출처 : 한화투자증권)

물가와 유가

물가 혹은 물가수준은 시장에서 거래되는 수많은 상품의 가격수준을 말합니다. 소비자의 입장에서는 지출과 비용이지만 기업의 입장에서 보면 매출과 이익이 됩니다. 주식투자자의 입장에서는 물가가 경제 및 주가에 어떤 영향을 미치는지 다각적으로 분석할 수 있어야 합니다. 특히 유가가 경제 및 관련 산업에 끼치는 영향을 잘 알고 있어야 합니다.

| 물가가 높게만 느껴지는 이유 |

월급은 거북이처럼 조금씩 느리게 오르는데 물가는 토끼처럼 매우 빠르게 달리는 것으로 느껴집니다. 그런데 정작 정부에서 발표하는 물가지수는 매우 낮습니다. 이렇게 지수물가와 피부물가의 차이가 크게 나는 것은 다음과 같은 2가지 이유 때문입니다.

1) 물가지수와의 괴리

우리가 생각하는 물가는 개인적으로 소비하는 과정에서 주관적으로 느끼는 물가이므로 주로 구입하는 품목에 따라 다릅니다. 멀리 운전해 출근하는 사람은 유가가 부담이고, 주부는 신선식품 가격이 걱정입니다. 부모는 과외비 인상이 불안하고, 서울로 취업 온 친구는 월세가 오르는 것이 가장 무섭습니다. 저 같은 사람은 주류가격 인상에 민감합니다. 물가지수는 여러 품목별로 가중치를 주고 통산합니다.

2) 지출의 증가

우리가 물가를 오인하는 가장 흔한 이유는 지출의 증가를 물가가 오르는 것으로 착각하기 때문입니다. 소형차를 몰다가 중형차를 샀을 때 크게 감동받은 일이 아직도 기억이 납니다. 과거에 차 안에서 테이프로 노래를 듣다가 중형차로 바꿔 CD로 음악을 들으니 음질이며 편리성에 그 감동을 이루 말할 수 없었습니다. 이렇게 고급차로 바꾸고 최신 가전제품으로 바꾸는 것을 물가가 오르는 것으로 혼동하기 쉽습니다. 자녀가 태어나 성장하면서 식비가 늘어나는 것과 식자재 가격이 오르는 것을 혼동하면 안 됩니다. 오히려 TV의 화질이 개선되고 스마트폰의 기능이 일취월장하는데 가격은 그다지 변함이 없다면 실질적인 가격은 낮아지는 셈입니다.

| 물가에 대한 주식투자자의 태도 |

물론 소비자 입장에서는 물가가 낮은 것이 좋습니다. 물가가 낮으면 같은 돈으로도 더 많은 재화나 서비스를 구매할 수 있기 때문입니다. 이렇게 물가 하락은 가계의 실질소득을 증대시키고, 기업의 생산비용을 절감하는 등의 긍정적인 효과도 있지만 다음과 같은 문제점들도 발생시킵니다.

① 구매이연 효과 : 물가가 하락하는 경우 소비자는 물가가 더 떨어진 다음에 구매하려고 하게 됩니다. 즉 구매가 이연되어 기업의 입장에서는 매

출의 위축이 더욱 심해집니다.

② 기업수익성 악화 : 물가 하락이라는 것 자체가 기업의 제품가격 하락을 의미하므로 기업의 수익성은 나빠지게 됩니다.

③ 통화정책 무력화 : 물가가 하락하면 물가를 감안한 실질금리는 오히려 상승하므로 금리를 인하하는 경제부양정책의 효과가 무력화되기 쉽습니다.

결론적으로 물가는 낮다고 좋은 것이 아니며, 경제성장에 따라 완만하게 오르는 것이 최적입니다. 주식투자자라면 물가를 단순히 소비자 측면에서만 보면 안 되며, 기업의 입장에서도 물가를 살필 수 있어야 합니다.

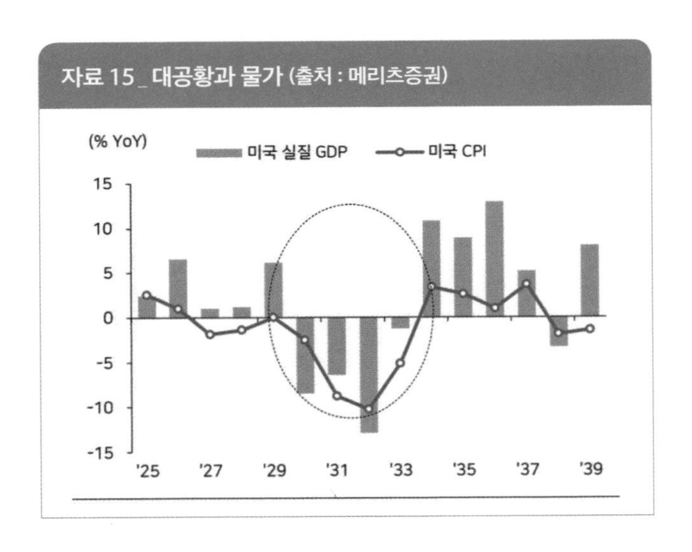

자료 15 _ 대공황과 물가 (출처 : 메리츠증권)

미국경제에서 자주 거론되는 대공황시대 물가(자료 15)를 살펴보면 물가가 크게 폭락했음을 알 수 있습니다. 1929년 대공황 발생 직후 1930년 소비자물가는 2.5% 하락했고, 실질 GDP도 -8.5%를 기록했습니다. 이렇게 물가가 지속적으로 하락하는 것을 디플레이션(Deflation)이라 하는데, 주식투자자 입장에서는 물가가 지속적으로 오르는 인플레이션(Inflation)보다 훨씬 무서운 일입니다. 이렇게 물가 하락과 경기 침체의 공존은 1933년까지 이어집니다.

불황과 물가의 관계를 가장 잘 보여주는 사례가 일본입니다. 장기적으로 일본의 물가는 낮았지만 경기와 소비는 건강하게 회복하지 못하고 있습니다. 여기서 눈치가 빠른 사람은 물가가 경제성장과 관계가 깊다는 것을 알아채셨을 겁니다. 즉 물가가 급하게 오르지만 않는다면 경제가 활성화되고, 소비가 활발하면 물가가 오르고, 그리하여 기업의 매출이 증가하는 선순환에 들어가게 됩니다.

| 유가와 주가 |

물가에 관련이 깊은 지표 중 하나가 바로 유가입니다. 특히 한국은 수출이 경기를 좌지우지하므로 수입에 의존하는 유가가 더욱 중요합니다.

자료 16_네이버 증권 초기화면 유가

환전 고시 환율 · 더보기

미국USD	1,293.50	▼6.50
일본JPY (100엔)	928.01	▼6.87
유럽연합EUR	1,390.19	▼10.04
중국CNY	181.11	▼1.47

2023.06.09 23:58 하나은행 기준

국제 시장 환율 · 더보기

달러/일본 엔(06.09)	139.3500	▲0.39
유로/달러(06.09)	1.0756	▼0.00
파운드/달러(06.09)	1.2578	▲0.00
달러인덱스(06.09)	103.5300	▲0.22

유가 · 더보기

두바이유(06.09)	74.38	▼0.82
WTI(06.09)	70.17	▼1.12
휘발유(06.10)	1,585.00	▼0.82
고급휘발유(06.10)	1,859.92	▼1.58

단위 : 국제 달러/배럴, 국내 원/리터

금 시세 · 더보기

국제금(06.09)	1,977.20	▼1.40
국내금(06.09)	81,789.03	▲180.41

단위 : 국제 달러/트로이온스, 국내 원/g

유가의 추이는 네이버 증권 초기화면에서 확인할 수 있습니다. 여러 거시 지표 중 하나로 네이버 증권 초기화면에서 유가 정보(자료 16)를 찾을 수 있습니다. 유가도 중동의 두바이유 가격과 서부텍사스유 가격이 대표적인 원유가격으로 보여집니다. 그중에서 WTI를 클릭하면 아래와 같이 유가의 추이(자료 17)를 살필 수 있습니다.

자료 17_WTI 가격추이 화면

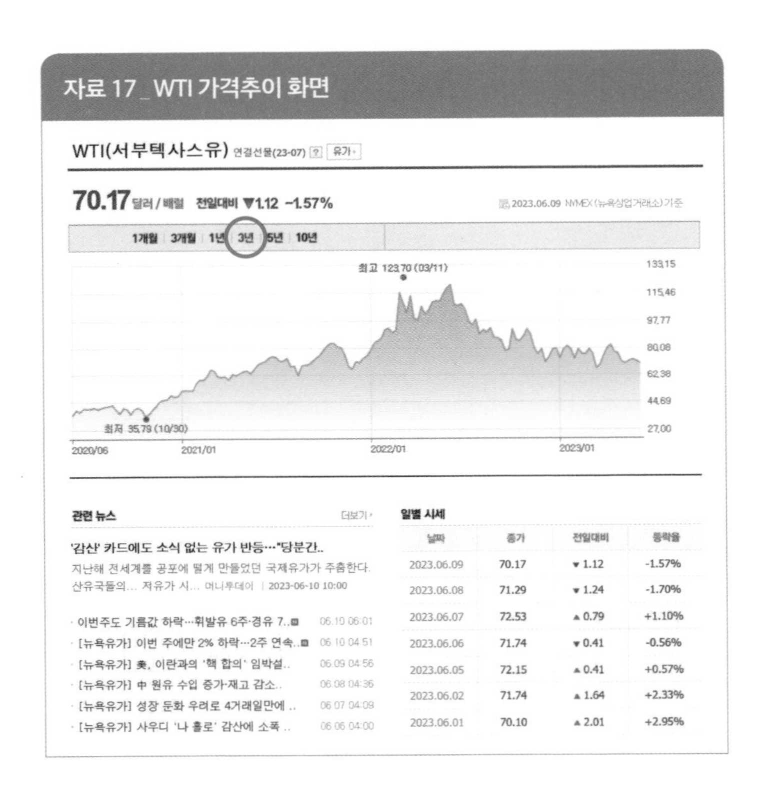

날짜	종가	전일대비	등락률
2023.06.09	70.17	▼ 1.12	-1.57%
2023.06.08	71.29	▼ 1.24	-1.70%
2023.06.07	72.53	▲ 0.79	+1.10%
2023.06.06	71.74	▼ 0.41	-0.56%
2023.06.05	72.15	▲ 0.41	+0.57%
2023.06.02	71.74	▲ 1.64	+2.33%
2023.06.01	70.10	▲ 2.01	+2.95%

여기서 유가의 추이와 함께 유가와 관련된 뉴스도 확인할 수 있습니다. 3년간의 유가 추이를 보면 코로나19 불경기로 위축된 유가가 원자재 가격 상승 붐에 급격히 오르고 다시 하락하는 모습을 보여주고 있습니다. 그렇다면 유가의 상승은 정유사의 주가에 어떤 영향을 주었을까요?

자료 18_S-Oil 3년간 주가추이 (2023년 6월 기준)

S-Oil의 3년간 주가추이(자료 18)를 살펴보면 유가의 움직임과 매우 유사하다는 것을 알 수 있습니다. 원자재 가격이 오르고 거기에 따라서 제품의 가격이 오르면 수요가 줄어 기업에 불리할 수 있다는 것은 1차적인 영향입니다. 유가가 오르고 정제마진율이 유지되면 매출이 늘고 기업의 영업이익은 더 높아집니다. 유가와 정유사 주가의 흐름이 함께 가는 성격이 있다는 점을 확인하면 원가 상승이 꼭 기업의 매출에 악영향이 되는 것은 아니라는 점을 아실 수 있습니다.

그런데 유가가 인상되면 나프타로 플라스틱 등을 만드는 정통적인 화학회사는 원가부담으로 영업이익에 악영향을 받을 수밖에 없습니다. 이렇게 유가 인상도 업종별로 제각기 다르게 영향을 받으니 주의 깊게 살펴볼 필요가 있습니다.

| 유가가 관련 산업에 끼치는 영향 |

물가와 경기는 관련성이 높습니다. 당연히 물가가 폭등하는 것은 경제가 망가지는 일이지만 그렇지 않고 경제성장률에 연동해 오르는 것은 자연스럽습니다. 오히려 물가 상승은 경기가 좋다는 반증일 수 있습니다. 이렇게 경기를 파악할 때 가계와 기업의 입장을 함께 파악해야 하며, 또한 경기상황에 따른 정부와 한국은행의 정책이 어떠할지도 함께 고려하는 것이 필요합니다.

〈물가와 주가의 관계〉
완만한 물가 상승 → 경기 상승 → 기업수익 개선 → 주가 상승
급격한 물가 상승 → 금융자산 회피 → 실물자산 선호 → 주가 하락
스태그플레이션 → 비용 상승 → 기업수익 악화 → 주가 하락

추가적으로 관련 산업 측면에서 보면 유가의 완만한 상승은 항공이나 해운과 같은 업종에서는 원가 상승 요인이 되어 이익률에 악영향을 미칩니다. 물론 운송업 자체에 호황이 오면 유가의 완만한 상승은 영향력이 떨어질 것이므로 복합적으로 판단하셔야 합니다. 지역적으로 보면 유가의 상승은 중동지역의 경제에 훈풍이 불고, 이는 한국 건설업에는 좋은 영향을 미치게 됩니다. 산업의 연관성에서 보면 유가의 상승은 원유 관련 플랜트, 원유나 철광석을 실어나르는 해운업 등에는 호재로 작용하는 경향이 있습니다.

이렇듯 유가라는 하나의 요인에 따라 업종별 영향력이 제각기 다르기 때문에 다각적인 측면에서 분석할 수 있도록 평소에 공부를 많이 해야 합니다. 그래서 주식투자를 하면 경제에 해박해집니다.

금, 원자재

주요한 3대 투자자산은 투자자산의 대표격인 주식, 현금성 자산의 대표인 채권, 그리고 실물자산이 있습니다. 실물자산 중에서 금과 원자재에 함께 투자하는 포트폴리오 투자에 대해 살펴보도록 하겠습니다. 전통적인 투자대안인 주식이나 채권과는 가격흐름이 다르기 때문에 금은 포트폴리오 대안으로서 위력적이고 매력적입니다.

| 금 |

금은 단순한 원자재가 아닙니다. 오랜 금융의 역사에도 화폐를 대신해 거래 매개체로서의 역할을 해왔고, 실물자산으로 산업재에도 쓰이며, 귀금속으로도 주요한 자리를 차지하고 있습니다.

금은 실물자산이지만 오랫동안 화폐를 대신해 사용된 만큼 지금도 달러와 함께 역사적으로 증명된 안전자산이기도 합니다. 화폐의 안전자산으로 대표주자가 달러라면, 실물자산에서 안전자산의 대표주자는 바로 금입니다. 그래서 금은 실물자산이면서도 '외국환거래법'에서 마치 달러와 유사한 규제를 받기도 합니다. 금은 금융상품이 아니니 스스로 이자를 불려내지 못하지만, 대신 안전자산으로서 일반 금융상품과는 다른 가격흐름을 보여줍니다.

자료 19_ 네이버 증권의 금시세

환전 고시 환율 (더보기)

미국USD	**1,293.50**	▼ **6.50**
일본JPY (100엔)	928.01	▼ 6.87
유럽연합EUR	1,390.19	▼ 10.04
중국CNY	181.11	▼ 1.47

2023.06.09 23:58 하나은행 기준

국제 시장 환율 (더보기)

달러/일본 엔(06.09)	139.3500	▲ 0.39
유로/달러(06.09)	1.0756	▼ 0.00
파운드/달러(06.09)	1.2578	▲ 0.00
달러인덱스(06.09)	**103.5300**	▲ **0.22**

금리 (더보기)

CD(91일)(06.09)	**3.75**	-
콜금리(06.08)	3.56	▲ 0.07
국고채(3년)(06.09)	3.50	▼ 0.04
회사채(3년)(06.09)	4.30	▼ 0.04

유가 (더보기)

두바이유(06.09)	74.38	▼ 0.82
WTI(06.09)	**70.17**	▼ **1.12**
휘발유(06.10)	1,585.00	▼ 0.82
고급휘발유(06.10)	1,859.92	▼ 1.58

단위 : 국제:달러/배럴, 국내:원/리터

금 시세 (더보기)

국제금(06.09)	**1,977.20**	▼ **1.40**
국내금(06.09)	81,789.03	▲ 180.41

단위 : 국제:달러/트로이온스 국내:원/g

원자재 (더보기)

구리(06.09)	**8,368.00**	▲ **125.00**
납(06.09)	2,060.00	▲ 30.50
천연가스(06.09)	2.25	▼ 0.10
옥수수(06.09)	604.25	▼ 6.00

단위 : 구리·납:달러/톤 천연가스: 달러/MMBtu 옥수수: 센트/부셸

네이버 증권의 초기화면에 원자재 가격과는 별도로 금시세만을 별도로 보여줍니다(자료 19). 그만큼 금이 중요하다는 의미일 겁니다.

'국제금'을 클릭하면 금가격 추이도 볼 수 있습니다(자료 20).

자료 20_ 국제금시세 5년간 추이

금시세 화면에서 기간별 금값 추이를 확인할 수 있고, 금과 관련한 뉴스도 체크할 수 있습니다. 금은 장신구로도 사용하며, 산업재로도 사용하고, 중앙은행도 금을 보유하는 만큼 다양한 주체의 관심사가 됩니다. 특히 금은 안전자산으로 위기에 강하다는 장점 때문에 분산투자로서 포트폴리오에 편입하기도 합니다.

그럼 실제 주가와 금값의 흐름(자료 21)을 비교해보고 싶어집니다.

자료 21 _ S&P500지수 5년간 추이

코로나19 팬데믹으로 S&P500지수는 급락하게 됩니다. 그렇지만 금값은 상대적으로 하락이 적었고, 바로 상승으로 전환되었습니다. 이후 각 나라의 적극적인 재정 및 금융정책으로 코로나19 팬데믹을 극복하고 주가는 다시 점진적으로 상승합니다. 그런데 금가격은 주가가 점진적으로 상승하는 것과는 반대로 정점을 찍고 슬금슬금 빠집니다. 안전자산으로서의 금의 역할을 보여주는 것이고, 투자자에게 분산투자의 의미로 특히 의미가 있습니다.

자료 22_구리가격 5년간 추이

이번에는 네이버 증권 초기화면에서 '원자재'를 찾아 그중에서 '구리'를 클릭해서 5년간의 구리가격 추이(자료 22)를 살펴보도록 하겠습니다. 구리가격의 움직임은 금과는 다르게 S&P500지수의 움직임과 유사하다는 것을 알 수 있습니다.

일반적으로 구리는 기초소재로 경기에 민감합니다. 그래서 경기가 회복되면 구리가격이 오르리라는 것을 쉽게 짐작할 수 있습니다. 구리가격과 주가지수에 깊은 상관관계가 있고, 반대로 금은 안전자산으로 가격의 움직임이 주가와는 다른 측면을 보여줍니다. 이를 좀 전문적인 용어로 '상관관계'라고 표현합니다. 즉 주가와 구리가격은 상관관계가 높고, 주가와 금가격은 상대적으로 상관관계가 낮은 것입니다.

추가적으로 2차전지로 각광받는 리튬염 등과 같은 보통 희토류라고 하는 희귀금속 등 수많은 원자재가 있고 밀, 콩, 커피와 같은 농산물도 관심 있게 공부하시면 재미도 있고 훌륭한 투자대안이 될 수 있습니다.

| 위험을 줄여주는 포트폴리오 투자 |

여기서 주식투자자가 꼭 새겨야 할 중요한 원칙을 잠깐 말씀드리고자 합니다. 그것은 바로 '포트폴리오 투자'입니다. 포트폴리오는 원래 가방에서 유래했다고 합니다. 가방에 서류를 나눠 담도록 분리된 것에서 여러 종목으로 분산해 투자하는 것을 의미하게 됩니다. 즉 포트폴리오를 구성한다는 것은 한 종목에 집중투자하는 것이 아니라 여러 종목을 함께 투자하는 것을 의미합니다.

'관리만 힘들어지는 것이 아닌가' 하는 생각을 할 수도 있고, 대박의 꿈을 이루기 위해 한 종목에 때려 박는 경우를 자주 봅니다만, 투자는 본인의 생각대로 흘러가지 않는 경우가 다반사입니다. 마치 우리가 결혼이라는 인생에서 가장 위험한 선택을 앞두고 위험을 줄이기 위해 수많은 이성을 만나는 것처럼 투자도 여러 종목을 나누어 투자하는 것이 위험을 줄이는 가장 쉽고 좋은 방법입니다.

포트폴리오를 구성하면 포트폴리오의 수익은 개별 투자대상의 수익률을 투자비중으로 가중평균한 값이 됩니다. 그런데 포트폴리오의 위험은 개별 투자안의 위험을 투자비중으로 가중평균한 것보다 작거나 같아집니다.

혹시라도 내용이 어려워 무슨 말인지 잘 이해가 안 되시더라도 노벨경제학상을 받으신 경제학자분들이 검증을 해주신 것이니 걱정 마시고 결론만큼은 반드시 기억해야 합니다.

위험이 줄어든다는 것이 바로 포트폴리오 투자의 가장 큰 장점입니다. 예를 들어 삼성전자와 LG전자는 같은 업종의 전자회사이기에 주가의 움직임이 유사성을 가지는 경우가 많지만 당연히 같지는 않습니다. 즉 삼성전자가 오를 때 LG전자도 같이 오를 수 있지만 오르는 폭은 조금씩 다르게 나타나는 경우가 대부분입니다. 그래서 투자안이 모두 똑같이 움직이지만 않는다면 위험(=변동성)은 줄어듭니다.

저는 개인적으로 주식투자 시 10개의 종목으로 분산투자를 합니다. 보수적인 투자자라면 주식에 투자하면서 금가격과 연관된 ETF나 펀드를 함께 투자하면 좋습니다. 좀 더 확장해 달러베이스 자산도 믹스하면 더욱 좋습니다. 당연히 전체 투자성과의 변동성이 줄어들게 됩니다.

분산투자의 유일한 단점은 대박의 가능성도 줄어든다는 점입니다. 그래도 주식투자로 꾸준히 돈을 버는 분의 대부분은 분산투자를 실천한다는 점을 꼭 명심하시면 좋겠습니다.

다시 금 이야기로 돌아와, 글로벌 금융위기에 금값은 잠깐 하락하다가 오히려 더 상승했습니다. 워낙 장기적으로 상승했기에 수년간 횡보하다가 코로나19 같은 글로벌 경제위기가 닥치자 다시 상승하는 모습을 보여줍니다. 금값을 예측해 투자하기는 매우 어렵습니다. 그러나 투자의 키포인트는 포트폴리오 대안으로서 금은 위력적이라는 것입니다.

전통적인 투자대안인 주식이나 채권과는 가격흐름이 다르기 때문에 금은 매력적입니다. 금을 실물자산으로 투자하는 것은 어렵지만, 이제는 주식처럼 상장된 ETF와 같은 금융상품이 많이 있기 때문에 굳이 어렵게 실물에 투자할 필요 없이 주식처럼 금값에 연동하는 ETF에 투자하면 간편합니다.

특히 자산이 많은 분들은 투자 주머니에 금이라는 자산도 꼭 편입시킬 필요가 있습니다. 필자도 자산이 많은 고객을 만날 때는 달러자산과 금을 포함해 투자제안을 드립니다. 미래의 예비 자산가인 초보 주식투자자도 미리미리 금에 투자하는 습관을 가져보시길 권합니다.

기술적 분석을 차트분석이라고도 합니다. 기술적 분석을 전문적으로 하는 이들은 “차트가 한 폭의 그림과도 같다”라고 합니다. 수많은 투자자의 탄성과 애환이 녹아있는 푸른색과 붉은색의 조합은 아름답기조차 합니다. 우리는 그 속에서 매매의 타이밍을 찾는 방법을 배우고자 합니다. 주식투자의 꽃은 결국 싸게 사서 비싸게 파는 것이므로 투자자의 관심이 가장 많은 부분이기도 합니다.

5장
네이버 증권으로
손쉽게 하는
기술적 분석

▸ 5장 ◂

저자직강 동영상 강의로 이해 쑥쑥!

5장의 핵심 내용을 이해하기 쉽게 풀어낸 저자의 동영상 강의입니다

기술적 분석 개요

백화점 문화센터에서 주식강좌를 진행하다보면 수강생들이 가장 많이 궁금해 하는 것은 다름 아닌 '언제 매매하면 좋겠는가'에 관한 것이었습니다. 기업의 본질가치에 주목하는 기본적 분석과는 달리 기술적 분석은 매매 타이밍을 잡는 데 유용하며, 네이버 증권은 나름 차트를 다양하게 사용할 수 있게 아주 잘 만들어져 있습니다.

| 기술적 분석 |

본질적인 주식의 가치라는 것이 이론적으로는 존재하겠지만, 하루에도 시시각각 시장상황은 변합니다. 그런 변화에 맞춰 바뀌는 본질가치를 찾는다는 것은 불가능합니다. 또한 투자자마다 같은 상황도 제각기 다르게 분석하니, 매매는 제각각으로 나타납니다. 투자자는 시장상황을 그야말로 이성적으로, 즉 객관적으로만 판단하는 것이 아니라 심리적인 영향도 받게 됩니다.

그래서 기술적 분석은 본질가치보다는 매수와 매도 그 자체에 집중합니다. 주가가 오른다는 것은 주가가 오르리라고 믿는 투자자의 매수가 늘어나서이고, 주가가 하락한다는 것은 주가가 하락하리라고 판단하는 투자자의 매도가 늘어났기 때문입니다. 즉 주가는 주식의 수요와 공급에 의해 결정되므로 주가와 거래량의 움직임 등을 도표화하고 과거의 패턴이나 추세를 발견해 주가

변동을 예측하는 것입니다. 즉 상승과 하락의 이유에 집중하는 것이 아니라 그 결과물인 가격과 거래량 같은 객관화된 데이터를 도표화해 추세와 패턴을 찾아 매매하는 것입니다.

또한 기술적 분석을 통한 추세와 패턴을 이용해 매매의 타이밍을 잡는 수많은 투자자가 있기 때문에 기술적 분석을 이해하면 기술적 분석을 추종하는 투자자의 매매흐름을 이용해 매매할 수 있습니다.

| 기술적 분석의 3가지 논리 |

기술적 분석의 논리는 다음과 같이 3가지로 들 수 있습니다.

① 기업의 본질가치를 정확히 예측한다는 것이 불가능합니다.
② 주가는 결국 수요와 공급으로 시장에서 결정되는 것입니다.
③ 기업의 주가 자체의 움직임에 주목해 주가의 향방을 예측하는 것이 합리적입니다.

| 기술적 분석의 주의점 |

다만 모든 방법에 완벽이라는 것이 없듯이 기술적 분석이라는 것도 결코 만능은 아닙니다. 심지어는 차트를 보고 투자하는 사람을 유인하기 위해 세력들은 차트모양을 일부러 만들어내기도 합니다.

주식투자는 치열한 전쟁이며, 그 누구도 지속적으로 돈을 벌어가도록 내버

려 두지 않습니다. 시장은 수시로 바뀌고 변하는 만큼 완벽한 방법은 없다는 것을 인정하고, 기술적 분석도 연구하고 공부하면서 자신의 노하우를 개발해 가야 합니다.

| 기본적 분석 + 기술적 분석 |

주식투자의 정석적인 방법은 무엇일까요? 기본적 분석을 통한 기업가치 분석을 통해 저평가 주식을 찾아 종목을 개발하고, 기술적 분석을 통해 매매 타이밍을 잡아가는 것이 현실적이면서 유용한 결론입니다.

| 기술적 분석의 4가지 가정 |

기술적 분석을 위해서는 다음과 같은 4가지 가정을 전제로 합니다.

① 증권의 시장가치는 수요와 공급에 의해서 결정됩니다.
② 시장의 사소한 변동을 무시한다면, 주가는 추세를 따라 움직이는 경향이 있습니다.
③ 추세의 변화는 수요와 공급의 변화에 의해 발생합니다.
④ 수요와 공급의 변동은 그 발생 이유에 관계없이 시장의 움직임을 나타내는 도표에 의해 추적될 수 있으며, 도표에 나타나는 주가모형은 반복하는 경향이 있습니다.

주가는 항상 오르거나 항상 떨어지는 것이 아니라 파동을 일으키면서 움직이므로 어떤 형태의 패턴이 반복되어 나타나는 경향이 있습니다. 이러한 것들은 투자자의 심리와도 밀접한 관계가 있습니다. 이런 패턴을 분석하면 미래 주가변동을 맞출 확률이 높아집니다.

개인적으로는 차트를 볼 때 차트의 기울기를 중시합니다. 매매세력과 매도세력의 힘의 균형이 어디에 있는지는 결국 차트의 기울기로 나타나게 되기 때문입니다. 그 기울기를 미리 파악해 선제적으로 매매에 대응하고자 하는 수많은 전문가의 노력으로 다양한 지표들이 개발되었습니다.

| 네이버 증권의 기술적 분석 |

네이버 증권의 기술적 분석은 개별종목화면의 메뉴바 중 '차트'에서 찾을 수 있습니다(자료 1).

자료 1_ 네이버 증권의 '차트'

삼성전자 005930 코스피 2021.08.13 기준(장마감) 실시간 기업개요
74,400
전일대비 ▼2,600 -3.38%
전일 77,000 | 고가 76,000 (상한가 100,000) | 거래량 60,795,942
시가 75,800 | 저가 74,100 (하한가 53,900) | 거래대금 4,539,900 백만
종합정보 | 시세 | 차트 | 투자자별 매매동향 | 뉴스·공시 | 종목분석 | 종목토론실 | 전자공시 | 공매도현황
종목 또는 지수비교
공시 보조지표 도구 인쇄
일 주 월

자료 2_ 네이버 증권의 보조지표

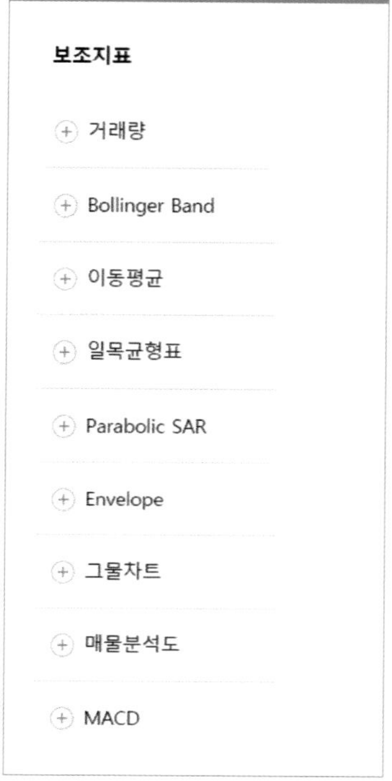

보조지표

- 거래량
- Bollinger Band
- 이동평균
- 일목균형표
- Parabolic SAR
- Envelope
- 그물차트
- 매물분석도
- MACD

그리고 구체적인 '보조지표'는 차트화면에서 보조지표를 클릭하면 다양한 기술적 분석 지표들을 만날 수 있습니다.

'보조지표'를 클릭하면 보조지표를 선택할 수 있는 창(자료 2)이 열립니다. 이 책에서는 보조지표 중 일부만 보여드릴 만큼 생각보다 많은 다양한 지표를 만날 수 있습니다. 다만 보조지표를 바로 설명드리면 이해가 힘든 분들도 있기 때문에 기술적 분석에 대한 기초적인 개념들을 조금 더 살펴본 후에 각 보조지표에 대해 알아보도록 하겠습니다.

이동평균선

이동평균선은 모든 기술적 지표에서 기본적으로 사용됩니다. 주가의 움직임을 정해진 기간 동안 평균화해 주가의 불규칙한 움직임 속에서 일정한 흐름이나 추세를 읽고자 하는 방법입니다. 단기에서 장기까지 다양한 이동평균선이 있으며 네이버 증권에서도 기본으로 표시되므로 그 의미와 활용을 반드시 숙지해야 합니다.

| 주가이동평균의 개념 |

주가이동평균은 평균주가를 산출해 선으로 표시한 것입니다. 어떤 일정기간 동안에 이루어진 주가의 연속적인 변동과정에서 짧은 기간 시장의 일시적인 영향 혹은 조작이 가능한 비정상적인 변동의 영향을 줄여서 파악하는 방법입니다. 즉 전체주가의 흐름을 평준화한 상태로 유도해 주가의 흐름을 객관적으로 관찰할 수 있도록 도표상에 선으로 옮겨놓은 것입니다.

평준화, 즉 평균을 내면 전반적인 흐름을 파악하는 데 유리합니다. 예를 들어 국어성적이 90점인 A, B학생이 있습니다. A학생은 88점 후 이번에 90점을 맞은 학생이고, B학생은 92점 후 이번에 90점을 맞았습니다. 이동평균이 상향되는 A학생에게 다음 성적에 대한 기대가 높은 것이 합리적입니다.

| 이동평균값 도출 방법 |

'평균'이라는 말에서도 잘 알 수 있듯이 정해진 기간 동안의 주가에 대해서 평균을 냅니다.

단순이동평균 도출 사례

영업일	1	2	3	4	5	6
주가	100	110	120	130	140	150
5일 이동평균					120	130

- 5영업일째의 5일 단순이동평균 = (100 + 110 + 120 + 130 + 140) / 5 = 120
- 6영업일째의 5일 단순이동평균 = (110 + 120 + 130 + 140 + 150) / 5 = 130

5일 이동평균값을 위와 같이 어렵지 않게 구할 수 있습니다. 다른 기간도 마찬가지의 방법을 적용합니다.

| 주가평균가격의 의미 |

1) 해당 기간의 평균주가는 해당 기간 투자자의 평균 보유가격

위 표의 예를 들어 5일 이동평균가격이 120원이라면 당일 종가인 140원에 비해 20원이 높으므로, 투자자마다 다르겠지만 평균적으로 매수자는 이익을 보고 있다는 것을 알 수 있습니다. 대부분의 투자자가 이익을 보는 구간이기에 급하게 매도하려는 매물은 많지 않습니다. 다만 평균가격과 해당일 종가의 차가 클수록, 예를 들어 너무 급등하는 경우에는 둘의 차를 좁히려는 압력을 받을 수 있습니다. 즉 주가가 많이 오르면 차익실현을 위한 매물압력이 높아질 수 있습니다.

2) 이동평균값의 후행성

이동평균값을 구하는 식에서도 알 수 있지만 과거의 값을 가지고 도출하기 때문에 평균가는 태생적으로 후행성을 가지게 됩니다. 과거의 주가를 가지고 미래의 주가 이동 방향을 분석하므로 미래의 새로운 주가방향을 분석하는 데 제약이 있을 수 있다는 것입니다. 주가는 하루에도 예측이 어려울 정도로 요동을 치는 경우가 많으니 당연합니다. 다만 추세의 신뢰성은 장기로 갈수록 높아집니다. 장기 평균은 곧 오랜 기간 투자한 투자자의 주가에 대한 합의이기도 하기 때문에 장기일수록 추세가 쉽게 바뀌지 않는 것도 여러 사례로 확인할 수 있습니다.

| 이동평균 기간 |

이동평균의 값은 2가지 요소로 결정되는데 가격과 시간, 즉 평균가격과 평균을 내는 시간으로 결정됩니다. 기간은 5일, 20일, 60일, 120일 등으로 구분되며, 투자자에 따라 기준기간은 변경해 적용할 수 있습니다. 예를 들어 가격변동성이 매우 큰 선물·옵션과 같은 파생상품이나 당일 주식현물 잔고를 가져가지 않고 매도를 하는 단기투자자는 초나 분, 시간을 사용하는 경우도 많습니다. 기간에 따라 120일 이동평균선은 장기추세를, 20일·60일 이동평균선은 중기추세를, 5일 이동평균선은 단기추세를 나타냅니다.

| 이동평균선의 종류 및 특징 |

이동평균선을 단기로 설정해서 구하게 되면, 시장가격의 움직임에 민감해져 추세의 변화를 빨리 파악할 수 있는 장점은 있으나 그 정확도는 낮아지게 됩니다.

이와는 반대로 이동평균선을 장기로 설정해 구하게 되면, 시장가격의 움직임에 둔감해져서 추세의 전환을 파악하는 시기는 늦어지나 예측의 정확도는 상대적으로 높아지게 됩니다.

| 5일 이동평균선 : 단기매매선 |

5일은 영업일(월요일부터 금요일) 기준으로 1주간의 매매 평균가격을 구할 수 있습니다. 5일 이동평균선은 단기매매선이라고 부르며, 단기 추세 파악에 가장 적합합니다. 현재의 주가수준에 가장 밀접하게 움직이므로 5일 이동평균선의 기울기로 단기 흐름을 파악하기에 좋습니다.

아울러 이동평균선과 현재 주가의 비교, 다른 장기 이동평균선과의 관계로 추세를 분석하게 됩니다. 예를 들어 주가가 강세인 경우 5일 이동평균선은 20일 이동평균선을 하향돌파하지 않고 20일 이동평균선 위에서 움직입니다. 반대로 주가가 약세인 경우에는 5일 이동평균선은 20일 이동평균선을 상향돌파하지 못하고 20일 이동평균선 아래에서 움직이게 됩니다.

이동평균선은 네이버 증권 개별종목의 초기화면 상단에서도 바로 확인할 수 있습니다. '일봉'을 클릭하면 이동평균선의 색깔에 따라 어떤 이동평균선인지 확인할 수 있습니다(자료 3). 일봉에서 보여지는 초기화면에서는 대략

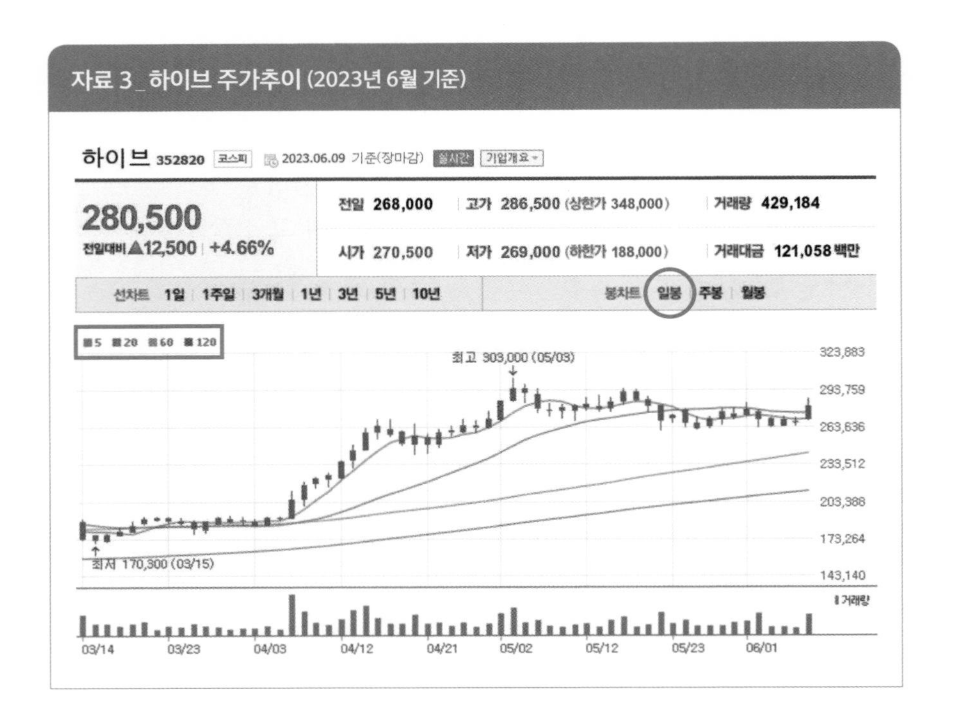

자료 3_하이브 주가추이 (2023년 6월 기준)

3개월 정도의 주가추이를 확인할 수 있습니다. 붉은색의 20일 이동평균선 위에서 녹색의 5일 이동평균선이 상하로 움직이고 있어 해당 기간 동안 전반적으로 주가가 강세임을 알 수 있습니다.

| 20일 이동평균선 : 심리선 = 생명선 |

1개월 중 주식장이 열리는 날이 대략 20일 정도이므로 20일 이동평균선으로 1개월간의 매매 평균가격을 구할 수 있습니다. 20일 이동평균선은 중기 매매선이라 부르고, 심리선 또는 생명선이라고도 부릅니다. 그만큼 중요한 의미를 가지고 있습니다.

자료 4_ HD한국조선해양 주가추이 (2023년 6월 기준)

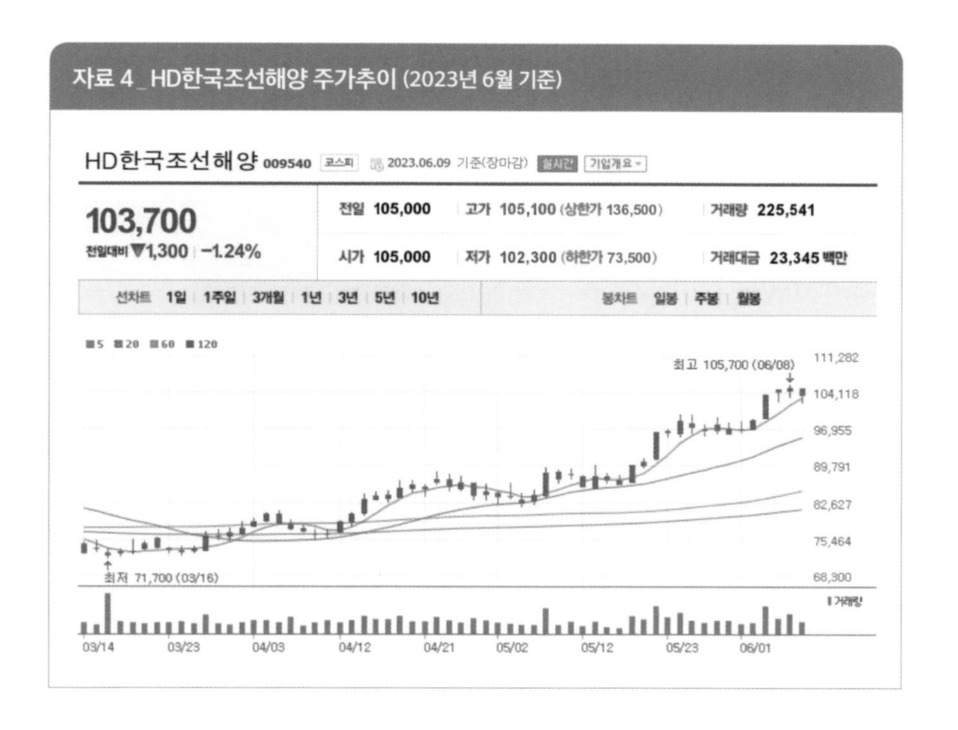

20일 이동평균선의 기울기를 현재 주가흐름의 방향을 나타내는 추세로 봅니다. 즉 20일 이동평균선의 기울기가 상승방향이면 상승 추세로 보고, 20일 이동평균선의 기울기가 하락방향이라면 상승을 위한 힘이 약하다고 판단해 매수를 조심해야 합니다.

위 차트(자료 4)의 기간 동안 HD한국조선해양의 20일 이동평균선 기울기가 조금씩 상향으로 방향을 잡아가면서 상승흐름을 타고 있음을 알 수 있습니다. 상승흐름을 잡을 때 일반적으로 5일 이동평균선은 20일 이동평균선 밑으로 내려가지 않고 위에서 롤링을 하면서 움직입니다. 매도 시기로 보는 신호의 하나로 데드크로스라고 하는데, 5일 이동평균선이 20일 이동평균선을 하향이탈할 때입니다.

| 60일 이동평균선 : 수급선 |

3개월간의 평균 매매가격으로, 중기적 추세선이며 수급선이라고 부릅니다. 60일 이동평균선의 방향은 주식의 수급영향이 가장 크므로 수급선이라고 불리는 것입니다.

자료 5 _ 한화솔루션 주가추이 (2023년 6월 기준)

위 차트(자료 5)에서 보면 60일 이동평균선이 하락으로 전환되면서 그 이후 전반적으로 주가는 하락 추세를 벗어나지 못하고 있습니다. 60일 이동평균선은 3개월 정도의 시세의 연속성을 나타내기 때문에 20일 이동평균선보다는 좀 더 장기적인 추세를 보여줍니다. 그러므로 보수적인 투자자일수록 단기

이동평균선보다는 장기 이동평균선을 활용한 매매를 하는 것이 맞는다고 할 수 있습니다.

| 120일 이동평균선 : 경기선 |

6개월간의 평균 매매가격은 장기적 추세선의 대표이며, 흔히 경기선이라고 부릅니다. 거시경제학에서 일반적으로 주가는 경기에 6개월 정도 선행한다고 하는데, 이런 경기의 흐름을 반영하는 것이 바로 120일 이동평균선입니다. 120일 이동평균선을 통해 산업의 경기흐름이 중장기적으로 오르는 방향

자료 6_금양 주가추이 (2023년 6월 기준)

인지 혹은 하락세인지를 판단할 수 있습니다. 장기적인 관점에서 투자하는 노후자금, 연금과 같은 자금을 운영할 때 좀 더 의미가 있는 이동평균선입니다.

금양이 돈을 제대로 벌고 있다는 것은 이 차트(자료 6)의 120일 이동평균선의 기울기만 봐도 알 수 있습니다. 단기가 아닌 장기적인 관점에서 들고 갈 필요가 있는 종목입니다. 다만 장기투자라도 20일 이동평균선이 하락 반전하면 추세의 하락 반전을 고려해 보유물량을 줄여가는 것도 좋은 방법입니다. 성장성이 좋은 종목들은 잔파도에 흔들리지 않더라도 120일 이동평균선이 꺾이면 일단 매도한 후에 다시 120일선이 우상향 반등하면 재매수하는 것이 좋습니다.

캔들차트의 기초

기술적 분석을 차트분석이라고 하고, 차트는 캔들에서 시작합니다. 사각형 모양이 양초처럼 생겼다고 해서 캔들차트라고 하는데, 그 조그만 사각형에 시세의 다양한 정보가 담겨있습니다. 캔들차트야말로 차트분석을 위한 기본 중의 기본입니다. 하나의 캔들은 시가, 고가, 저가, 종가를 나타내며 이를 통해 그날의 매도세와 매수세의 움직임을 파악할 수 있습니다.

| 캔들 |

주가는 하루에도 오르며 내리며 요동을 치는데, 가격이 변하는 것은 결국은 사려는 사람과 팔려는 사람의 힘에 따른 무수한 거래의 결과물입니다. 그래서 그 거래의 흔적이 담긴 작은 캔들 하나에도 다양한 가격정보가 함축되어 있는 것입니다.

주가의 가장 중요한 정보인 장시작 가격(시가), 장마감 가격(종가), 당일 최고가(고가), 당일 최저가(저가)를 한눈에 볼 수 있도록 사각형의 몸통과 꼬리로 담아낸 것이 캔들입니다. 캔들차트는 일본에서 쌀의 가격변동을 예측하기 위해 쌀 가격을 표시하던 분석도구로 활용한 것이 그 유래라고 합니다. 미국의 바차트에는 시가(시초가)가 없는 경우도 있으나, 네이버 증권에서는 대부분의 투자자가 사용하는 시초가를 포함하는 캔들을 사용합니다.

1)캔들의 가격

하나의 캔들은 시가, 고가, 저가, 종가를 나타내며 이를 통해 그날의 매도세와 매수세의 움직임을 파악할 수 있습니다.

❶ **시가** : 장이 시작한 가격

❷ **종가** : 장이 끝난 가격

❸ **고가** : 장 거래 중 가장 높은 가격

❹ **저가** : 장 거래 중 가장 낮은 가격

2) 캔들의 몸통과 꼬리

❶ **몸통 : 시가와 종가로 구성**

- 양봉 : 시가보다 종가가 올라가는 경우 양봉이라 하고, 붉은색으로 표시함
- 음봉 : 시가보다 종가가 내려가는 경우 음봉이라 하고, 청색으로 표시함

❷ **꼬리 : 장 거래 중 시가나 종가를 벗어나는 가격을 표시**

- 윗꼬리 : 양봉이라면 종가보다 높았던 가격
  음봉이라면 시가보다 높았던 가격
- 아랫꼬리 : 양봉이라면 시가보다 낮았던 가격
  음봉이라면 종가보다 낮았던 가격

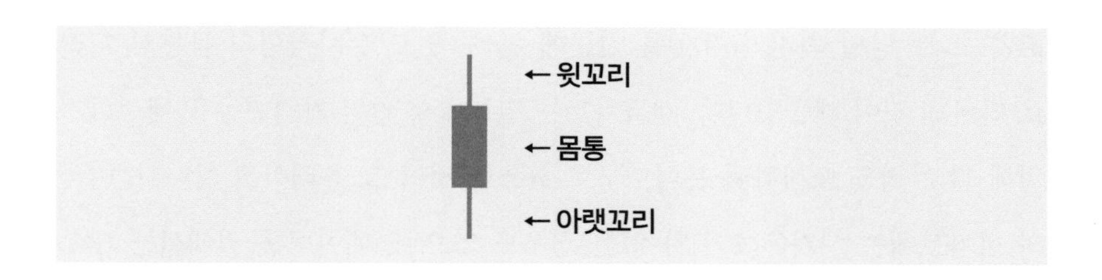

시가와 종가를 비교해 양봉(종가 > 시가)과 음봉(시가 > 종가)의 몸통을 만듭니다. 양봉은 적색 또는 흰색으로 나타내고, 음봉은 청색 또는 검은색으로 나타냅니다.

몸통 위의 고가에서부터 몸통까지 이은 선은 윗꼬리라고 합니다. 몸통 아래의 저가에서부터 몸통까지 이은 선은 아랫꼬리라고 합니다.

일정 기간 주가의 움직임을 양봉일 경우와 음봉일 경우 종합하면 다음과 같이 보여집니다.

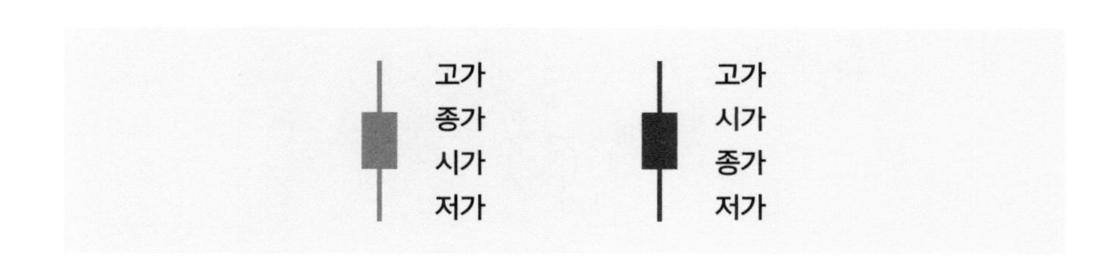

3) 캔들의 기간

캔들이 하루 동안이라면 일봉이라고 하고, 1주일간이라면 주봉, 1개월이라면 월봉, 1년이라면 연봉이라고 합니다. 일반적으로 일봉을 가장 많이 사용합니다. 단기적인 흐름이 아닌 중장기적인 흐름을 보고 싶다면 주봉과 월봉을 사용합니다.

네이버 증권의 차트 상단 메뉴에서 일봉과 주봉, 월봉을 자유롭게 선택할 수 있습니다.

한국의 빵가격은 세계적으로 알아주는 높은 수준인데, 그 중심에 서 있는 기업인 SPC삼립의 일봉을 살펴보도록 하겠습니다.

네이버 증권 차트화면에서는 기본적으로 이동평균선과 거래량이 함께 보여집니다. 물론 추가로 다른 보조지표를 선택할 수도 있고, 혹은 삭제할수도

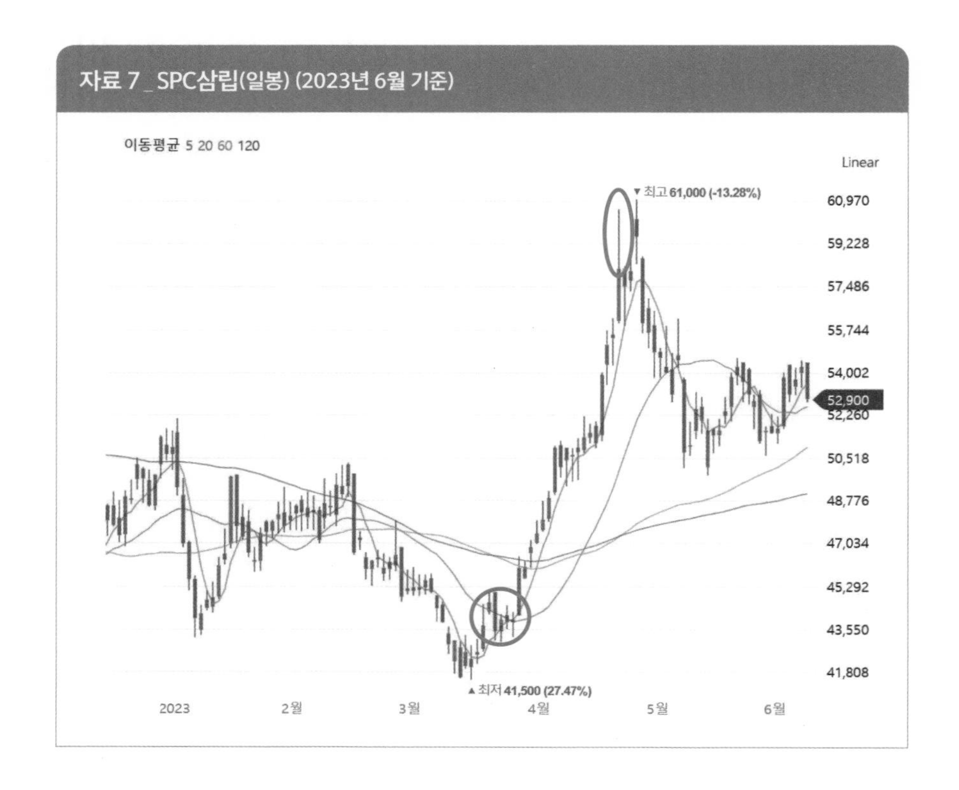

자료 7 _ SPC삼립(일봉) (2023년 6월 기준)

있습니다.

월 일봉차트(자료 7)를 보면 5일 이동평균선이 20일 이동평균선을 강하게 돌파하면서 주가가 상승합니다. 5일 이동평균선이 장기 이동평균선을 급격히 돌파하는 전형적인 상승형 차트를 보여줍니다.

그리고 윗꼬리를 단 음봉을 고점으로 찍은 후에 서서히 하락합니다. 하락할 때는 상승과는 반대로 5일 이동평균선이 장기 이동평균선을 위에서 아래로 하향돌파하게 됩니다.

차트를 분석할 때는 이렇게 일봉으로 분석하는 경우가 많습니다. 하지만 실제 투자하는 경우라면 주봉과 월봉도 함께 살펴야 한다는 것을 꼭 당부드리고 싶습니다.

자료 8 _ 한국항공우주(주봉) (2023년 6월 기준)

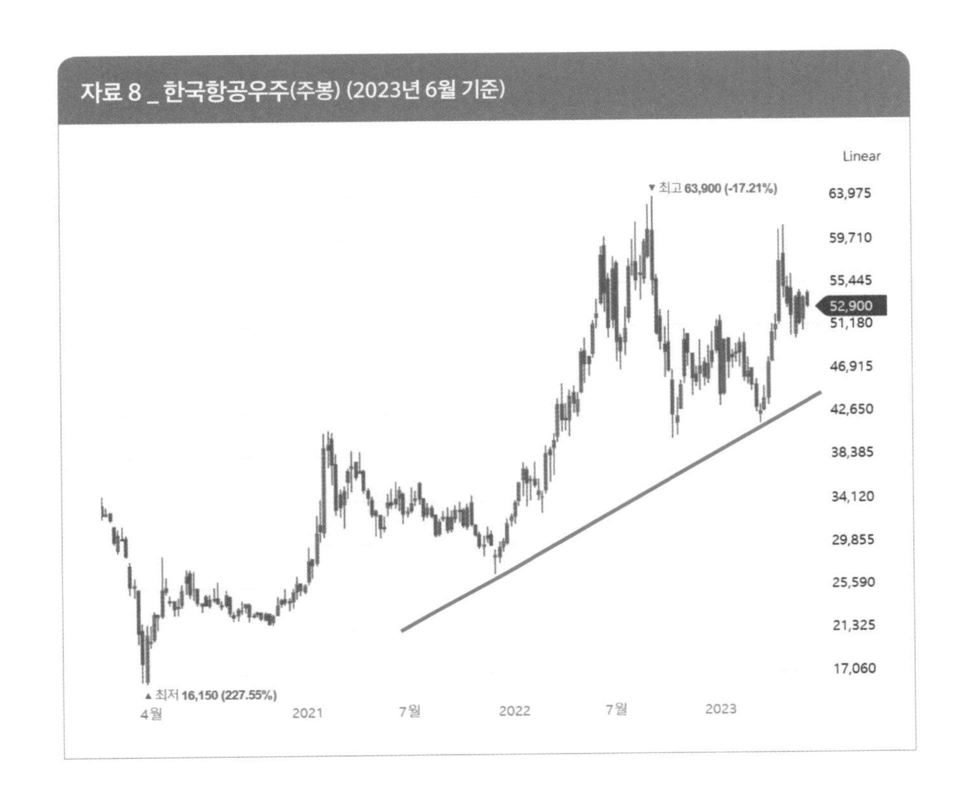

위 주봉차트(자료 8)로 보면 대략 3년 정도의 기간을 두고 해당 종목의 주가가 어떤 여행을 해오고 있는지 알 수 있습니다. 한국항공우주의 주가는 3년여 기간 동안 점점 고점을 높여가는 모습을 보여줍니다.

항공우주산업은 미래 성장가능성이 높은 산업입니다. 일봉의 흐름만으로 본다면 추세가 꺾이는 것이 아닌가 걱정을 할 수 있습니다. 하지만 좀 더 장기적인 시각으로 보면, 예를 들어 주봉이나 월봉으로 보게 되면 긴 호흡에서 또 다른 기회를 발견할 수도 있습니다. 그러므로 성장산업에서 주도적인 역할을 하는 회사라면 당장의 주가흐름에만 집중하기보다는 주봉과 월봉도 함께 보면서 생각해보면 좋겠습니다.

미래의 주가는 어떻게 움직일지 아무도 모릅니다. 그래서 더욱 최근 주가흐름만을 살피기보다는 장기적으로 해당 기업의 주가가 어떻게 움직여왔는지를 체크하면 좋습니다. 물론 단기로 매매하실 생각이라면 일봉으로도 충분할 수 있습니다. 심지어 초단타매매를 하시는 분은 분봉만으로 매매의사결정을 하기도 합니다. 그런 단기투자자가 아니시라면 장기적인 주가흐름도 함께 고려하면서 투자하는 것이 합리적입니다. 주가가 걸어온 족적 자체가 투자자들에게 여러 정보를 주기 때문입니다.

과거의 고점이 저항의 역할을 하고, 과거의 저점이 지지의 역할을 합니다. 또한 이러한 저항과 지지가 돌파당하거나 무너질 때 또 다른 주가의 여정이 생깁니다. 우리의 삶이 행복을 향한 굴곡을 가진 먼 여정이듯 주가도 멈출 듯 멈추지 않고 내일의 새로운 캔들을 만들어갑니다.

캔들차트의 해석

사람마다 눈물 없이 들을 수 없는 사연들이 있듯이 주가의 여정도 작은 양초모양의 캔들에 몸통과 색과 꼬리로 다양하게 나타납니다. 치열한 매매의 결과물인 차트를 가지고서 우리는 마치 숨은그림찾기를 하듯 캔들이 주는 매매신호를 찾아보도록 하겠습니다. 장대양봉, 장대음봉, 아랫꼬리, 윗꼬리, 십자형 등의 캔들만 잘 알아둬도 매매에 큰 도움이 됩니다.

| 모양별 캔들차트의 의미 |

1) 양봉 vs 음봉

양봉은 시가보다 종가가 높은 경우로, 해당 기간에 전반적으로 매수세력이 매도세력에 비해 강했다는 의미입니다. 양봉 몸통의 크기가 길게 나타날수록 그 매수세가 강했다는 것을 나타냅니다.

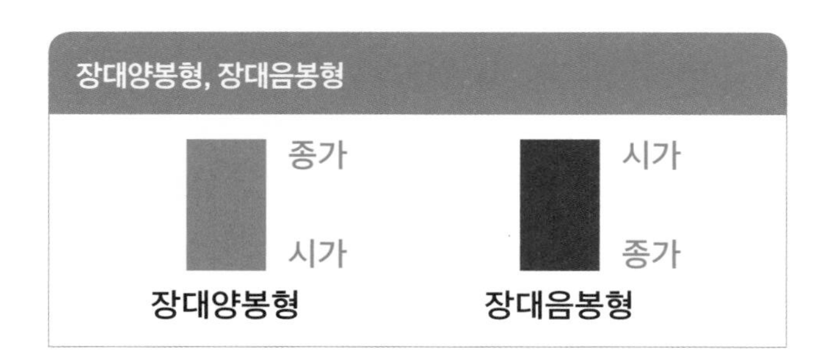

몸통이 클 때 이를 장대라 하고, 장대양봉은 장중 시가와 종가의 등락폭이 아주 크며 강하게 상승하면서 장마감이 되는 경우입니다. 또한 상승장에서 나타난 장대양봉은 강한 매수세로 해석되어 '상승이 조금 더 지속된다'는 의미로 받아들일 수 있습니다.

음봉은 시가보다 종가가 낮은 경우입니다. 장대음봉은 장중 등락폭이 아주 크며, 시가에 비해 크게 하락하면서 마감해 몸통이 이전 날들의 봉의 크기보다 매우 길게 나타납니다. 하락장세에서 나타난 장대음봉은 하락지속으로 작용합니다. 특히 급상승 후 장대음봉이 나타나면 이익실현 매물의 본격화로 해석되어 하락을 예고하는 경우가 많습니다.

2) 아랫꼬리 vs 윗꼬리

아랫꼬리는 해당 기간 중 저가에서 매수세가 유입되어 하락 후 상승하면서 마감했다는 의미입니다. 꼬리가 길수록 상승으로의 신뢰도는 높아집니다.

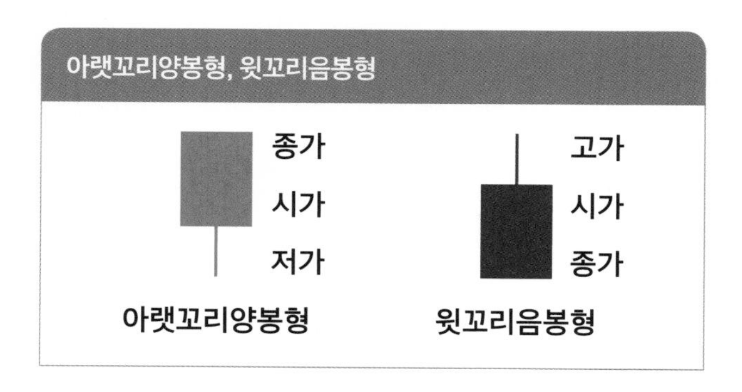

윗꼬리는 아랫꼬리와는 반대로 해당 기간 중 고가에서 매도세가 물량을 내놓으면서 하락 마감했다는 의미입니다. 윗꼬리가 길수록 추가 하락의 우려로 작용합니다.

자료 9_삼성증권 주가추이

삼성증권 차트(자료 9)를 보면서 캔들의 의미를 살펴보겠습니다. 전반적으로 차트의 왼쪽은 상승구간을, 오른쪽은 하락구간을 보여줍니다. 왼쪽의 상승구간에서는 빨간색의 양봉이 많이 보이고, 오른쪽의 하락구간에서는 파란색의 음봉이 많이 보입니다.

일반적으로 양봉은 매수세로 사고자 하는 마음이 급하다는 것을 나타내고, 자연스럽게 상승으로 이어집니다. 반대로 음봉은 매도세로 처분하고자 하는 마음이 급하다는 것을 의미하고, 자연스럽게 하락으로 나타납니다.

위 차트(자료 9)의 고점에서는 긴 윗꼬리를 발견할 수 있습니다. 주가가 고점에 다다르면 윗꼬리가 달리는 경우가 많습니다. 즉 주가가 충분히 상승했다고 보고 이익을 실현하는 물량으로, 주가가 더 오르지 못하고 밀려나는 것입니다. 상승 추세에서의 긴 윗꼬리는 하락으로 전환될 수 있다는 신호, 즉 매도시점을 고려해야 한다는 신호입니다.

어린 시절 초코파이를 참 맛있게 먹었던 기억이 있는데, 성인이 되고서는 맥주에 오징어땅콩을 즐겨 먹게 되더군요. 오리온은 이렇게 맛나는 식품을 만들어준 좋은 기업입니다. 언제 주식을 사면 좋을지 오리온의 차트(자료 10)를 통해 살펴보겠습니다.

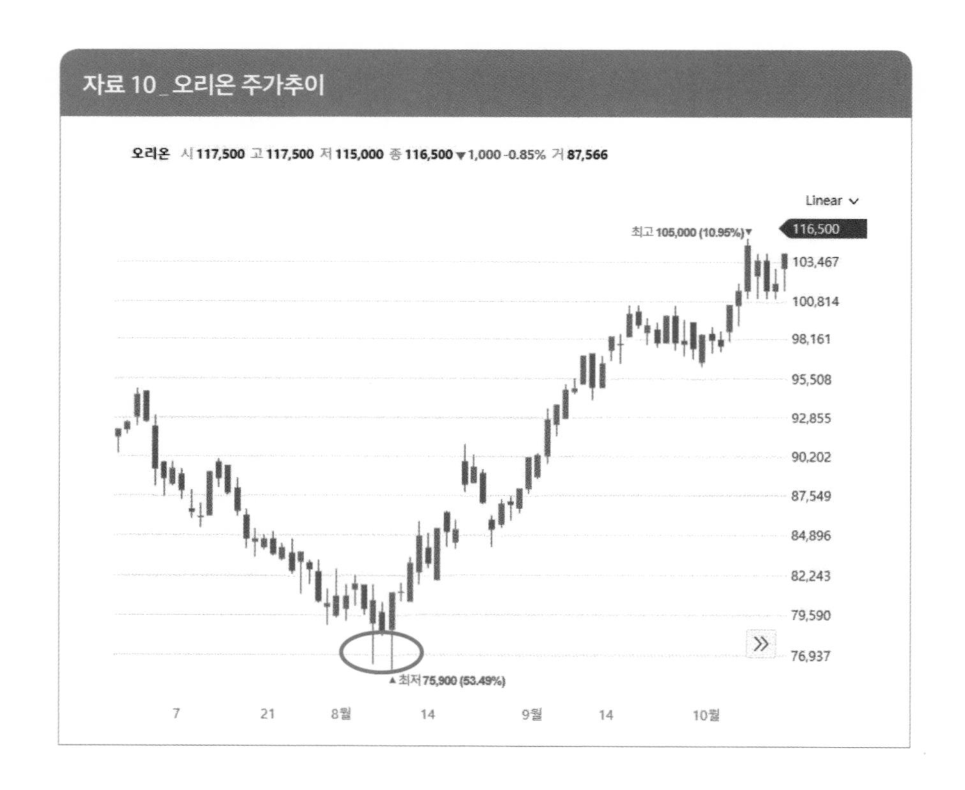

자료 10_오리온 주가추이

앞서 살펴본 차트(자료 9)와는 반대로 '하락 후 상승'의 모습인데, 여전히 상승구간에서는 양봉이 많이 보이고, 하락구간에서는 음봉이 많이 보입니다. 하락 후 상승 전환되는 구간에서 아랫꼬리가 길게 달리는 캔들이 보입니다.

아랫꼬리는 이제 주가가 충분히 하락해서 매수할 만한 가격이라고 생각하는 매수세력이 유입된 결과입니다.

결론적으로 상승의 끝자락에서의 윗꼬리는 이제 투자자들이 물량을 내놓으며 이익을 실현해간다는 약세로의 반전의미를 가집니다. 반면에 바닥권에서의 아랫꼬리는 매수세력이 저가 메리트를 기회로 매도물량을 받아가고 있어 조만간 상승할 수 있다는 의미로 해석할 수 있습니다. 물론 수학공식처럼 도식적으로 결과가 나오는 것은 아니니 실전에서는 시장상황과 해당 종목의 여러 상황을 종합적으로 판단해 매매에 임해야 합니다.

3) 십자형(도지형)

십자형(도지형)이란 시가와 종가가 같거나 차이가 적은 캔들로, 매수세력과 매도세력이 팽팽하게 맞서는 형국을 의미합니다. 어느 일방이 압도하지 못하는 상황이므로 특별한 이슈가 없이 매수·매도가 활발하지 않은 경우에 발생하기도 합니다. 그런데 주가의 급락이나 하락 추세 후 십자형태가 나오면 매도세력의 힘이 떨어지고 있다는 것을 의미하므로 상승반전을 기대해볼 수 있습니다. 반대로 주가의 급등이나 상승 추세 후에 십자형이 나오게 되면 더 이상 매수세가 힘으로 올리지 못하는 상황이어서 매수세의 힘이 부족해진다는 의미로 해석되기에 하락을 대비해둬야 합니다.

장족십자형 패턴은 몸통이 짧은 것에 비해 위아랫꼬리가 상대적으로 상당히 길며, 몸통의 위치는 일반적으로 장중 거래 범위 중간에 위치하는 형태를 가진 패턴입니다. 상승과 하락이 불확실한 경우, 즉 매수세와 매도세의 균형이 팽팽한 시장상황을 반영하는 패턴입니다. 급등 후라면 하락 전환이 가능하고, 급락 후라면 상승 전환이 가능할 수 있으므로 주의 깊게 살펴봐야 합니다.

비석십자형 패턴은 종가와 시가, 저가가 모두 일치하고 윗꼬리가 긴 형태를 가진 패턴으로, 시초가 이후 장중에 상승세를 보이다가 종가가 장중 저가인 시가와 일치하거나 또는 근접해서 마감할 경우 생기는 패턴입니다. 상승추세의 고점에서 이 패턴이 발생했을 경우 하락 전환 가능성이 높으며, 윗꼬리가 길수록 신뢰성이 높고, 횡보 국면이나 하락 추세 이후 발생했다면 상승반전 신호로 작용하기도 합니다. 특히 급락 중에 발생한 비석십자형에서 대량거래가 발생했다면 반등 가능성이 크다고 할 수 있습니다.

잠자리형 패턴은 시가와 종가 그리고 고가가 일치하는 경우에 형성되는 패턴입니다. 일반적으로 주가 전환 시점에서 발생하는 경우가 많습니다. 하락 추세의 막바지에 발생하면 상승반전형 패턴으로 작용하며, 상승중에 있을 경우에는 계속 상승 작용을 하게 됩니다. 특히 강력한 호재로 상한가로 급등한 중에 나타난 첫 잠자리형 캔들은 세력들의 물량 확보를 위한 흔들기 가능성이 있으나, 점상한가로 추가상승 후 나타나는 두 번째 잠자리형은 매도의 시작으로 해석하는 경우가 많으므로 상황에 맞게 대응해야 합니다.

점십자형 패턴은 시가, 고가, 저가, 종가의 가격이 모두 일치할 때 발생하는 십자형 패턴입니다. 유동성이 매우 적고 종가 이외에는 어떤 시세도 성립되지 않습니다. 상한가나 하한가로 거래가 형성된 경우나 거래가 일체 형성되지 않은 경우로, 향후 주가 방향 예측이 어려운 패턴입니다.

자료 11_무림P&P 주가추이

위 차트(자료 11)는 주가가 단기적으로 장대양봉을 만들며 상승한 후 고점에서 긴 위아랫꼬리를 가진 십자형태의 캔들을 만들고 하락 반전했다가 단기 바닥을 형성한 후 기술적인 반등을 보여줍니다. 십자형태는 주가변동이 크지 않은 상황에서 나타나면 횡보가 유지되는 경우가 많습니다.

거래량

"주가는 거래량의 그림자다"라는 주식 격언이 있을 정도로 거래량과 주가는 매우 밀접한 관계에 있습니다. 주가가 오르건 내리건 거래는 발생하며, 일반적으로 거래가 활발할 때 주가는 강세를 보이는 경우가 많습니다. 그 이유는 아마도 자본이 멈춰있는 것을 싫어하는 자본주의의 속성 때문에도 그러하리라고 봅니다.

| 네이버 증권의 거래량 |

거래량은 주가의 선행지표 중 하나입니다. 그래서 "주가는 거래량의 그림자다"라는 증시 격언도 있습니다. 증권사의 HTS에서 거래량 그래프는 일반적으로 별도의 설정 없이 막대그림으로 차트의 화면에서 보여집니다. 네이버 증권에서도 거래량은 별도의 설정 없이 차트화면에서 기본적으로 제시됩니다. 네이버 증권에서 '차트'를 클릭하면 기본적으로 보여주는 2가지는 바로 거래량과 이동평균선입니다.

네이버 증권 개별종목의 화면에서 '차트 - 보조지표'를 클릭하면 기술적 분석 방법 등을 선택할 수 있는데, 거래량과 이동평균은 녹색으로 기본 설정이 되어 있습니다. 선택된 항목을 다시 클릭하면 선택되었던 기술적 분석이 제외됩니다.

자료 12_차트화면에서 '거래량' 선택

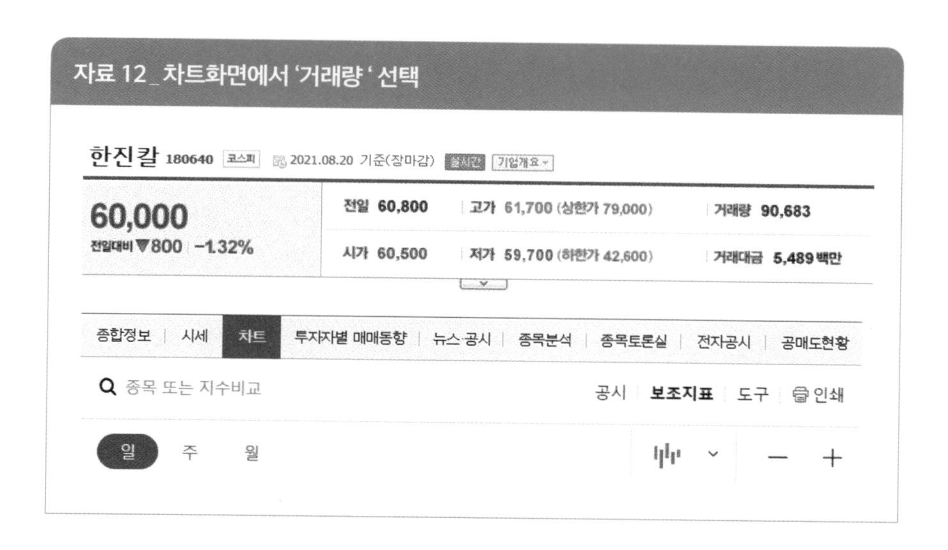

한진칼 180640 코스피 2021.08.20 기준(장마감) 실시간 기업개요
60,000
전일대비 ▼800 -1.32%
전일 60,800
고가 61,700 (상한가 79,000)
거래량 90,683
시가 60,500
저가 59,700 (하한가 42,600)
거래대금 5,489 백만
종합정보 | 시세 | 차트 | 투자자별 매매동향 | 뉴스·공시 | 종목분석 | 종목토론실 | 전자공시 | 공매도현황
종목 또는 지수비교
공시 보조지표 도구 인쇄
일 주 월

자료 13_한진칼 주가추이 및 거래량

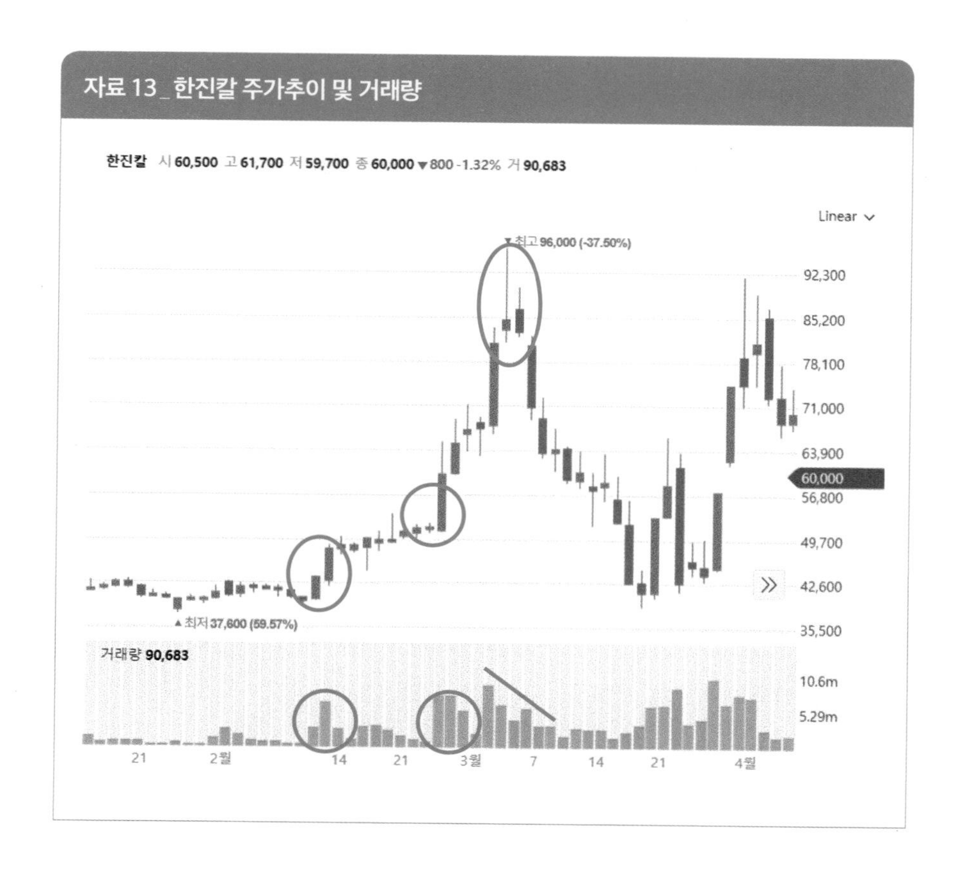

한진칼 시 60,500 고 61,700 저 59,700 종 60,000 ▼800 -1.32% 거 90,683
Linear
최고 96,000 (-37.50%)
92,300
85,200
78,100
71,000
63,900
60,000
56,800
49,700
42,600
35,500
최저 37,600 (59.57%)
거래량 90,683
10.6m
5.29m
21
2월
14
21
3월
7
14
21
4월

한진칼의 차트(자료 13)에서 왼쪽의 첫 번째 원으로 표시된 곳을 보면 잠잠하던 주가가 이전과는 다르게 양봉을 만들면서 상승합니다. 이때 거래량도 마찬가지로 전과는 다르게 뛰어오릅니다. 그 이후에도 주가가 탄력을 받고 재상승(두 번째 원)을 하는 구간에서 거래량이 대폭 증가합니다. 이후 주가가 하락하면 거래량도 줄어듭니다. 즉 거래량이 줄어드는 추세에서는 주가가 하락하고, 거래량이 증가하는 추세에서 주가가 상승하는 것을 이 차트를 통해 확인할 수 있습니다.

이를 매매심리 측면에서 살펴보면 주가 상승 시기에 거래량이 늘어나는 것은 주가가 오를 때는 상승에 동참하려는 매수자와 상승차익을 실현하려는 매도자 간에 거래가 활성화되기 때문입니다. 그런데 주가가 상승하다가 정점에 가까워지면(세 번째 원) 주가는 오르는데, 이를 추격하는 매수세가 약해지면서 거래량이 감소하게 됩니다. 즉 거래량이 주가의 추세와 반대로 움직인다면 보통 '주가의 추세가 반전될 수 있다'는 신호로 해석합니다.

거래량이 가지는 의미는 주식투자에만 활용되지는 않습니다. 부동산의 경우도 거래가 늘어날 때 가격이 오르는 경우가 많고, 반대로 부동산 매매가 줄어드는 경우는 부동산 시장이 침체되는 경우가 많습니다. 바로 이것이 거래량을 '가격의 그림자'라고 하는 이유입니다.

한 가지 덧붙여드릴 내용은, 네이버 증권의 거래량 막대그래프의 색은 종가기준이라는 것입니다. 보통 전일 거래량보다 늘어나는 경우 붉은색으로, 줄어들면 파란색으로 표시하는 경우가 많습니다. 그런데 네이버 증권에서는 전일보다 주가가 오르는 날의 거래량은 붉은색으로 표시하고, 떨어지는 날의 거래량은 파란색으로 표시하고 있으니 참고하시기 바랍니다.

| 주가와 거래량의 상관관계 |

주가와 거래량의 상관관계에 대해 일반적인 4가지 원칙을 살펴보도록 하겠습니다.

① 거래량이 감소추세에서 증가추세로 전환되면 주가는 상승할 것으로 예상합니다.

② 거래량이 증가추세에서 감소추세로 전환되면 주가는 하락할 것으로 예상합니다.

③ 주가가 천장 국면에 진입하면 주가가 상승하더라도 거래량은 감소하는 경향을 보입니다.

④ 주가가 바닥 국면에 진입하면 주가가 하락하더라도 거래량은 증가하는 경향을 보입니다.

거래량에 대한 기본원칙들을 잘 활용하면 거래량의 증감에 따라 주가의 천장과 바닥권을 찾는 데 도움이 됩니다.

| 거래량으로 종목 발굴 |

거래량이 급증하거나 급락하는 종목은 제 나름의 의미가 있다는 것을 알 수 있습니다. 그래서 거래량이 급증하는 종목 중에서 투자할 종목을 발굴하는 것도 하나의 투자방법입니다.

거래량이 급등락하는 종목을 찾는 방법은 '국내증시' 화면에서 왼쪽 메뉴

자료 14_ 거래량 상위 급증 및 급락

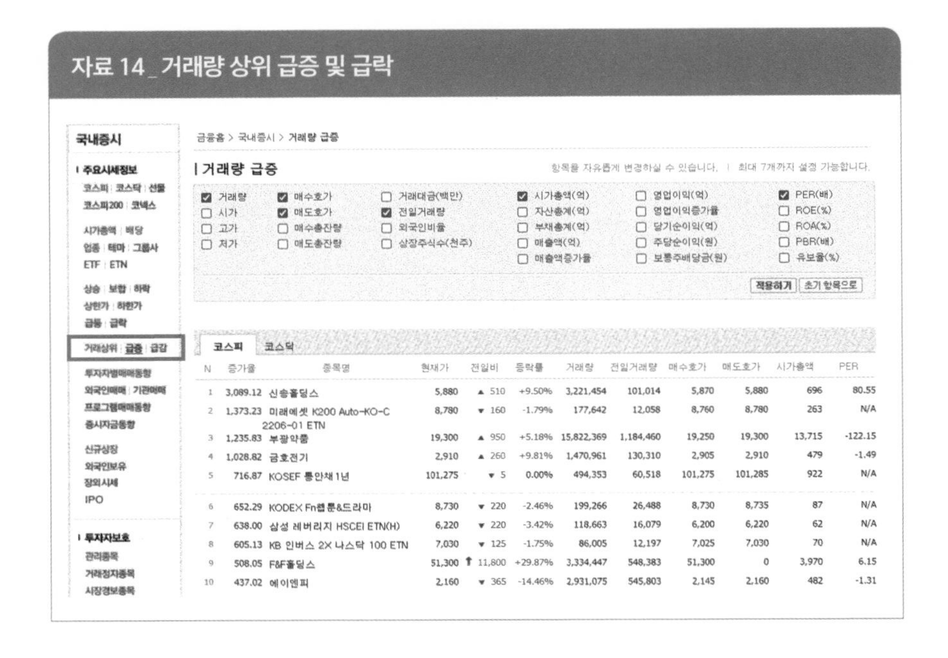

금융홈 > 국내증시 > 거래량 급증

ㅣ거래량 급증

N	증가율	종목명	현재가	전일비	등락률	거래량	전일거래량	매수호가	매도호가	시가총액	PER
1	3,089.12	신송홀딩스	5,880	▲ 510	+9.50%	3,221,454	101,014	5,870	5,880	696	80.55
2	1,373.23	미래에셋 K200 Auto-KO-C 2206-01 ETN	8,780	▼ 160	-1.79%	177,642	12,058	8,760	8,780	263	N/A
3	1,235.83	부광약품	19,300	▲ 950	+5.18%	15,822,369	1,184,460	19,250	19,300	13,715	-122.15
4	1,028.82	금호전기	2,910	▲ 260	+9.81%	1,470,961	130,310	2,905	2,910	479	-1.49
5	716.87	KOSEF 통안채 1년	101,275	▼ 5	0.00%	494,353	60,518	101,275	101,285	922	N/A
6	652.29	KODEX Fn웹툰&드라마	8,730	▼ 220	-2.46%	199,266	26,488	8,730	8,735	87	N/A
7	638.00	삼성 레버리지 HSCEI ETN(H)	6,220	▼ 220	-3.42%	118,663	16,079	6,200	6,220	62	N/A
8	605.13	KB 인버스 2X 나스닥 100 ETN	7,030	▼ 125	-1.75%	86,005	12,197	7,025	7,030	70	N/A
9	508.05	F&F홀딩스	51,300	⬆ 11,800	+29.87%	3,334,447	548,383	51,300	0	3,970	6.15
10	437.02	에이엔피	2,160	▼ 365	-14.46%	2,931,075	545,803	2,145	2,160	482	-1.31

바 중 '거래량 상위 급증' 혹은 '급락'을 클릭하면 됩니다.

위 화면(자료 14)에서 거래량이 급증하는 종목을 클릭하고 검색항목을 선택할 수 있는데, 너무 시가총액이 낮은 종목은 투자가 조심스러우니 검색항목에서 시가총액을 포함해서 찾는 것도 좋습니다. 검색을 적용하면 거래량이 급등한 종목들을 보여줍니다. 제시되는 종목들 중에서 투자종목을 발굴하는 팁을 드리자면, 장기간 주가가 횡보한 종목들 중에서 거래량이 급등하는 종목이 좋습니다.

거래량 자체가 좋은 의미이건 나쁜 의미이건 관심의 표출입니다. 그래서 주식투자를 '미인 대회'라고 표현하는 분들도 있습니다. 그간 관심이 없었던 종목에, 특히 오랜 기간 동안 횡보하다가 갑자기 거래량이 급증한다면 그 자체가 관심을 가져봐야 한다는 의미가 됩니다. 물론 추가적인 분석이 반드시 필요하겠지만요.

자료 15_ 동국제강 주가추이 및 거래량

좋은 기업도 경기가 하강하면 어려울 수밖에 없습니다. 위 차트(자료 15)를 보면, 장기간 힘들던 주가가 어느 순간 거래량이 대폭 증가하면서 스마트한 투자자의 유입을 알립니다. 철강경기가 개선되어 2020년에 흑자 전환을 기대하면서 동국제강의 주가는 점진적으로 상승합니다. 그리고 2021년 호실적에 대한 전망으로 대폭적인 주가 상승과 함께 오르던 거래량은 정점에 이르기 전 감소합니다.

주가 변동의 한편에는 거래량이 있습니다. 오른다고 봐서 사려는 사람과 내린다고 봐서 팔려는 사람의 치열한 눈치싸움의 결과물이 바로 거래량으로 나타납니다. 거래의 흔적, 즉 거래량을 분석하는 것은 기술적 분석에서 큰 의미가 있습니다.

MACD

전반적인 추세를 바탕으로 매매할 때 가장 유용한 기술적 분석 방법이 MACD입니다. MACD는 장기와 단기 이동평균선이 만나고 멀어지는 관계를 가지고 분석합니다. 주식초보자의 많은 실수 중 하나가 추세를 탄 종목을 일찍 매도하면서 충분한 수익을 거두지 못하는 경우인데, 이런 실수를 막을 수 있는 좋은 방법을 MACD를 통해 알려드리겠습니다.

주가의 흐름을 이동평균으로 파악하면 추세를 더 쉽게 파악할 수 있습니다. 추세를 이용하는 대표적인 지표가 MACD입니다. 단기 이동평균과 장기 이동평균을, 그리고 이 둘의 관계를 함께 분석합니다. 장기 이동평균선과 단기 이동평균선의 만남과 헤어짐으로 매매 타이밍을 잡는 방법입니다. 세상 이치도 그러하듯이 지나치게 멀어지면 다가가고 반대로 너무 가까워지면 멀어지게 됩니다. 그렇게 멀어지고 가까워지는 정도를 과거의 투자 경험에 접목을 한 것입니다. 평균을 사용하므로 단기로 매매할 때보다는 중장기 매매에 좀 더 적절한 방법입니다.

아울러 하나의 보조지표만으로 투자를 결정하는 것은 옳지 않습니다. 또한 투자자마다 환경과 입장이 다르기 때문에 다른 사람의 성공투자비법이 나에게도 척척 맞는 것도 아닙니다. 따라서 이 책에서 안내하는 여러 보조지표들을 참고해 직접 투자하며 기술적 분석의 활용도를 높이시길 바랍니다.

| MACD 개념 |

MACD(Moving Average Convergence Divergence)의 각 단어들을 하나씩 풀어서 살펴보면 어떤 지표인지 이해가 쉽습니다.

- Moving Average : 이동평균
- Convergence : 수렴
- Divergence : 확산, 발산

MACD의 원리는 장기 이동평균선과 단기 이동평균선이 서로 멀어지게 되면(divergence) 언젠가는 다시 가까워져(convergence) 어느 시점에서 서로 교차하게 된다는 성질을 이용해 두 개의 이동평균선이 멀어지게 되는 가장 큰 시점을 찾고자 하는 것입니다.

이 방법은 장기 이동평균선과 단기 이동평균선의 교차점을 매매신호로 보는 이동평균선만으로 매매 타이밍을 잡으면 신호가 늦는다는 문제를 극복할 수 있는 장점을 지닙니다. 즉 이동평균은 아무래도 현 주가보다 움직임이 평균화되어 뒤늦게 움직이는 특성이 있기 때문이며, 이런 후행성을 보완한 것이 바로 MACD입니다.

단기 이동평균과 장기 이동평균의 차이가 가장 큰 시점을 찾아 매매에 활용합니다. 예를 들어 단기 이동평균이 장기 이동평균보다 위쪽에 있으면 MACD선은 양수가 되고 이것은 주가가 강하다는 신호로 봅니다. 이때 그 차이가 가장 크게 형성한 후 줄어들 때 '추세가 이제는 꺾일 수 있다'는 신호로 파악합니다.

| MACD 계산 방법 |

MACD는 단기 이동평균선과 장기 이동평균선의 값의 차이로 두 이동평균선이 만나고 멀어지는 관계를 가지고 분석합니다. 여기서 MACD선과 MACD 시그널선을 구해야 하는데 MACD는 단기적인 값이고, MACD 시그널은 보다 장기적인 값입니다. 시그널선을 구하는 이유는 어느 시점에서 두 개의 이동평균선의 차이가 최대가 되는가를 찾기 위해서입니다. MACD선과 시그널선이 만나는 점이 단기 이동평균선과 장기 이동평균선의 괴리가 가장 큰 시점이 됩니다.

- MACD : 단기 이동평균 - 장기 이동평균
- MACD 시그널 : MACD의 n일 지수 이동평균
- MACD 오실레이터 = MACD - 시그널선

| MACD 지표 해석 |

MACD의 n일 지수 이동평균은 시그널선이며, MACD선이 이 시그널선을 상향돌파할 때를 매수시점으로 해석하고, 하향돌파할 때를 매도시점으로 해석합니다. MACD값이 음(-)에서 양(+)으로 전환하면 상승 추세로의 전환으로 보고, 양에서 음으로 변하면 하락 추세로의 전환으로 봅니다.

네이버 증권에서 '보조지표' 중 'MACD'를 클릭하면 MACD를 쉽게 찾을 수 있습니다. 직접 네이버 증권 차트를 보면서 이해해보겠습니다.

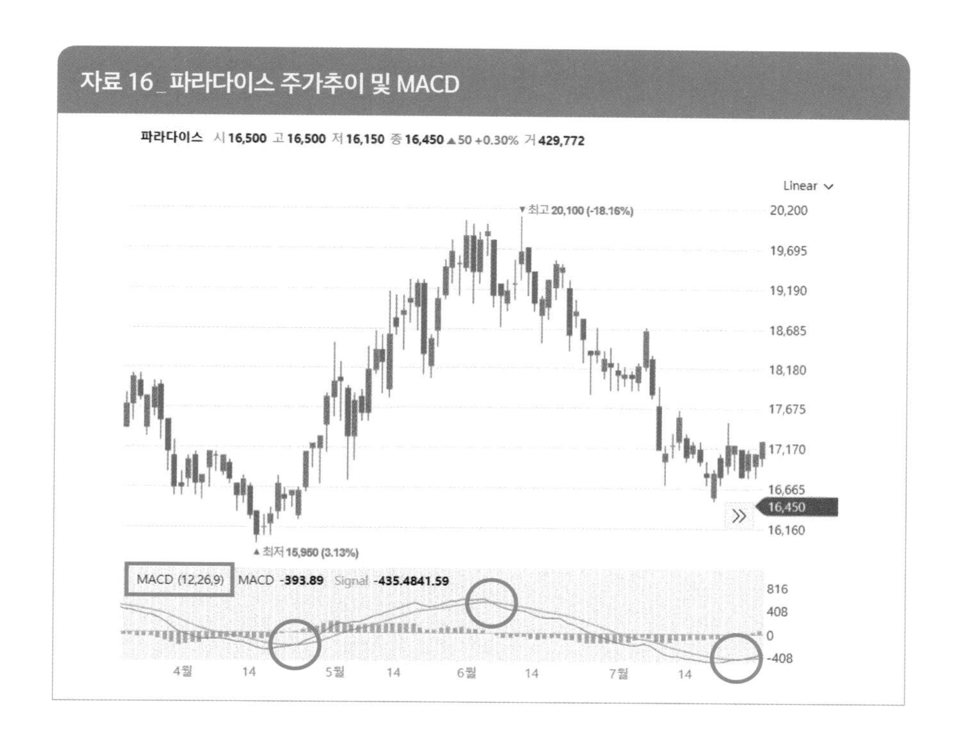

MACD지표는 추세적인 상승과 하락을 잘 찾습니다. 〈자료 16〉의 왼쪽 원에서 매입하고, 중간 원에서 매도합니다. 이후 오른쪽 원에서 다시 매수합니다. 파라다이스는 카지노 관련해 평소 관심이 많은 종목인데, 이렇게 네이버 증권의 MACD지표를 이용하면 매매가 쉬워집니다.

MACD 지표를 조금 더 살펴보기 위해 〈자료 16〉의 왼쪽 하단 사각형에서 12, 26, 9라는 숫자의 의미를 확인해보겠습니다.

- 12는 12일 단기 이동평균선이라는 의미입니다.
- 26은 26일 장기 이동평균선이라는 의미입니다.
- 9는 시그널곡선으로 9일 이동평균선이라는 의미입니다.
- 오실레이터(막대그래프)는 두 이평선의 차이를 0을 기준으로 보여줍니다.

기간은 투자자에 맞게 설정할 수 있습니다. 네이버 증권에서 각 기술적 지표의 설정에서 지표 설정을 변경할 수 있습니다. 예를 들어 3개월 이상 혹은 연 단위의 장기투자를 하기를 원한다면 좀 더 장기 이동평균선을 사용하면 됩니다. 만약 별도 설정을 하지 않는다면 일반적으로 가장 많이 사용하는 기간으로 〈자료 17〉과 같이 설정되어 있습니다.

자료 17_MACD 설정

MACD 접기

단기이평	12
장기이평	26
Signal	9

기본값

저장

| MACD 지표를 이용한 매매 방법 |

1) 기준선을 활용해 추세 파악

- 기준선인 0을 중심으로 MACD 곡선이 위쪽에서 움직이는 경우 : 상승 추세임
- 기준선인 0을 중심으로 MACD 곡선이 아래에서 움직이는 경우 : 하락 추세임

2) MACD 곡선이 시그널곡선을 교차 돌파 시 활용

- MACD 곡선이 시그널곡선을 상향돌파하는 경우 : 골든크로스 → 매수 (오실레이터가 0값에서 플러스로 전환)
- MACD 곡선이 시그널곡선을 하향돌파하는 경우 : 데드크로스 → 매도 (오실레이터가 0값에서 마이너스로 전환)

| 하향 추세에서의 주의 |

이번에는 하향 추세에서의 MACD 차트를 살펴보도록 하겠습니다.

〈자료 18〉에서 보듯 골든크로스와 데드크로스 신호가 자주 발생하는 횡보 구간에서는 매매 타이밍을 잡기 힘든 경우가 있습니다. 이런 경우에는 초보자일수록 매매를 자제하는 것이 좋습니다. 그리고 더 주의가 필요한 구간은 하향 추세인 경우입니다.

하향 추세에서는 골든크로스에 매수하고 데드크로스에 정확히 매도해도 매매차익이 크지 않은 경우가 많습니다. 즉 기준선(0선) 아래에서의 골든크로스는 추세적으로 하락이 멈추고 있는지 반드시 확인하고 난 후에 매수에 나

자료 18_ 금호전기 주가추이 및 MACD

서는 것이 안전합니다.

MACD 지표와 오실레이터는 이동평균선의 후행성을 개선했다고 하지만 이동평균선이 베이스이므로 빠른 매매를 위주로 하는 분에게는 적절하지 않을 수 있습니다. 또한 MACD는 주가가 횡보하는 경우에는 신호가 부정확하거나 잘 보이지 않는 경우가 많습니다. 아무래도 MACD는 추세지표이므로 강도가 센 추세에서 더욱 정확도가 높다는 점을 유의해야 합니다. 결론적으로 중장기로, 우량주 위주로 상승 추세에서 MACD로 매매를 하시면 초보투자자도 성공 확률을 높일 수 있습니다.

RSI

RSI는 추세의 강도를 백분율로 나타내어 초보자도 이해하기 쉬운 지표입니다. 기술적 분석의 대가로 불리는 와일더(Wilder)가 개발한 이 지표는 추세의 강도를 퍼센트로 나타내므로 상승 추세라면 어느 정도의 상승강도인지, 하락 추세라면 어느 정도의 하락강도인지를 보여줍니다. 기본적으로 RSI가 30 이하이면 매수를 고려해야 하고, RSI가 70 이상이면 매도를 고려해야 합니다.

| RSI 계산 방법 |

RSI = 100 - 〔 100 / (1 + RS) 〕

- RS = (일정 기간의 상승폭 평균 / 일정 기간의 하락폭 평균)

일정 기간 동안 전일의 종가보다 높은 것을 찾아 그 순증가분의 합계를 구해 상승분의 평균을 구합니다. 같은 방식으로 일정 기간 동안 전일의 종가보다 낮은 것을 찾아 그 순감소분의 합계를 구해 하락분의 평균을 구합니다. 종가 상승분 평균을 종가 하락분 평균으로 나누어 RS(상대적 강도)를 구합니다. RS 값이 크다는 것은 일정 기간 동안의 하락폭보다 상승폭이 크다는 것을 의미합니다.

네이버 증권 차트에서 보조지표 중에서 RSI를 클릭하면 설정을 선택할 수 있는데, 기본적으로 일정기간은 지표 개발자가 추천하는 14일로 세팅되어 있습니다. 9일, 25일의 기간도 사용됩니다. 이 기간이 짧을수록 지표는 민감하게 움직이고, 이 기간이 길어지면 지표는 둔감하게 움직입니다. 시그널은 RSI의 이동평균으로, 기본적으로 9일로 설정되어 있습니다.

자료 19_RSI설정

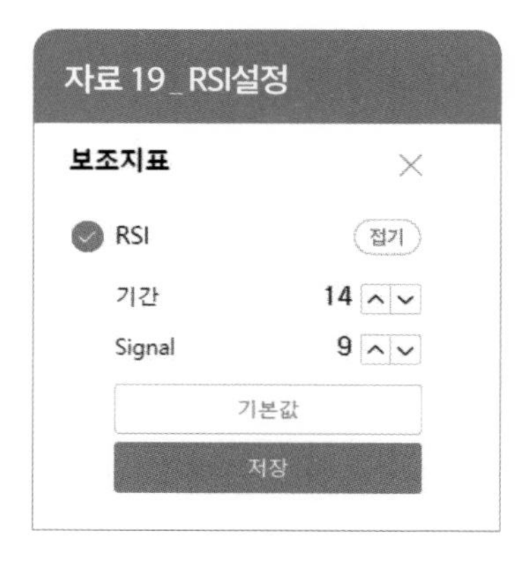

| RSI 지표 해석 |

❶ **과매도 :** RSI가 30 이하이면 과매도 구간으로, 매수를 고려함

❷ **과매수 :** RSI가 70 이상이면 과매수 구간으로, 매도를 고려함

50이 중간 기준선이며, 주가가 횡보하는 경우 RSI가 50 근처에서 움직이면 매수와 매도 중 어느 한쪽으로 힘이 쏠리지 않은 경우입니다. 이런 경우 RSI가 50%를 상향돌파하면 매수하고, RSI가 50%를 하향돌파하면 매도하는 식의 방법으로 매매할 수도 있습니다. RSI가 의미하는 바대로 상승과 하락의 상대적인 힘의 균형점이 바뀌는 포인트를 이용한 투자방법입니다. 다만 주가의 흐름이 추세 없이 횡보할 때 매매신호가 실익 없이 자주 발생할 수 있습니다. 또한 호재나 악재가 발생하는 경우에는 RSI의 과열과 침체에 얽매이지 말고 상황에 맞게 RSI를 사용해야 합니다.

| RSI 지표를 이용한 매매 방법 |

가장 기본적인 RSI 투자전략은 과매수·과매도 활용전략입니다.

자료 20_ 자화전자 주가추이 및 RSI

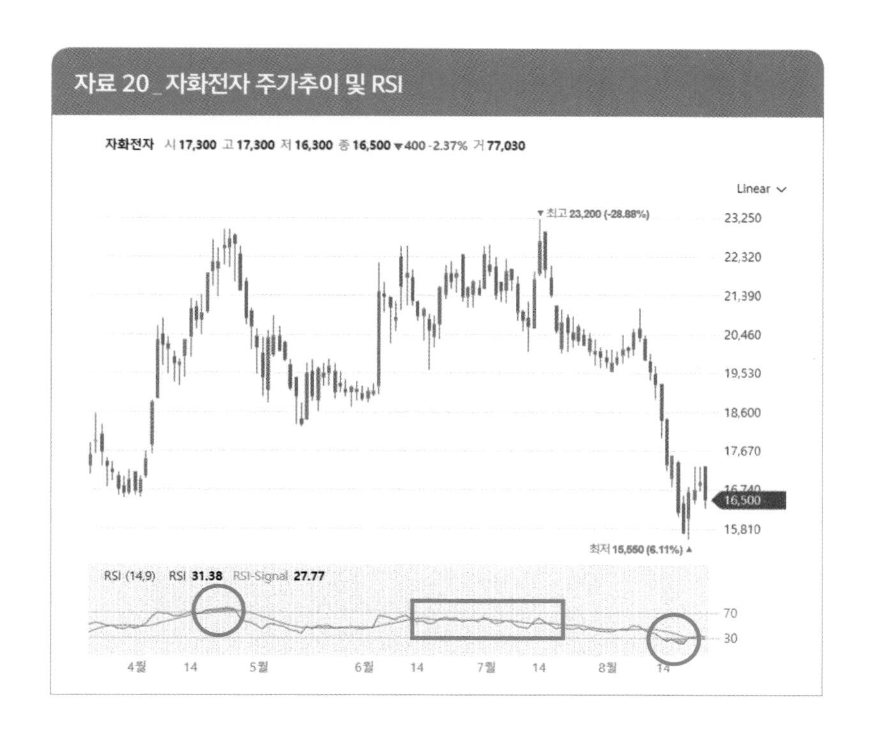

RSI가 30% 밑으로 떨어지면 파란색으로 보이고 이때 매수를 고려합니다. 반대로 70%를 넘어서면 붉은색으로 표시되고 이때 매도를 고려합니다. 이처럼 RSI는 시각적으로도 쉽게 매매 타이밍을 찾을 수 있습니다.

주가가 횡보하는 경우에는 천장과 바닥이 형성되지 않을 수 있습니다. 이런 경우 RSI선이 시그널선을 교차할 때 매매하는 전략을 추가로 사용할 수 있습니다. 다만 네모박스로 표시한 구간처럼 50을 중심으로 자주 교차해 매매신호를 찾기가 어려울 수 있습니다.

| 추세적 상승 혹은 하락 시 주의 |

RSI는 과매수와 과매도를 쉽게 확인할 수 있어 편리하지만 추세적인 흐름에는 약할 수 있습니다.

자료 21 _ 두산퓨얼셀 주가추이 및 RSI

RSI가 70% 이상으로 높아지는 경우 과매수권으로 분류하는 것은, 많이 올랐기 때문에 투자자가 이익을 실현하기 위해 매도에 나서는 사람이 많아지리라는 것을 염두에 둔 것입니다. 위 차트(자료 21)처럼 두산퓨얼셀의 수소연료전지와 같은 구조적인 성장 호재를 만나면 지속적인 상승이 발생할 수 있습니다. 이런 경우 단순히 RSI가 70을 돌파했다고 해서 매도를 하게 되면 상승

초입부에서 매도할 수 있습니다. 좋은 호재로 강한 상승이 온다면, 일시에 매도하는 것이 아니라 분할매도하거나 추세가 꺾일 때까지 지켜보고 매도 시기를 잡는 것도 좋은 방법입니다.

그 어떤 기술적 지표도 완벽한 지표란 없습니다. 다른 보조지표도 함께 분석해서 다양한 조건에서 매매를 경험하면서 보완을 해나감으로써 여러분의 매매기법을 완성해가야 합니다.

CCI

CCI에 Commodity라는 단어가 쓰인 것은 원래 변동성이 있는 원자재 가격 예측을 위해 만들어져서 그렇습니다. 저도 개인적으로 자주 사용하는 CCI는 현재의 가격이 이동평균선과 어느 정도 멀리 있는지를 파악해 주가의 방향성을 측정하기 위해 개발된 지표입니다. 주가의 위치를 CCI 지표의 그림만 보고도 직관적으로 파악할 수 있어 쉽게 매매 타이밍을 잡을 수 있습니다.

| CCI 개념 |

CCI(Commodity Channel Index)는 주가와 주가를 이동평균한 값의 편차를 내어 주가가 일정 기간의 평균값에서 얼마나 떨어져 있는가를 알아보는 지표입니다. 이동평균선과의 괴리도를 과매수(+100) 구간과 과매도(-100) 구간으로 설정해 추세의 방향과 강도를 확인할 수 있습니다. 지표의 그림만 보고도 주가의 위치를 직관적으로 쉽게 파악할 수 있기에 초보자들도 이용하기 편합니다.

일반적으로 단기매매신호를 잡는 데 활용을 많이 합니다. 주가가 변동성이 커지면 지나치게 자주 매매신호가 나온다는 단점이 있지만, 자주 사용되는 지표이니 관심을 가지고 연구해보시기 바랍니다.

| CCI 계산 방법 |

$$CCI = \frac{(평균가격 - 이동평균가격)}{D \times 0.015}$$

- 평균가격 = (고가 + 저가 + 종가) ÷ 3
  - 일봉일 경우 당일 고가, 저가, 종가의 평균값으로 계산
- 이동평균가격 = 평균가격을 일정 기간 이동평균한 값
- D = (평균가격 - 이동평균가격)의 절대값의 일정 기간 이동평균
- 기간 : 5일에서 25일 사이의 기간을 주로 사용(네이버 증권은 20일로 초기 설정)

일정 기간은 9일, 14일, 20일을 많이 사용합니다. 일반적으로 9일 이하의 일봉차트는 단기매매를 할 때 이용하고, 20일 이상 일봉차트는 중장기 매매를 할 때 이용합니다.

네이버 증권의 경우 20일로 기본 설정되어 있습니다. 물론 네이버 증권 보조지표 설정에서 기간을 변경할 수 있습니다.

CCI의 움직임이 +100에서 -100 사이에서 이루어지도록 하기 위해 상수 0.015를 D에 곱하며, 상수 0.015는 진동주기를 계산하는 값입니다.

참고로 증권사 HTS에서 CCI 보조지표를 실행하면 좀 더 세밀한 매매신호를 찾고자 시그널선을 추가로 이용하는 경우가 많은데, 네이버 증권에서는 따로 시그널선을 제공하지는 않고 있습니다.

| CCI 지표 해석 |

① CCI는 주가와 주가를 이동평균한 값의 차이를 가격의 평균편차로 조정한 것입니다.

② CCI값이 0이라는 의미는 현재 주가가 이동평균선에 수렴한다는 의미입니다.

- 0선을 기준으로 CCI가 0선을 상향돌파하면 강세신호로 인식합니다.
  → 매수 고려
- 0선을 기준으로 CCI가 0선을 하향돌파하면 약세신호로 인식합니다.
  → 매도 고려

③ CCI값이 +이면 상승 추세이고, -이면 하락 추세입니다.

④ CCI값이 +100 이상이면 과매수 구간으로, -100 이하면 과매도 구간으로 판단합니다.

⑤ CCI값이 클수록 추세의 강도가 강하고, CCI값이 작을수록 추세의 강도가 약합니다.

| CCI 지표를 이용한 매매 방법 |

초보자도 사용하기에 좋은 CCI를 이용한 매매 방법은 푸른색의 과매도 구간에서 매수하고, 붉은색의 과매수 구간에서 매도하는 방법입니다. 시각적으로도 쉽게 매매 타이밍을 잡을 수 있습니다.

CCI를 좀 더 효과적으로 이용하는 방법은 변동성이 크지 않은 대형주로 매매하는 것입니다. 변동성이 크지 않고 시장지배력을 가진 대형주는 크게

자료 22_ 삼성화재 주가추이 및 CCI 과매수·과매도

시세를 주지는 않지만 위아래로 움직일 때 매매하는 재미가 있습니다. 혹시나 과매도 구간에서 매수했는데 더 하락하는 경우에도 기다리면 다시 올라오는 경우가 많아 초보자가 매매기법을 익히는 데도 유용한 투자전략입니다.

| 급등의 경우 매매전략 |

완벽한 보조지표는 없듯이 CCI를 활용 매매할 때 주의할 점은 시세가 급변하는 경우입니다. 단순히 CCI 100 이상의 값에서 매도하면 적정수익을 거두지 못할 우려가 있습니다.

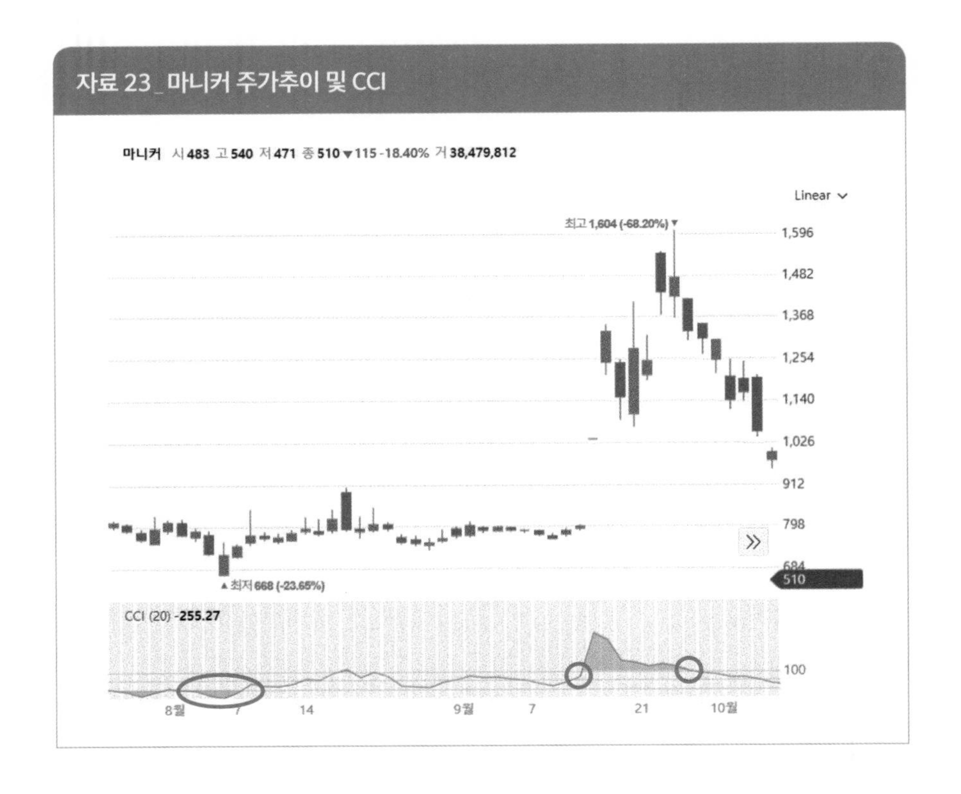

자료 23_마니커 주가추이 및 CCI

위 차트(자료 23)에서 보면 왼쪽 타원에서 과매도 구간이 발생해 매수하고, 단순히 과매수 구간인 붉은색 구간 초기에서 매도하면, 제대로 수익을 거두기 어렵습니다.

마니커처럼 시가총액이 작고 재무구조가 약한 기업은 이슈에 따라 주가 변동성이 큰 구간이 발생하는 경우가 많은데, 위 차트처럼 급등이 나오는 경우에는 CCI값이 100을 돌파하면 기다리다가 100 아래로 내려가는 시점에서 매도하는 것으로 수익을 충분히 볼 수 있습니다. 즉 매수세가 강하게 형성되는 경우 굳이 바로 매도하지 않고 좀 더 기다렸다가 매수세가 약해지는 수준까지 상승구간을 좀 더 누리고자 하는 것입니다.

| CCI 지표의 한계와 보완 방법 |

CCI 지표는 변동성이 심해 중장기 추세 매매를 할 때 적절한 매매 타이밍을 잡기 어렵다는 의견이 있습니다. 혹은 추세적 상승이나 구조적인 성장 매력이 있는 종목의 경우 지나치게 빠른 매매 타이밍을 잡게 할 수 있다는 점은 주의가 필요합니다.

자료 24_ 엑세스바이오 주가추이 및 CCI

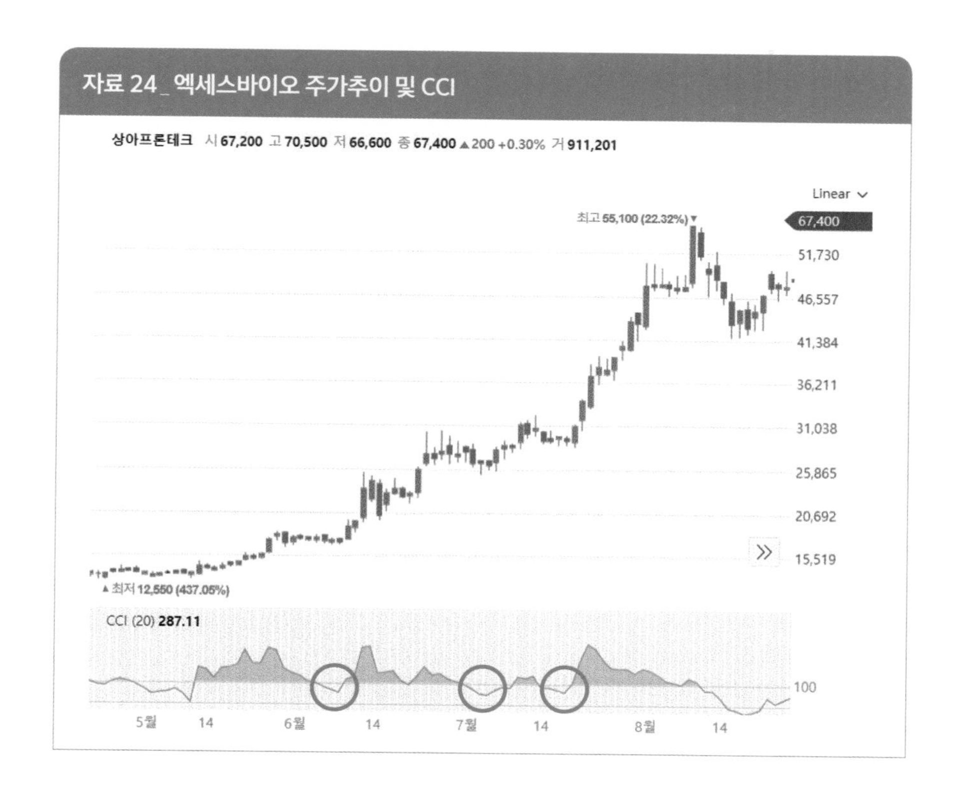

관심종목이면서 장기적으로 기대가 많은 상아프론테크 같은 경우가 좋은 사례입니다. 수소전지 소재에 기술력이 좋은 기업은 귀합니다. 이런 좋은 기업은 전략적으로 추세가 꺾이지 않는다면 중간에 CCI값이 100을 이탈하는

시점에 매도하지 않고 더 들고 가면서 기다리는 것이 더 좋은 전략이 됩니다. 즉 장기적으로 성장이 기대되는 수소세상의 핵심 종목은 매도하더라도 떨어지면 다시 포트폴리오에 채워놓아야 합니다. 함부로 팔았다가 다시 매수하지 못한 채 달리는 것을 지켜봐야 할 수도 있습니다.

항상 말씀드리지만 완벽한 차트분석 방법은 없습니다. 본인에게 맞는 스타일과 방법을 지속적으로 찾아나가면서 연구해야 합니다.

볼린저밴드

볼린저밴드는 밴드를 설정하고 약 95% 확률로 그 밴드 안에서의 주가 움직임을 띠를 만들어 시각적으로 보여줍니다. 밴드가 시각적으로 명쾌해서 초보투자자도 활용하기에 좋은 지표입니다. 볼린저밴드를 활용한 가장 기본적인 매매기법은 밴드의 하한선에서 매수하고, 밴드의 상한선에서 매도하는 것입니다.

| 볼린저밴드 개념 |

볼린저밴드는 1980년대 초반 존 볼린저(John Bollinger)가 고안해낸 지표입니다. 구체적으로는 주가의 변동이 표준정규분포 함수에 따른다고 가정하고, 주가를 따라 위아래로 폭이 같이 움직이는 밴드를 만들어 주가를 그 밴드를 기준선으로 판단하고자 고안된 지표입니다.

| 볼린저밴드 설정 |

네이버 증권의 보조지표에서 '볼린저밴드'를 선택하면 됩니다. 기간은 기본적으로 설정된 20일 이동평균선을 그대로 사용하시면 됩니다. 표준편차 값이 5로 기본 설정되어 있는데, 5배는 지나치게 넓으니 2로 수정해서 사용하시는 것이 좋습니다. 이 지표를 만든 볼린저도 그랬고, 일반적으로 표준편차는 2배수로 사용합니다.

자료 25 _ 볼린저밴드 설정

| 볼린저밴드 계산 방법 |

구조 : 이동평균선, 상단밴드, 하단밴드로 구성

❶ **추세중심선** : N일의 이동평균선

❷ **상한선** : 추세중심 + 2σ(표준편차)

❸ **하한선** : 추세중심 - 2σ(표준편차)

| 볼린저밴드의 해석 및 활용 |

중심선인 20일 이동평균선과 중심선에서 표준편차×2를 더한 상한선과 표준편차×2를 뺀 하한선으로 구성하고, 약 95%의 확률로 주가는 볼린저밴드 내에서 수렴과 발산을 반복하면서 움직이게 됩니다.

가격이 밴드의 중심선 위에 있을 경우 상승 추세이며, 밴드의 상한선 근처에서는 매도물량이 나와 저항을 받게 됩니다. 반대로 가격이 밴드의 중심선 아래에 있을 경우 하락 추세로 보고, 밴드의 하한선 근처에서는 주가가 저가 매수세의 지지를 받게 됩니다. 이런 점을 활용하는 가장 기본적인 매매기법은 밴드의 하한선에서 매수하고, 밴드의 상한선에서 매도하는 것입니다.

자료 26_SK텔레콤 주가추이 및 볼린저밴드

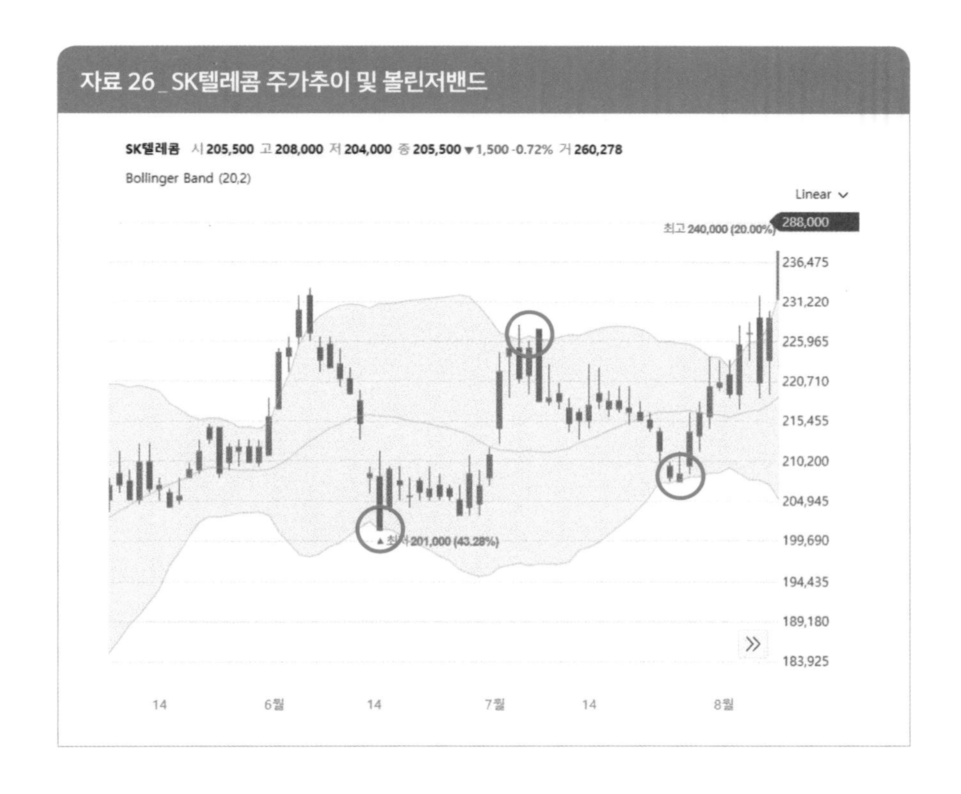

중심선인 20일 이동평균선을 중심으로 아래에서 하단밴드 근처에서는 매수하고, 중심선 위에서 상단밴드 근처에서는 매도하는 전략이 기본적인 전략이며 초보자도 쉽게 따라할 수 있는 매매 방법입니다. 이러한 볼린저밴드 기본전략은 대형주로 주가 변동폭이 크지 않은 종목에 적절하고, 횡보구간에서 아주 적절한 매매기법입니다.

자료 27_SPC삼립 주가추이 및 볼린저밴드

이번에는 SPC삼립 차트(자료 27)로 응용된 볼린저밴드 매매전략을 살펴보겠습니다. 밴드 자체의 폭이 수축이나 확장하는 변동성을 활용하는 방법입니다. 밴드 자체의 폭이 좁고 밀집구간을 거치면 주식하는 사람들은 이를 '힘이 모이는 구간'이라고 합니다. 밀집구간을 지나 상단 밴드를 돌파할 때(왼쪽 원) 상한선이라 매도하는 게 아니라 보유해야 합니다. 이후 추세가 하락 반전할 때나 중심선을 하향이탈할 때(오른쪽 원) 매도합니다. 이런 응용전략은 급등주 매매에 적절하며, 밀집구간이 길수록 신뢰도가 높습니다.

소위 대박종목은 하락 후 오랜 횡보기간을 통해 에너지가 모인 다음 호재를 띄우고 달리는 경우가 많습니다. 설움이 길수록 결과가 달콤한 경우가 많은데, 문제는 그 설움이 언제 멈출지 찾는 것이 만만치 않다는 점입니다.

| 하락 추세에서의 주의 |

은행주와 같이 변동성이 상대적으로 적고 배당도 꾸준한 종목이 초보자도 볼린저밴드로 매매하기에 괜찮은 종목입니다. 주의할 점은 추세적인 하락에서는 아무래도 수익의 가능성이 낮아진다는 것입니다.

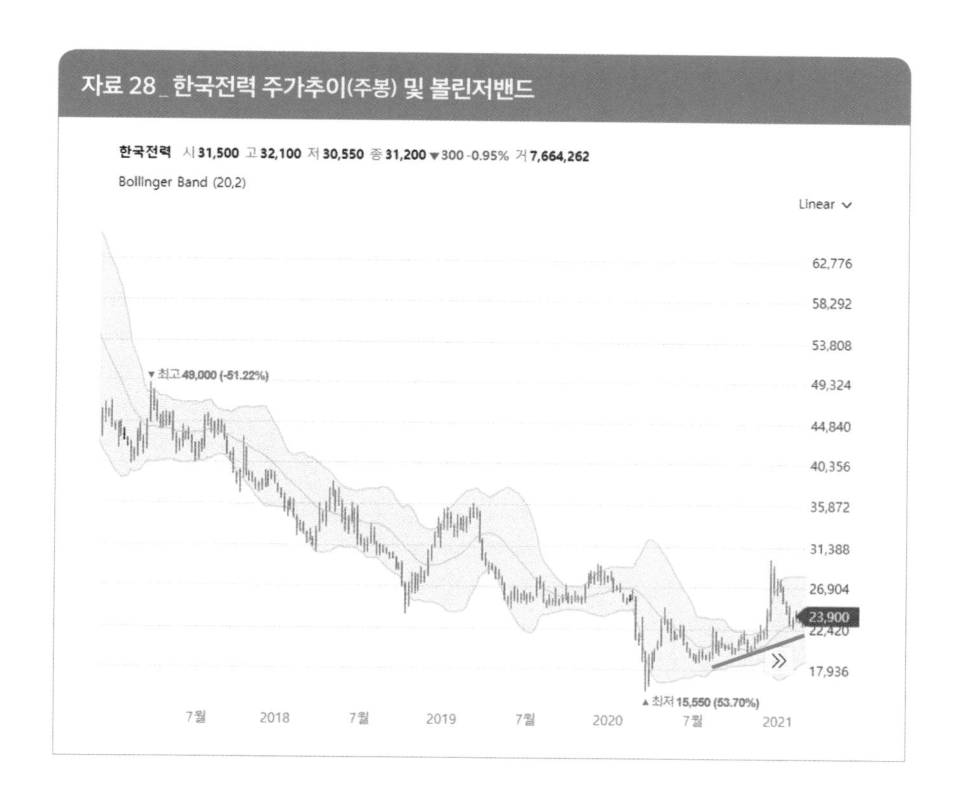

자료 28_ 한국전력 주가추이(주봉) 및 볼린저밴드

위 차트(자료 28)는 추세적으로 하락하는 모습을 보여주고 있습니다. 한국전력은 부도의 위험이 없다고 생각해도 무방한 종목이지만, 추세적인 하락구간에서는 전문가가 아니라면 볼린저밴드를 활용하더라도 수익을 내기가 쉽지 않습니다. 그래서 주식투자 초보자일수록 기준선(20일 이동평균선)의 기울기가 하락하는 동안에는 매수를 자제하는 것이 좋습니다. 예를 들어 2021년 하반기에 들어서 한국전력의 기준선은 하락을 멈추고 있습니다. 이제 기준선이 우상향으로 반등하는지 확인해서 볼린저밴드를 활용해 매매하면 확률적으로 성공 가능성이 높습니다.

일목균형표

네이버 증권에서 보조지표를 찾다가 일목균형표가 있는 것을 알고 사실 좀 놀랐습니다. 증권사의 전문적인 HTS에 못지않은 다양한 분석지표를 편리하게 활용할 수 있다는 것은 네이버 증권의 강점입니다. 복잡해보이지만 흥미로운 일목균형표를 만나보겠습니다. 일목균형표가 만들어지는 과정은 복잡해보이지만 활용하는 것은 크게 어렵지 않습니다.

| 일목균형표 개념 |

일본인 이치모쿠 산진(一目山人)이 만든 일목균형표는 시간 개념도 포함된 통계적인 분석을 통해 개발되었습니다. 여러 자료를 묶어 보여주고 있기 때문에 언뜻 복잡해 보입니다. 실제로도 일목이라는 말에서 알 수 있듯이 한눈에 여러 지표를 보여주기 때문에 그렇습니다. 구름처럼 보이는 것도 있고, 이동평균도 계단식으로 보여져 여러모로 독특한 특성을 가지고 있습니다.

깊이 들어갈수록 어려울 수 있는 지표일 수 있습니다. 다만 여러 지표를 사용한다고 주식투자를 꼭 잘하는 것도 아닙니다. 여기서는 초보투자자도 이해할 수 있는 정도까지, 그리고 쉽게 활용할 수 있는 수준 정도만 살펴보겠습니다. 가장 좋은 보조지표는 본인에게 돈을 벌어주는 보조지표입니다. 잘 만들어진 보조지표라도 손에 익지 않으면 그냥 좋은 보조지표일 뿐입니다.

| 일목균형표 전제 |

- **일목 :** 주가의 과거와 현재 그리고 미래까지 한눈에 파악하고픈 지표 개발자의 의지입니다.
- **균형 :** 현재 주가를 과거로 옮기고, 미래로도 옮겨 그려 넣는 것이 대칭과 균형이자 서로 영향을 주고 있다는 뜻입니다.
- **숫자 :** 전환선은 9일을 사용하고, 기준선은 26일을 사용합니다. 선행스팬과 후행스팬은 26일을 사용합니다. 아울러 주가를 종가로 사용하지 않고 중간값을 사용하므로 종가를 사용하는 이동평균선과는 유사하지만 약간 다릅니다.

| 일목균형표 구성 |

1) 전환선

전환선 = (9일 중 최고점 + 최저점) / 2

전환선은 당일을 포함한 9일 중 최고점과 최저점의 중간값, 즉 평균값을 연결한 선입니다. 전환선은 현재의 매수세력과 매도세력 간의 힘의 균형이 어떤 상황인지 알려주는 선입니다.

일목균형표는 중간값을 취하므로 최고점이나 최저점의 변화가 없다면 전환선은 횡보하기 때문에 종가를 기준으로 하는 이동평균선에 비해 굴곡이 덜한 미묘한 차이가 생깁니다.

2) 기준선

기준선 = (26일 중 최고점 + 최저점) / 2

기준선은 당일을 포함한 26일 중 최고점과 최저점의 중간값을 연결해 만든 선입니다. 기준선은 중기 이동평균선과 유사하나 이 역시 종가가 아닌 중간값을 취합니다. 기준선은 말 그대로 일목균형표의 기준이 되는 선으로, 시세의 방향을 나타내는 중심 추세선입니다.

3) 후행스팬

후행스팬은 현재의 주가를 26일 후행해 그린 것입니다. 일목균형표에서는 하나의 파동이 완성되는 1기를 26일로 보고 있기 때문에 26이라는 숫자를 선택하고 있습니다. 일목균형표의 지표개발자는 '시세가 26일 상승(하락)하면 하락(상승) 혹은 보합으로 변하기 쉽고, 26일간 횡보하면 변화가 생기기 쉽다'고 분석합니다. 후행스팬으로 대략 한 달 전의 주가와 현재의 주가를 비교하면서 판단할 수 있습니다.

4) 선행스팬1

선행스팬1= (기준선 + 전환선) / 2

선행스팬은 전환선과 기준선의 중간값을 26일 앞(선행)으로 이동해 그린 선입니다. 현재 주가의 움직임을 바탕으로 미래의 주가 움직임을 예상해보려는 것입니다.

5) 선행스팬2

선행스팬2 = (52일 중 최고점 + 최저점) / 2

당일을 포함한 52일간의 최고점과 최저점의 중간값을 26일 선행해 그린 선입니다. 52일간이기 때문에 일목균형표에서 가장 장기인 선이며, 당연히 굴곡이 완만하게 나타납니다.

선행스팬1은 전환선과 기준선의 중간값이니 기준선보다는 빠르지만 전환선보다는 느립니다. 선행스팬2는 선행스팬1보다 기간이 길어 더욱 느리게 움직입니다. 빠르기의 차이 때문에 선행스팬1과 선행스팽2가 같게 혹은 교차하면서 움직입니다. 선행스팬1과 2가 서로 엇갈리면서 혼조인 상황이라면 주가가 아직 방향을 잡지 못한 상황이고, 시세가 방향을 잡으면 둘은 동행하게 됩니다.

6) 구름(양운, 음운)

선행스팬1과 선행스팬2 사이를 구름대 혹은 구름층이라고 말합니다. 일반적으로 빗금을 치는데, 색을 달리 표현해 구분하고 있습니다. 선행스팬1이 선행스팬2 위에 있을 때 양운이라 하고 붉은색으로 표현하며, 선행스팬1이 선행스팬2 아래에 있을 때 음운이라 하고 파란색으로 표현합니다. 선행스팬1이 선행스팬2보다 주가에 민감하게, 즉 빠르게 움직이기 때문에 주가가 상승 추세에 있을 때는 양운이 나타나고, 반대로 주가가 하락 추세에 있을 때는 음운이 나타납니다. 주가가 구름대 안에 있을 때는 방향성을 예측하기 힘든 상황이라고 판단합니다. 구름대가 얇은 경우는 저항과 지지의 힘이 상대적으로 약해 주가가 구름을 통과하기 쉬운 편이라고 할 수 있습니다.

| 양운과 음운을 활용한 매매 |

자료 29_동아화성 주가추이 및 일목균형표

구름이 두껍게 형성된다는 것은 거래된 가격대가 폭넓게 형성된 것이니 '매물대가 두텁다'라고 이야기할 수 있습니다. 주가가 좋을 때는 양운이 지지역할을, 주가가 부진한 경우에는 음운이 저항역할을 하게 됩니다.

일목균형표가 만들어지는 과정은 복잡해 보이지만 활용하는 것은 크게 어렵지 않습니다. 위 차트(자료 29)에서 주가가 파란색의 음운을 뚫고 올라선 후 상승 추세로 이어져 양운을 타고 올라갑니다. 음운을 뚫고 올라가는 주식을 따라서 매수하며, 이때 두꺼운 음운을 강하게 뚫고 갈수록 상승 에너지가 크다고 봅니다. 상승 추세의 주가가 양운을 뚫고 내려올 때 매도하면 됩니다.

| 전환선과 기준선을 활용한 매매 |

전환선은 9일이므로 단기 이동평균선의 역할을 하고, 기준선은 26일이므로 중기 이동평균선의 역할을 합니다.

❶ 골든크로스 : 주가가 전환선을 상향돌파. 전환선이 기준선을 상향돌파

❷ 데드크로스 : 주가가 전환선을 하향돌파. 전환선이 기준선을 하향돌파

골든크로스에는 매수로 대응하고, 데드크로스에는 매도로 대응합니다.

자료 30 _ 서울반도체 주가추이 및 일목균형표

서울반도체의 차트 사례(자료 30)로 살펴보겠습니다. 주가가 전환선을 상향돌파 후 전환선이 기준선을 상향돌파하는 골든크로스에 매수하고, 중간에 오르던 주가가 떨어지면서 데드크로스와 골든크로스가 짧게 발생합니다. 매매를 빠르게 하는 분이라면 여기에서 매도와 매수로 빠르게 대응할 수도 있습니다. 양운을 뚫고 내려가지는 않았기 때문에 조금 더 길게 본다면 그대로 보유할 수도 있습니다. 이후 양운을 타고 오르던 주가는 데드크로스를 만들면서 하락합니다. 오른쪽 원 근처에서 매도하지 않았더라도 양운을 아래로 돌파하는 경우에는 매도로 대응해야 손실을 줄일 수 있습니다.

| 구름대를 활용한 매매 |

만들어지는 과정은 복잡했지만 구름대의 색깔로 주가의 힘을 파악하기가 편합니다.

구름대의 해석

❶ 양운 : 강세

❷ 음운 : 약세

❸ 음운에서 양운으로 전환 : 강세

❹ 양운에서 음운으로 전환 : 약세

코스맥스의 차트(자료 31)에서도 작은 원에서 전환선이 기준선을 뚫고 내려오면서 1차 매도신호를 주었고, 양운이 아래로 돌파당하는 순간은 매도를 선택해야만 하는 타이밍입니다. 이후 음운이 크게 길게 이어지면서 약세의

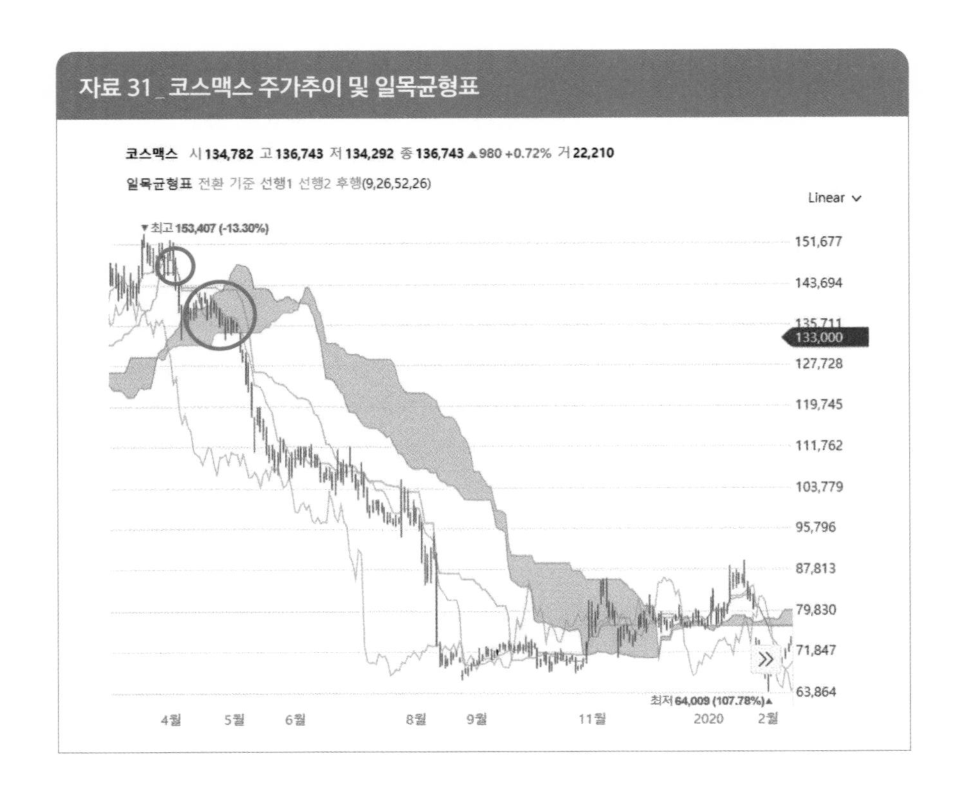

자료 31 _ 코스맥스 주가추이 및 일목균형표

흐름을 그대로 보여줍니다.

주식투자를 할 때 버는 것도 중요하지만 잃지 않는 것도 매우 중요합니다. 주가의 움직임이 투자자의 마음과는 다르게 움직이는 경우가 많은데, 크게 잃지 않으려면 초보자일수록 일목균형표의 음운을 피해가는 것이 좋은 방안입니다.

일목균형표는 동양사상이 가미된 좀 어려운 지표입니다. 더 깊이 들어가면 심오한 분석도 가능하지만 기술적 분석에서 기본적으로 사용되는 크로스 개념만으로도 충분히 잘 활용할 수 있는 좋은 지표입니다.

네이버가 검색에 강점이 있듯 국내증시 화면 왼쪽에서 다양한 조건검색을 찾을 수 있습니다. 물론 증권사가 제공하는 HTS화면에 비해서는 적지만 꼭 필요한 부분은 갖추고 있습니다. 여기서는 기본이 되는 몇 가지 조건검색을 통해 스스로 종목을 찾아보는 방법을 알아보겠습니다. 아울러 ETF와 같이 앞으로 투자대안으로 더욱 기대가 되는 금융상품도 함께 공부해보겠습니다.

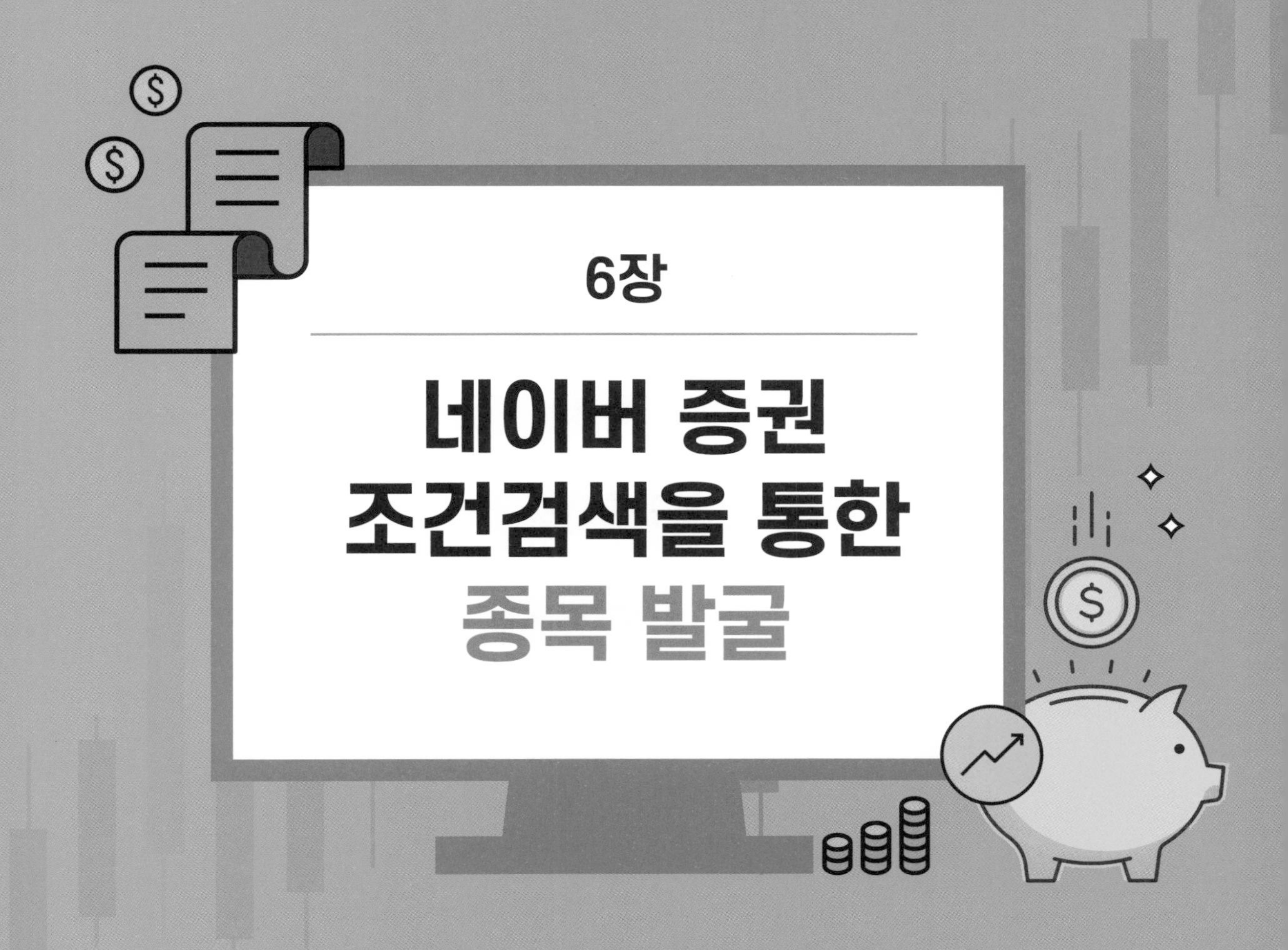

6장

네이버 증권 조건검색을 통한 종목 발굴

▸ 6장 ◂

저자직강 동영상 강의로 이해 쑥쑥!

6장의 핵심 내용을 이해하기 쉽게 풀어낸
저자의 동영상 강의입니다

골든크로스

조건검색의 첫 번째 키워드는 골든크로스입니다. 골든크로스는 사려는 세력이 이전에 비해 많아지고 있음을 나타내므로 주가에 긍정적으로 작용합니다. 골든크로스는 기술적 분석에서도 기본적으로 사용되는 투자 아이디어입니다. 네이버 증권의 조건검색에서 골든크로스 종목들을 편리하고도 쉽게 찾을 수 있습니다.

골든크로스가 중요한 이유는 비교적 주가가 오르는 추세의 초기에 발견된다는 점입니다. 단기 이동평균선이 장기 이동평균선을 돌파해 올라선다는 것은 사려는 세력이 이전에 비해 많아지고 있다는 의미이기도 합니다. 물론 골든크로스가 발생했다고 해서 항상 오르는 추세로 전환하지는 않지만, 종목을 잘 고르면 좋은 성과를 낼 수 있는 기술적 분석에서도 자주 언급되는 기법입니다.

사실 골든크로스는 꼭 주식 관련이 아닌 일상에서도 자주 쓰일 만큼 익숙한 단어이기도 합니다. 예를 들어 어떤 정치인의 낮았던 선호도가 불호도를 돌파해 오르는 경우에도 골든크로스라는 단어를 사용합니다. 이렇게 일상생활에서 쓰일 만큼 자주 언급되는 골든크로스를 모르고 주식투자를 할 수는 없는 노릇입니다. 주식에서 골든크로스는 '단기 이동평균선이 장기 이동평균선을 아래에서 위로 돌파하는 것'을 말합니다. 데드크로스는 반대의 상황을 말합니다.

| 골든크로스 종목 찾기 |

자료 1_ 골든크로스

| 조건검색

골든크로스 | 갭상승

이격도과열 | 투심과열

상대강도과열

네이버 증권 '국내증시' 화면의 왼쪽 메뉴바에서 조건검색을 찾아 '골든크로스'를 클릭하면 됩니다(자료 1).

골든크로스를 클릭해서 들어가면 다음(자료 2)과 같이 골든크로스가 발생한 종목을 한눈에 보여줍니다.

주식투자가 참 쉬워졌다는 것을 새삼 느낄 수 있는 것이 바로 조건검색을 이리 간단히 할 수 있다는 것입니다. 골든크로스 종목을 이 화면(자료 2)과 같이 보여주는데, 화면상의 항목을 삭제하거나 추가할 수 있습니다. 시가총액이 너무 작은 종목은 가볍게 움직이면

자료 2_ 골든크로스 종목

| 골든크로스 종목

항목을 자유롭게 변경하실 수 있습니다. | 최대 7개까지 설정 가능합니다.

- [x] 거래량
- [x] 시가
- [x] 고가
- [x] 저가
- [ ] 매수호가
- [ ] 매도호가
- [ ] 매수총잔량
- [ ] 매도총잔량
- [ ] 거래대금(백만)
- [ ] 전일거래량
- [ ] 외국인비율
- [ ] 상장주식수(천주)
- [ ] 시가총액(억)
- [ ] 자산총계(억)
- [ ] 부채총계(억)
- [ ] 매출액(억)
- [ ] 매출액증가율
- [ ] 영업이익(억)
- [ ] 영업이익증가율
- [ ] 당기순이익(억)
- [ ] 주당순이익(원)
- [ ] 보통주배당금(원)
- [x] PER(배)
- [x] ROE(%)
- [ ] ROA(%)
- [ ] PBR(배)
- [ ] 유보율(%)

적용하기 | 초기 항목으로

단기(20일) 이동평균선이 장기(60일) 이동평균선을 돌파하는 경우의 종목입니다.

N	종목명	현재가	전일비	등락률	거래량	시가	고가	저가	시가총액	PER	ROE
1	남해화학	12,600	▲ 400	+3.28%	7,692,968	12,600	12,750	11,600	6,260	29.72	5.65
2	이건산업	15,300	▲ 50	+0.33%	688,234	15,400	15,900	15,200	1,676	26.29	0.96
3	KINDEX 배당성장	39,895	▼ 145	-0.36%	63	40,080	40,185	39,885	32	N/A	N/A
4	솔브레인	339,800	▼ 3,900	-1.13%	21,624	343,100	343,100	336,800	26,432	21.00	N/A
5	동진쎄미켐	29,250	▼ 750	-2.50%	475,947	29,900	30,000	29,050	15,039	17.72	21.58
6	비덴트	10,350	▼ 400	-3.72%	1,813,977	10,750	11,100	10,350	4,727	3.43	7.25
7	해성티피씨	21,700	▼ 850	-3.77%	119,836	22,550	22,650	21,150	1,005	-90.79	-4.47
8	디스플레이텍	5,820	▼ 250	-4.12%	7,722,819	6,500	6,570	5,710	1,088	19.80	N/A
9	씨티케이	11,850	▼ 1,000	-7.78%	1,278,828	13,050	13,050	11,450	2,292	101.28	-0.27

자료 3_LG이노텍 1년간 주가추이 (2023년 6월 기준)

골든크로스의 의미가 낮을 수 있어 시가총액을 포함해 검색한 결과입니다. 투자자의 선호에 따라 영업이익이나 이익성장률 등 다양한 항목으로 검색할 수 있다는 점도 장점입니다.

이 중에서 소부장(소재, 부품, 장비) 종목으로 인기가 많은 LG이노텍을 살펴보도록 하겠습니다.

LG이노텍의 종목화면에서 차트를 클릭하면 차트를 열 수 있습니다(자료 3). LG이노텍 차트에서 골든크로스를 쉽게 찾을 수 있습니다. 5일 이동평균선이 20일 이동평균선을 돌파하고 60일 및 120일 이동평균선도 돌파해내고 있습니다. 주가의 흐름이 하락을 멈추고 반등하면서 골든크로스가 연속적으로 발생하고 있다는 점에서 더욱 관심이 갑니다. 이런 종목은 당장 투자하지 않더라도 관심종목에 편입해두고 본격적으로 연구를 더 해볼 만한 종목입니다.

이제 무엇을 더 분석해봐야 할까요? 당연히 이 회사가 돈을 잘 버는 회사인지 확인해야 합니다. 종목화면에서 '기업실적분석'을 찾아보겠습니다.

자료 4 _ LG이노텍 기업실적분석

기업실적분석

주요재무정보	최근 연간 실적			
	2020.12	2021.12	2022.12	2023.12 (E)
	IFRS 연결	IFRS 연결	IFRS 연결	IFRS 연결
매출액(억원)	95,418	149,456	195,894	207,112
영업이익(억원)	6,810	12,642	12,718	10,681
당기순이익(억원)	2,361	8,883	9,798	7,450
영업이익률(%)	7.14	8.46	6.49	5.16
순이익률(%)	2.48	5.94	5.00	3.60
ROE(%)	10.20	30.94	25.85	16.42
부채비율(%)	148.74	133.58	129.59	
당좌비율(%)	84.60	80.19	64.05	
유보율(%)	1,990.24	2,688.76	3,467.09	
EPS(원)	9,977	37,532	41,401	31,717
PER(배)	18.29	9.70	6.10	9.81
BPS(원)	102,588	140,050	180,261	206,172
PBR(배)	1.78	2.60	1.40	1.51

차트가 마음에 들더라도 기본적으로 회사의 재무체력이 어떤지도 꼭 확인해야 합니다. LG이노텍은 〈자료 4〉에서 보듯 매출이 꾸준히 늘고 있습니다. 다소 아쉬운 점은 영업이익률이 다소 하락하고 있다는 것입니다. 아마도 애플에 대한 의존도가 높은 회사이다 보니 애플 아이폰의 판매에 영향을 받는 측면이라 생각됩니다.

더불어 한 가지 더 생각할 점은 애플카입니다. 아직 세상에 나오지도 않은 애플카에 대한 관심은 지대한데, 그 애플카의 주요 협력처가 바로 LG이노텍이 될 것이기 때문에 애플카 뉴스가 나올 때마다 LG이노텍도 관심을 받을 것으로 짐작됩니다.

골든크로스가 발생하는 종목 중에서 기업실적이 좋은 회사를 분할매수하는 것은 실패할 위험이 낮은 투자기법입니다. 초보자도 활용하기에 좋은 방법이므로 잘 기억했다가 실전에서 잘 활용하시기 바랍니다.

갭상승

갭이라는 말 자체가 틈과 간격을 의미합니다. 주식에서의 갭이란 주가가 전일의 주가보다 상당 수준 오르거나 낮게 시작해 전일 캔들과 당일 캔들 간에 간격이 생기는 것을 말합니다. 주가가 일정 수준 급등 혹은 급락해서 차트에 빈 공간이 생기게 되는데, 이는 주가의 가속 혹은 반전을 뜻하는 의미 있는 신호가 됩니다.

갭상승은 전일의 주가에 비해 3%에서 5% 정도 혹은 그 이상의 차이를 두고 당일 주가가 형성되는 것을 말합니다. 갭이 생성되는 이유는 상승의 경우에는 매수세가 매우 강한 것이고, 하락의 경우에는 매도세가 매우 강하다는 의미입니다.

따라서 갭이 생기면 주가가 크게 움직일 수 있다는 신호로 해석할 수 있습니다. 바로 이것이 갭을 투자자들이 주목하는 이유입니다.

❙ 갭의 의미 ❙

갭을 만들기 위해서는 강한 매수세와 강한 매도세가 있어야 합니다. 따라서 강한 호재나 악재가 아니라면 상당한 자금과 물량이 가능한 소위 말하는

'세력'이 갭을 주도하게 됩니다. 주가를 리드하는 세력이 갭을 만드는 것은 주가의 방향성을 잡아간다는 신호일 수 있습니다. 투자자 입장에서는 갭하락보다는 갭상승에 더 많은 관심을 가지는 것이 당연합니다.

| 시가의 위치에 따른 갭의 의미 |

① 갭상승 : 전일 종가보다(일반적으로 3~5% 정도) 높게 가격이 형성되는 것을 의미하며, 당일 동시호가부터 강한 매수세를 의미합니다. 특히 전고점을 뚫고 갭상승이 나온다면 단기적으로 투자 관심대상이 됩니다.

② 갭하락 : 전일 종가보다(일반적으로 3~5% 정도) 낮게 가격이 형성되는 것을 의미하며, 당일 동시호가부터 강한 매도세가 존재한다는 것을 알 수 있습니다. 갭하락이라는 뜻은 전일 매도를 하지 못한 투자자들이 시초가부터 강한 매도세를 보이는 것으로, 이 매도물량을 잠재울 만한 호재가 없다는 뜻입니다. 그러므로 어느 정도 투자 손실을 각오해야 할 상황이라고 볼 수 있습니다. 하지만 갭하락 후에 양봉으로 전환될 때 일시적인 반등이 올 수는 있습니다.

네이버 증권 국내증시 화면 왼쪽 메뉴바의 '조건검색'에서 '갭상승'을 찾을 수 있습니다. 클릭하면 당일 갭상승 종목을 알려줍니다.

자료 5_ 갭상승

| 조건검색

골든크로스 | **갭상승**
이격도과열 | 투심과열
상대강도과열

자료 6_ 갭상승종목 (2023년 6월 9일 기준)

| 갭상승 종목

항목을 자유롭게 변경하실 수 있습니다. : 최대 7개까지 설정 가능합니다.

- [x] 거래량
- [x] 시가
- [x] 고가
- [x] 저가
- [ ] 매수호가
- [ ] 매도호가
- [ ] 매수총잔량
- [ ] 매도총잔량
- [ ] 거래대금(백만)
- [ ] 전일거래량
- [ ] 외국인비율
- [ ] 상장주식수(천주)
- [ ] 시가총액(억)
- [ ] 자산총계(억)
- [ ] 부채총계(억)
- [ ] 매출액(억)
- [ ] 매출액증가율
- [ ] 영업이익(억)
- [ ] 영업이익증가율
- [ ] 당기순이익(억)
- [ ] 주당순이익(원)
- [ ] 보통주배당금(원)
- [x] PER(배)
- [x] ROE(%)
- [ ] ROA(%)
- [ ] PBR(배)
- [ ] 유보율(%)

적용하기 | 초기 항목으로

갭상승 종목중에서 전일 고가보다 당일 저가가 높은 종목입니다.

N	종목명	현재가	전일비	등락률	거래량	시가	고가	저가	PER	ROE
1	한국전자홀딩스	1,449	↑ 334	+29.96%	35,182,288	1,225	1,449	1,215	5.25	12.01
2	이루다	9,000	▲ 1,430	+18.89%	7,505,404	7,780	9,000	7,780	21.58	19.91
3	루트로닉3우C	52,000	▲ 8,100	+18.45%	21,681	54,200	54,200	51,800	30.08	N/A
4	루트로닉	36,150	▲ 4,350	+13.68%	9,092,348	36,200	36,300	36,000	20.91	32.06
5	마녀공장	46,900	▲ 5,300	+12.74%	11,282,607	43,550	53,000	43,050	N/A	N/A

갭상승 종목을 살펴보면 상승률이 높은 종목부터 검색이 됩니다(자료 6). 그중에서 루트로닉을 살펴보겠습니다.

루트로닉 종목화면(자료 7)에서 1주일간의 주가흐름을 확인해보니 최근 갭상승이 한 번이 아님을 알 수 있습니다. 최근 주가흐름이 매우 강하다는 것을 알 수 있습니다. 최근의 주가흐름 강세의 이유를 확인해보고 싶어집니다.

자료 8_루트로닉 뉴스

뉴스	더보기
[화제의 바이오人]한앤컴퍼니로 매각된 루트로...	06/10
한앤코 공개매수에 루트로닉 주가 ... 관련 20건	06/09
[데이터로 보는 증시]루트로닉, 기관·외국인 코...	06/09
루트로닉[핫스탁](종합) 관련 3건	06/09
루트로닉, 자진 상장폐지 위한 공개매수 실시	06/09
루트로닉, 한앤코와 최대주주 변경... 관련 3건	06/09
루트로닉, 日 피부과학회총회 참가 관련 3건	06/02
거래소, 루트로닉 3우선주 관리종목 지정우려 ...	06/01
루트로닉, 주름개선 기능성 화장품 '젤리토닝 마...	06/01
루트로닉, 에스테틱 의료기기 생산 글로벌 80여...	05/31

루트로닉 개별종목화면에서 뉴스(자료 8)를 보니 '루트로닉 매각'이라는 여러 기사를 볼 수 있습니다. M&A 이슈로 급등한 것임을 알 수 있습니다.

아름다워지고 싶은 열망은 미용기기 사업을 성장산업으로 만들고 있습니다. M&A 뉴스를 통해 어떤 산업에서 기업들의 인수합병이 활발해지면 해당 산업의 기업들이 주목을 받게 됩니다.

네이버 국내증시에서 '테마' 란을 찾아 클릭해보면 해당 테마로 묶인 종목들을 찾을 수 있습니다(자료 9).

테마 안에서 클래시스라는 종목도 눈에 들어오고 네이버 증권의 미용기기 테마에는 없었지만 '한스바이오메드' 같은 종목도 생각이 납니다. 실제 한스

자료 9_ 테마별 시세

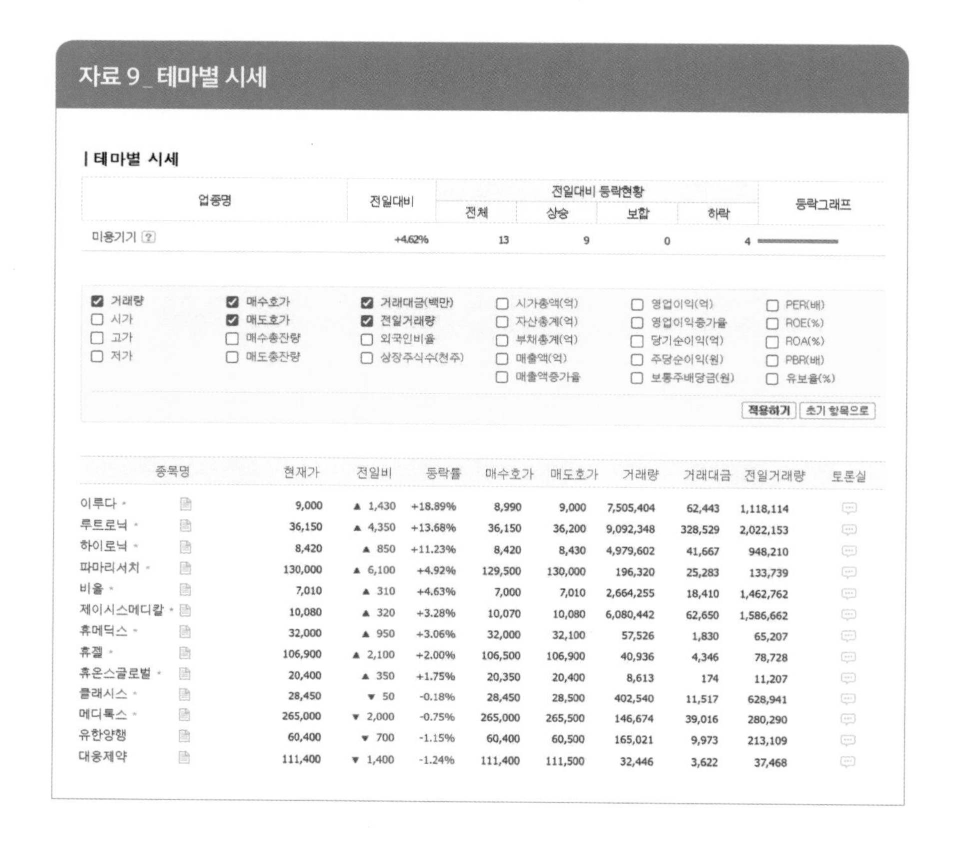

| 테마별 시세

업종명	전일대비	전일대비 등락현황				등락그래프
		전체	상승	보합	하락	
미용기기	+4.62%	13	9	0	4	

- ☑ 거래량
- ☐ 시가
- ☐ 고가
- ☐ 저가
- ☑ 매수호가
- ☑ 매도호가
- ☐ 매수총잔량
- ☐ 매도총잔량
- ☑ 거래대금(백만)
- ☑ 전일거래량
- ☐ 외국인비율
- ☐ 상장주식수(천주)
- ☐ 시가총액(억)
- ☐ 자산총계(억)
- ☐ 부채총계(억)
- ☐ 매출액(억)
- ☐ 매출액증가율
- ☐ 영업이익(억)
- ☐ 영업이익증가율
- ☐ 당기순이익(억)
- ☐ 주당순이익(원)
- ☐ 보통주배당금(원)
- ☐ PER(배)
- ☐ ROE(%)
- ☐ ROA(%)
- ☐ PBR(배)
- ☐ 유보율(%)

적용하기 초기 항목으로

종목명	현재가	전일비	등락률	매수호가	매도호가	거래량	거래대금	전일거래량	토론실
이루다	9,000	▲ 1,430	+18.89%	8,990	9,000	7,505,404	62,443	1,118,114	
루트로닉	36,150	▲ 4,350	+13.68%	36,150	36,200	9,092,348	328,529	2,022,153	
하이로닉	8,420	▲ 850	+11.23%	8,420	8,430	4,979,602	41,667	948,210	
파마리서치	130,000	▲ 6,100	+4.92%	129,500	130,000	196,320	25,283	133,739	
비올	7,010	▲ 310	+4.63%	7,000	7,010	2,664,255	18,410	1,462,762	
제이시스메디칼	10,080	▲ 320	+3.28%	10,070	10,080	6,080,442	62,650	1,586,662	
휴메딕스	32,000	▲ 950	+3.06%	32,000	32,100	57,526	1,830	65,207	
휴젤	106,900	▲ 2,100	+2.00%	106,500	106,900	40,936	4,346	78,728	
휴온스글로벌	20,400	▲ 350	+1.75%	20,350	20,400	8,613	174	11,207	
클래시스	28,450	▼ 50	-0.18%	28,450	28,500	402,540	11,517	628,941	
메디톡스	265,000	▼ 2,000	-0.75%	265,000	265,500	146,674	39,016	280,290	
유한양행	60,400	▼ 700	-1.15%	60,400	60,500	165,021	9,973	213,109	
대웅제약	111,400	▼ 1,400	-1.24%	111,400	111,500	32,446	3,622	37,468	

바이오메드는 여러 회사들이 관심을 가지고 있다는 소문도 있습니다.

갭상승은 기회이기도 하고, 뉴스가 노출되면서 이후 하락하기도 하기 때문에 조심스럽게 접근해야 합니다. 일반적으로 적극적인 투자자는 상승의 힘이 많은 종목에서 수익을 내기 쉽다고 합니다. 이런 이유로 갭상승을 보여주는 종목에 시장의 관심이 많아집니다.

이격도

'유럽의 워런 버핏'이라 불리는 앙드레 코스톨라니는 주가를 '산책을 나온 주인과 개'에 비유합니다. 주가는 경기를 앞서거니 뒤서거니 하면서 움직이는데, 결국 개는 주인의 근처에 머무르게 됩니다. 이격도도 같은 논리로 주가가 평균에서 멀어지면 다시 만나게 되는 성질을 이용합니다. 엔벨로프도 이격도와 비슷한 원리를 가지고 있습니다.

| 이격도 |

이격도란 말 그대로 주가와 이동평균선이 얼마나 멀리 떨어져 있는가를 나타내는 것입니다. 멀어질수록 다시 만나려고 하는 힘이 강해지고, 만나면 다시 멀어지면서 이동평균선 근처에서 주가는 움직이게 됩니다. 이격도를 정확히 표현하자면 이격률로 부르는 것이 맞습니다. 주가와 이동평균선 간의 이격 정도를 율로 표시해 투자에 참고하는 것입니다. 주가가 이동평균선으로부터 지나치게 높아지면 매도로, 반대로 지나치게 낮아지면 매수로 대응합니다.

네이버 증권의 '국내증시' 화면 왼쪽

자료 10_ 이격도 과열

| 조건검색

골든크로스 | 갭상승
이격도과열 | 투심과열
상대강도과열

자료 11_ 이격도 과열 종목

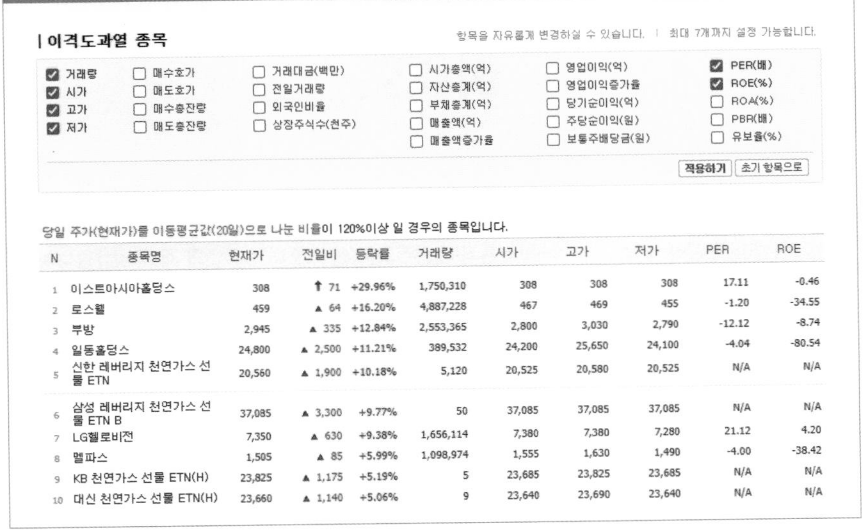

| 이격도과열 종목

항목을 자유롭게 변경하실 수 있습니다. | 최대 7개까지 설정 가능합니다.

- [x] 거래량
- [x] 시가
- [x] 고가
- [x] 저가
- [ ] 매수호가
- [ ] 매도호가
- [ ] 매수총잔량
- [ ] 매도총잔량
- [ ] 거래대금(백만)
- [ ] 전일거래량
- [ ] 외국인비율
- [ ] 상장주식수(천주)
- [ ] 시가총액(억)
- [ ] 자산총계(억)
- [ ] 부채총계(억)
- [ ] 매출액(억)
- [ ] 매출액증가율
- [ ] 영업이익(억)
- [ ] 영업이익증가율
- [ ] 당기순이익(억)
- [ ] 주당순이익(원)
- [ ] 보통주배당금(원)
- [x] PER(배)
- [x] ROE(%)
- [ ] ROA(%)
- [ ] PBR(배)
- [ ] 유보율(%)

적용하기 | 초기 항목으로

당일 주가(현재가)를 이동평균값(20일)으로 나눈 비율이 120%이상 일 경우의 종목입니다.

N	종목명	현재가	전일비	등락률	거래량	시가	고가	저가	PER	ROE
1	이스트아시아홀딩스	308	↑ 71	+29.96%	1,750,310	308	308	308	17.11	-0.46
2	로스웰	459	▲ 64	+16.20%	4,887,228	467	469	455	-1.20	-34.55
3	부방	2,945	▲ 335	+12.84%	2,553,365	2,800	3,030	2,790	-12.12	-8.74
4	일동홀딩스	24,800	▲ 2,500	+11.21%	389,532	24,200	25,650	24,100	-4.04	-80.54
5	신한 레버리지 천연가스 선물 ETN	20,560	▲ 1,900	+10.18%	5,120	20,525	20,580	20,525	N/A	N/A
6	삼성 레버리지 천연가스 선물 ETN B	37,085	▲ 3,300	+9.77%	50	37,085	37,085	37,085	N/A	N/A
7	LG헬로비전	7,350	▲ 630	+9.38%	1,656,114	7,380	7,380	7,280	21.12	4.20
8	멜파스	1,505	▲ 85	+5.99%	1,098,974	1,555	1,630	1,490	-4.00	-38.42
9	KB 천연가스 선물 ETN(H)	23,825	▲ 1,175	+5.19%	5	23,685	23,825	23,685	N/A	N/A
10	대신 천연가스 선물 ETN(H)	23,660	▲ 1,140	+5.06%	9	23,640	23,690	23,640	N/A	N/A

메뉴바에서 '이격도 과열' 종목을 검색할 수 있습니다(자료 10). 해당 아이콘을 클릭하면 이격도가 큰 종목을 찾을 수 있습니다(자료 11). 물론 이격도를 통해 투자종목을 발굴하는 것도 좋습니다만, 주식투자 초보자를 위한 좀 더 쉬운 투자방법이 있습니다. 그것은 바로 이격도와 유사한 '엔벨로프'입니다.

| 엔벨로프 원리 |

엔벨로프의 상하한선에 설정되는 %는 이격도와 같습니다. 즉 그 중심선을 20일 이동평균선으로 잡고 이격도를 일반적으로 6%로 설정하면, 차트에 20일 이동평균선과 이격이 6% 벌어진 지점에 위와 아래로 선이 만들어지게 됩니다.

| 엔벨로프 구조 |

❶ **추세중심선** : N일 이동평균선

❷ **상한선** : 추세중심선을 기준으로 +설정 %, 저항선 역할

❸ **하한선** : 추세중심선을 기준으로 -설정 %, 지지선 역할

- N일은 주로 20일 이동평균선을 사용함
- 상하한선 설정은 6%를 가장 많이 사용함. 네이버 증권도 기본적으로 6%로 설정되어 있음. 투자자에 따라서 2~20%로 다양하게 설정함. 보통 변동성이 큰 종목은 범위를 넓게 잡고 판단함

엔벨로프 활용을 권하는 이유는 복잡하지 않고 쉽게 매매 타이밍을 잡을 수 있기 때문입니다.

〈자료 12〉에서처럼 차트의 보조지표에서 엔벨로프를 선택하면 됩니다. 삼성전자 차트(자료 13)로 엔벨로프를 활용한 매매에 대해 살펴보겠습니다.

자료 12_ 엔벨로프 설정

엔벨로프 상단에서 매도하고 하단에서 매수하는 전략이 가장 일반적입니다. 시각적으로도 매매 타이밍을 잡기가 쉬워서 초보투자자가 활용하기에 좋습니다. 또한 삼성전자와 같은 대형주를 가지고 엔벨로프를 활용해 매매하면 소형주에 비해 변동성도 낮고, 상대적으로 안전하게 투자할 수 있습니다. 아울러 전반적으로 상하변동은 하지만 횡보하는 흐름에서 매우 적절한 매매기법입니다.

다만 주의할 점은 아래 차트(자료 13) 오른쪽에서 볼 수 있듯이 지속적이고 추세적인 상승이 나오는 경우에는 지나치게 빨리(네모 표시) 매도할 수 있다는 것입니다. 따라서 추세를 살필 수 있는 이동평균선의 기울기나 MACD지

자료 13_ 삼성전자 주가추이와 엔벨로프

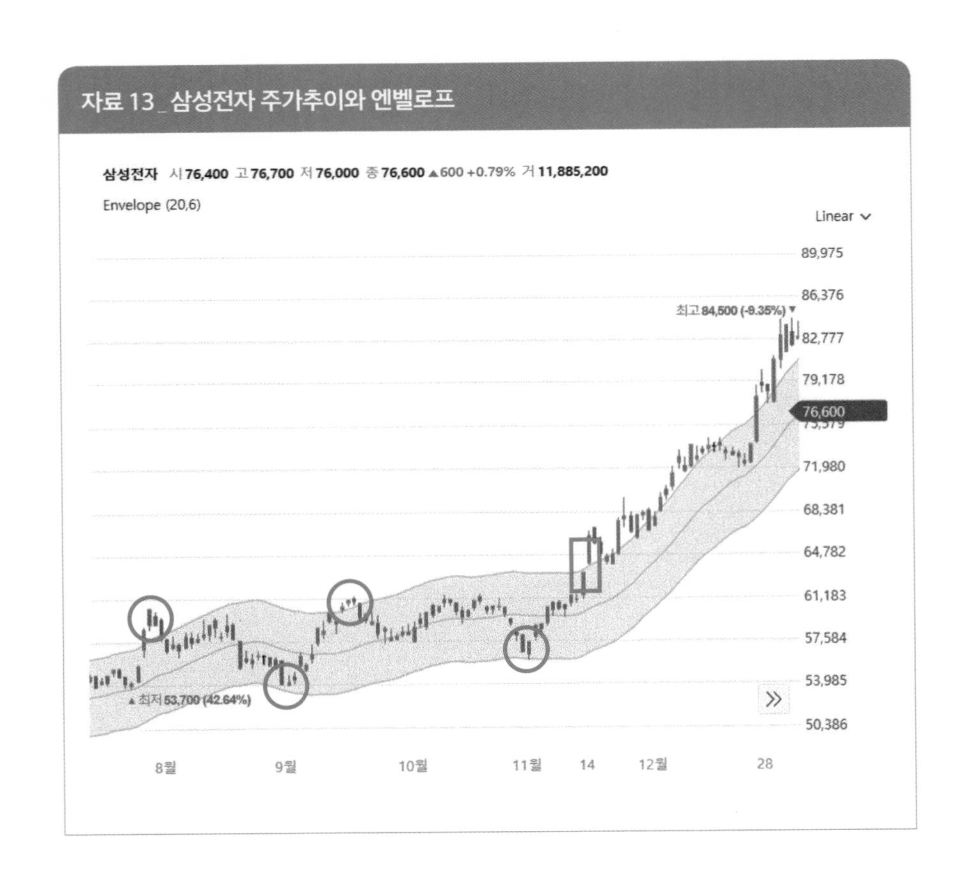

자료 14 _ 코스닥지수 추이와 엔벨로프

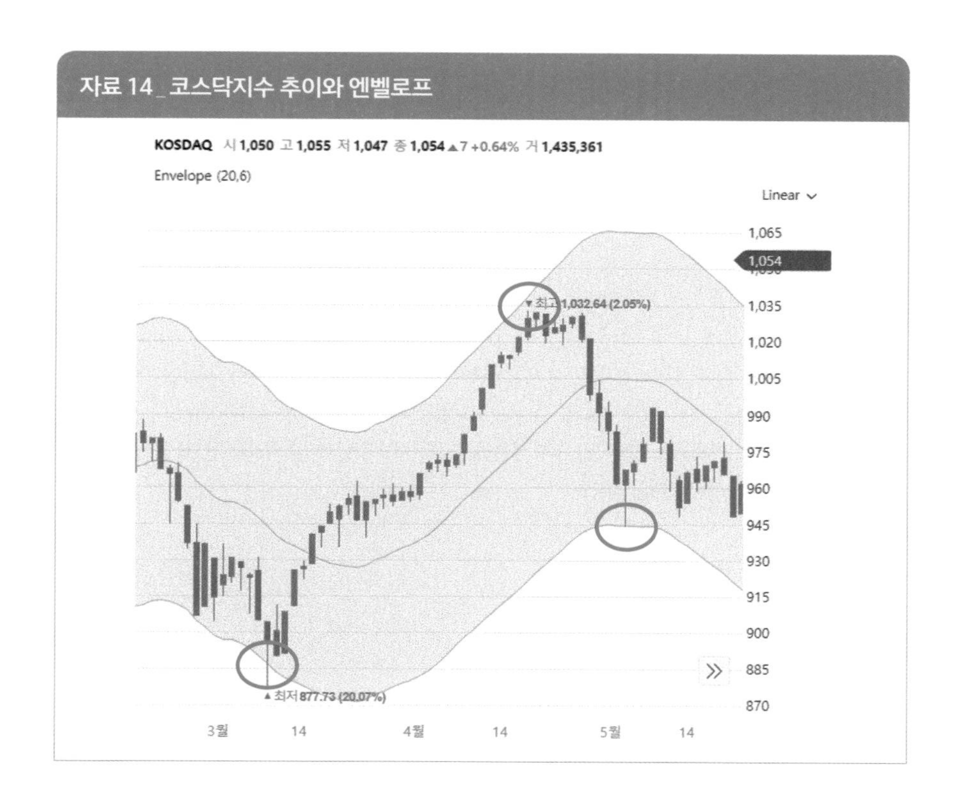

표 등을 엔벨로프와 함께 살피면서 매매하면 좋습니다.

엔벨로프로 지수에 투자하는 것도 유용한 방법입니다. 위 차트(자료 14)에서 보듯 코스닥지수로 매매하면, 추세적인 하락이나 상승이 아닐 경우 한두 달에 한 번씩 정도는 매매 타이밍을 찾을 수 있습니다. 초보투자자일수록 개별종목 매매가 부담스러울 수 있는데, 이렇게 지수 ETF나 지수를 추종하는 펀드로 매매하면서 주식투자의 감을 익혀가는 것도 좋은 방안입니다.

ETF

개인 투자자의 흔한 실수 중 하나는 본인이 시장을 이길 수 있다고 믿는 것입니다. 시장은 거대한 파도와 같아서 흐름을 타야 하는 것이지, 최강 고수가 아니라면 이겨낼 수 있는 것이 아닙니다. 그래서 개별종목 발굴에 지친 분이나 초보투자자에게 적절한 선택은 ETF입니다. 증권사나 은행의 창구에 방문하지 않고도 ETF를 매매할 수 있습니다.

| ETF의 개념 |

ETF(Exchange Traded Funds)는 주식, 채권과 같은 기초자산의 가격이나 지수의 변화에 연동해 운용하는 것을 목표로 하는 펀드입니다. 다만 일반적인 펀드와 다른 점은 주식시장에 상장되어 주식과 동일한 방법으로 매매할 수 있다는 것입니다. 한마디로 '상장된 지수펀드'인데, 인덱스 펀드를 거래소에서 매매할 수 있도록 상장시킨 것이라고 이해하면 쉽습니다.

거래소에서 거래할 수 있다는 것 때문에 투자의 접근성이 매우 편리합니다. 증권사나 은행의 창구에 방문하지 않고도 ETF를 매매할 수 있기 때문입니다. ETF가 추적하는 지수도 다양해 평소 투자하기 힘들었던 투자기회도 간편하게 접근이 가능합니다. 그리고 방향성 거래, 즉 지수가 하락할 때 수익을 내는 구조나 지수의 배수로 수익률을 추구할 수도 있어 더욱 유용합니다.

| ETF의 특징 |

1) ETF는 인덱스 펀드

ETF는 특정지수를 대표하는 인덱스와 동일한 수익을 얻고 인덱스와 동일한 위험을 부담하는 것을 목표로 운용되는 인덱스 펀드입니다.

2) ETF는 시장에서 거래가 이루어지는 펀드

ETF는 기존의 인덱스 펀드와는 달리 거래소에 상장되어 있기 때문에 일반 주식과 같은 방법으로 거래를 할 수 있습니다. 따라서 ETF를 가입하고자 하면 은행이나 증권회사를 방문하는 것이 아니라 주식과 같이 거래소의 거래시간에 전화주문 혹은 HTS에 접속해 주문을 할 수 있습니다.

3) ETF는 장점이 많은 펀드

ETF 1주를 매수함으로써 ETF가 추종하는 특정지수의 전 종목을 매수한 것과 동일한 효과를 가집니다. 시장 내 매도로 현금화의 방법이 수월한데, 인덱스 펀드보다 하루 더 빠릅니다.

- 저렴한 비용 : 인덱스 펀드에 비해 상대적으로 낮은 보수율이 적용됩니다.
- 운용의 투명성 : ETF의 운용 성과 및 포트폴리오는 매일 공시해 투명성이 높습니다.
- 매매 적시성 : ETF는 일반 주식처럼 언제든지 쉽게 매매할 수 있어, 시장 상황에 따른 탄력적인 매매가 가능합니다. 선물이나 옵션거래가 어려운 일반 투자자 입장에서는 선물이나 옵션의 대용상품으로도 훌륭한 기능을 할 수 있습니다.

• 투자안의 확장성 : 다양한 ETF가 상장되어 있어 다양한 투자안에 접근할 수 있습니다. 해외 주식 및 원자재에도 ETF로 접근하면 해외주문을 넣는 불편함이 없습니다.

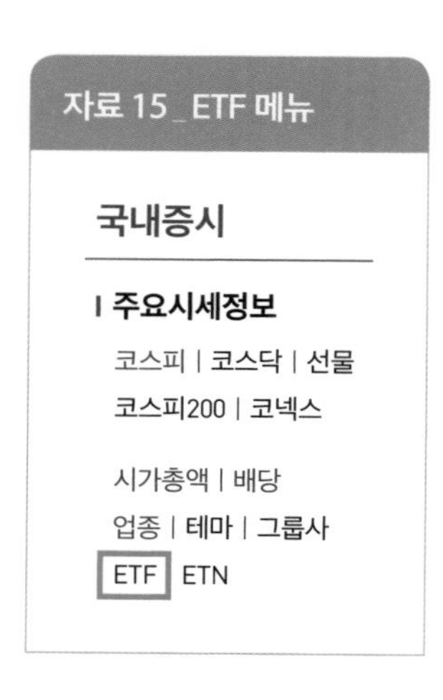

자료 15_ETF 메뉴

'국내증시' 화면의 왼쪽 메뉴바에서 'ETF'를 클릭하면 다양한 ETF를 안내하고 있습니다(자료 15). 예를 들어 가장 많이 거래하는 ETF는 한국 코스피 200지수를 추종하는 ETF입니다. 개별종목에 투자하지 않고 전반적인 주식시장에 투자하고자 한다면 합리적인 선택이 될 것입니다.

ETF를 투자할 때 매력적인 요소는 다양한 섹터전략을 실행할 수 있다는 점입니다. 아래 ETF화면(자료 16)에서 '국내 업종/테마'를 클릭하면 다양한 업종과 테마를 만날 수 있습니다.

자료 16_ETF 종류

| ETF

ETF(상장지수펀드)는 기초지수의 성과를 추적하는 것이 목표인 인덱스펀드로, 거래소에 상장되어 있어서 개별주식과 마찬가지로 기존의 주식계좌를 통해 거래를 할 수 있습니다. 그 구성종목과 수량 등 자산구성내역(PDF)이 투명하게 공개되어 있고, 장중에는 실시간으로 순자산가치(NAV)가 제공되어 거래에 참고하실 수 있습니다. ETF는 1좌를 거래할 수 있는 최소한의 금액만으로 분산투자 효과를 누릴 수 있어 효율적인 투자수단이며, 펀드보다 운용 보수가 낮고 주식에 적용되는 거래세도 붙지 않습니다.

전체 | 국내 시장지수 | 국내 업종/테마 | 국내 파생 | 해외 주식 | 원자재 | 채권 | 기타

종목명	현재가	전일비	등락률	NAV	3개월수익률	거래량	거래대금(백만)	시가총액(억)
KODEX 200	41,930	▲ 270	+0.65%	41,979	-3.20%	2,807,005	117,551	54,593
TIGER 200	41,960	▲ 270	+0.65%	42,009	-3.15%	992,124	41,597	23,225
KODEX 단기채권	102,885	▲ 10	+0.01%	102,883	+0.03%	7,598	781	20,968
KODEX 200선물인버스2X	2,000	▼ 25	-1.23%	2,004	+5.26%	113,442,718	227,795	20,042
TIGER 차이나전기차SOLACTIVE	16,480	▼ 670	-3.91%	N/A	+26.33%	12,395,343	207,101	18,702

자료 17 _ 국내 업종/테마

전체 | 국내 시장지수 | 국내 업종/테마 | 국내 파생 | 해외 주식 | 원자재 | 채권 | 기타

종목명	현재가	전일비	등락률	NAV	3개월수익률	거래량	거래대금(백만)	시가총액(억)
KODEX 삼성그룹	10,455	▲ 75	+0.72%	10,472	+3.77%	153,755	1,603	17,334
TIGER TOP 10	14,475	▲ 110	+0.77%	14,520	+0.24%	109,723	1,586	13,259
KODEX 2차전지산업	21,050	▲ 305	+1.47%	21,103	+15.60%	1,175,281	24,541	9,767
TIGER 200 IT	37,205	▲ 920	+2.54%	37,265	-1.29%	156,093	5,767	9,257
TIGER 2차전지테마	20,040	▲ 375	+1.91%	20,087	+16.21%	1,201,190	23,848	8,928
KODEX 자동차	22,820	▲ 280	+1.24%	22,815	-4.72%	203,756	4,636	6,960

〈자료 17〉에서 보듯 특정 그룹주, 2차전지, 자동차 등 특정 섹터를 묶어서 투자할 수도 있습니다. 그 외에도 헬스케어, 수소산업 등 다양하고 성장성이 좋은 테마 ETF가 가득합니다. 성장성이 좋지만 개별종목을 선정하기 힘든 경우에 ETF는 가장 적절한 대안입니다.

자료 18 _ 파생 ETF

전체 | 국내 시장지수 | 국내 업종/테마 | 국내 파생 | 해외 주식 | 원자재 | 채권 | 기타

종목명	현재가	전일비	등락률	NAV	3개월수익률	거래량	거래대금(백만)	시가총액(억)
KODEX 200선물인버스2X	2,000	▼ 25	-1.23%	2,004	+5.26%	113,442,718	227,795	20,042
KODEX 레버리지	26,700	▲ 335	+1.27%	26,817	-6.79%	17,057,498	454,363	17,088
KODEX 인버스	3,840	▼ 25	-0.65%	3,841	+2.95%	24,524,051	94,334	11,121
KBSTAR 국고채3년선물인버스	99,775	▲ 65	+0.07%	99,767	+0.06%	261	26	6,023
KODEX 코스닥150선물인버스	4,160	▼ 30	-0.72%	4,167	-9.47%	27,812,257	115,955	5,113

파생상품을 직접 거래하기 힘든 개인 투자자도 ETF로 투자하면 다양한 전략을 구사할 수 있습니다(자료 18). 예를 들어 인버스 전략도 ETF를 활용하면 쉽게 접근이 가능합니다.

자료 19_해외주식 ETF

전체 | 국내 시장지수 | 국내 업종/테마 | 국내 파생 | **해외 주식** | 원자재 | 채권 | 기타

종목명	현재가	전일비	등락률	NAV	3개월수익률	거래량	거래대금(백만)	시가총액(억)
TIGER 차이나전기차SOLACTIVE	16,480	▼ 670	-3.91%	N/A	+26.33%	12,395,343	207,101	18,702
TIGER 미국나스닥100	81,030	▼ 300	-0.37%	N/A	+18.77%	155,599	12,605	11,344
TIGER 미국테크TOP10 INDXX	12,065	▼ 60	-0.49%	N/A	+23.24%	2,409,529	29,013	5,972
TIGER 미국S&P500	13,240	▲ 20	+0.15%	N/A	+12.37%	573,239	7,579	5,667
TIGER 글로벌리튬&2차전지SO···	10,830	▼ 105	-0.96%	N/A	N/A	1,463,688	15,915	5,320

해외 주식시장도 ETF를 통하면 굳이 밤새워 거래할 필요가 없습니다(자료 19). 미국주식시장 지수나 다양한 국가 및 해외테마도 투자 가능합니다.

자료 20_KODEX국고채 30년 액티브

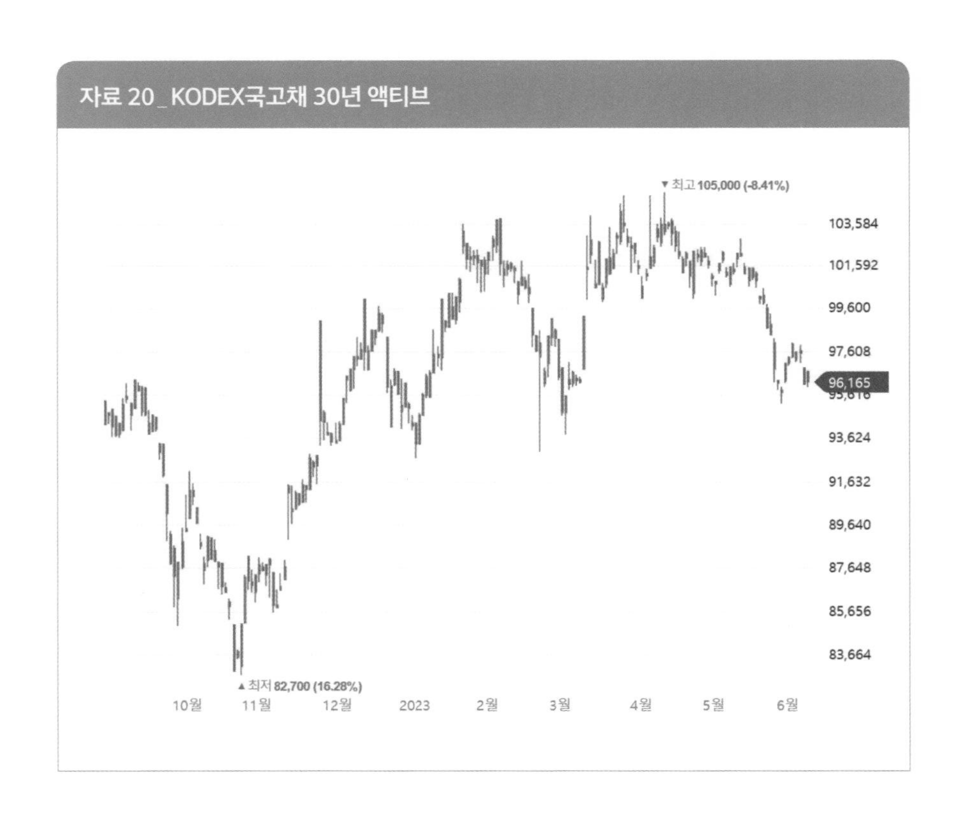

채권은 주식과 예금의 중간 정도의 위험으로 인기가 많은 투자대안입니다. 다만 채권을 실물로 투자하려면 금액단위가 커서 불편할 수 있는데, ETF로 투자하면 소액으로도 가능합니다.

금리 하락기에 채권투자가 유리한데, 특히 장기채가 수익률이 더 높습니다. 장기채의 가격을 추종하는 ETF도 네이버 증권의 ETF 검색을 통해 쉽게 찾을 수 있습니다. 금리 하락기에는 30년 정도의 장기채권ETF를 분할 매수하는 것도 훌륭한 투자방법입니다.

마지막으로 ETF 화면의 메뉴바에서 '기타'를 클릭하면 그 외에도 환율, 금리 등에 연동하는 다양한 ETF를 만날 수 있습니다. 그중에서 한국에서도 관심이 높아진 리츠ETF를 예시로 들어보겠습니다.

자료 21_ TIGER 미국MSCI리츠 (2023년 6월 기준)

리츠는 부동산을 매입해 임대수익을 투자자에게 배분하는 상품으로, 제 고객의 포트폴리오에 꼭 포함시켜드리는 상품입니다. 국내 리츠보다는 미국 리츠가 수익성이 더 좋은데, 개별 리츠상품을 구매하기 어렵다면 이런 리츠 ETF에 투자하는 것도 합리적입니다. 차트(자료 21)를 보면 아시겠지만 주식보다는 변동성이 주식보다는 낮고, 월배당이 나오기에 투자 후의 지루함도 덜합니다.

| ETF의 성장 및 진화 |

ETF는 저렴한 비용 때문에 관심을 가지게 되다가 그 다양성에 매료됩니다. 특히 ETF는 지수에 투자하므로 초보투자자도 접근하기 좋습니다. 종류가 많고 다양한 대안이 가능하기 때문에 그만큼 이색적인 투자전략을 실현할 수 있는 도구가 됩니다. 앞으로도 더 다양해질 ETF에 관심을 가지고 나만의 투자전략도 만들어보는 것이 좋겠습니다.

참고로 더 독특한 수익기회나 수익구조를 가지는 금융상품을 찾는다면 증권사가 자체 신용으로 발행하는 ETN(Exchange Traded Note)을 활용하시기 바랍니다. 지수를 추종하는 상품뿐만 아니라 특히 파생상품을 활용한 다양한 수익기회를 구조화한 상품 등은 흥미롭기까지 합니다. 역시 국내증시의 화면에서 ETF 바로 옆에서 찾을 수 있으니 공부해보시면 좋겠습니다.

투자에는 나름의 전략이 있어야 합니다. 하루에도 몇 번씩 주가는 요동을 칩니다. 파도에 따라 이리저리 흔들리다 보면 어느덧 주식계좌가 파랗게 멍드는 경우가 많아집니다. 옳고 그름의 문제가 아니라 소신을 가지고 투자해야 잔파도에 흔들리지 않고 장기적으로 성공할 수 있습니다. 여러분의 스타일에 맞는 투자전략을 찾고 개발하고 발전시켜 나가시길 바랍니다.

7장

네이버 증권으로 성공적인 투자전략 짜기

▸ 7장 ◂

저자직강 동영상 강의로 이해 쑥쑥!

7장의 핵심 내용을 이해하기 쉽게 풀어낸 저자의 동영상 강의입니다

단기투자 vs 장기투자

수많은 전문가분들은 주식투자를 장기로 접근할 것을 권합니다. 월급은 쥐꼬리만한데 카드대금도 나가야 하고, 소소한 생활비 충당도 버겁다 보니 수익률에 집중하지 않을 수 없는데도 말이죠. 그런데 주식을 하다 보면 알게 됩니다. 주식투자는 여유가 없으면 지는 게임이라는 것을 말이죠. 시간에 쫓기며 투자하면 무조건 질 수밖에 없습니다.

'단기투자가 옳은 것인가, 아니면 장기투자가 옳은 것인가'에 대해 논쟁이 많습니다. '단기투자가 좋은가, 아니면 장기투자가 더 좋은가'에 대한 결론은 사실 간단합니다. 투자수익이 높으면 되는 것입니다. 어떤 투자이건 수익이 높으면 투자기간의 장단은 문제될 것이 없습니다. 투자기간이 오래 걸린다는 것은 어떻게 보면 단점이라고도 할 수 있습니다. 거창하게 케인스학파의 유동성 선호이론이라든가 이런 어려운 이론을 들먹이지 않아도 당장 손 안에 있는 현재의 현금이 미래의 현금보다 가치가 더 높기 때문입니다.

그런데 왜 장기투자를 권하는 전문가가 많을까요? 투자는 위험을 대가로 수익을 얻는 행위이고 그 위험은 불확실성을 말합니다. 그 불확실성은 변동성으로 측정을 합니다. 변동성을 줄일 수 있는 효과적인 방법이 바로 분산투자입니다.

| 종목의 분산, 시간의 분산 |

분산투자에는 대표적으로 2가지 방법이 있습니다. 먼저 종목을 분산하는 것입니다. 두 번째로는 시간을 분산하는 것입니다.

우리는 어떤 투자종목의 가격이 오를지 아니면 떨어질지 100% 확신할 수는 없습니다. 확실할 수 없기 때문에 시간을 나누어 투자하는 것입니다. 그리고 좀 더 나아가 변동성을 장기간으로 살피면 변동성이라는 것이 어느 정도 범위 내에서 오르고 내림을 반복하므로 용인이 가능한 범위에 들어올 확률이 높아집니다.

그러므로 우리는 변동성이 상대적으로 큰 투자대안, 예를 들어 주식에 투자할 때 장기로 투자하는 것이 좋다고 이야기합니다. 특히 초보투자자 입장에서는 더욱 소중한 충고입니다.

'장기로 투자할 것인가, 아니면 단기로 투자할 것인가'에 대한 결정을 떠나, 어떤 종목에 투자를 결정할 때 단기와 장기로 나눠 해당 투자종목의 흐름을 살펴보는 것은 반드시 필요합니다.

장기적인 주가의 흐름을 살펴보면 과거 주가의 고점과 저점을 통해 목표로 하는 주가를 대략 가늠할 수 있습니다. 이를 아주 손쉽게 확인할 수 있는 것이 바로 네이버 증권의 선차트입니다.

장기투자에 적절한 종목은 주로 해당 업종의 대표주나 선도주, 그리고 높은 기술력과 같은 경쟁력을 가진 기업이 좋습니다. 주가와 마찬가지로 업종의 경기도 상승과 하락, 즉 호황과 불황을 반복하게 되는데 그런 파고를 이겨내려면 업종을 대표하거나 경쟁력이 튼실한 회사여야 장기간에 걸쳐 안전하기 때문입니다.

한국전력을 예로 들어보겠습니다.

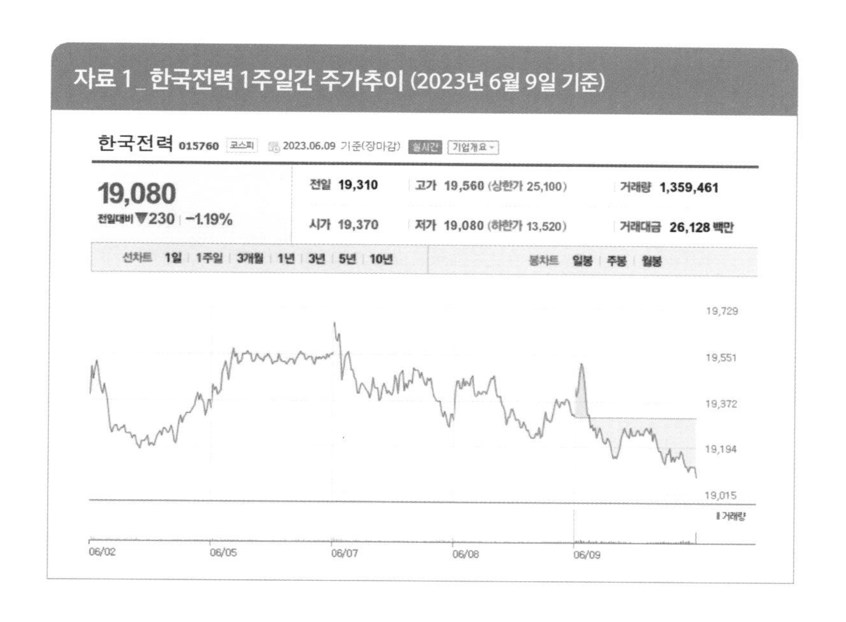

자료 1_ 한국전력 1주일간 주가추이 (2023년 6월 9일 기준)

1주일 선차트(자료 1)를 보면 최근 1주일간의 주가흐름이 약세에 있다는 것을 알 수 있습니다. 붉은색으로 표시된 구간은 종가가 전일 대비 상승한 경우이며, 파란색으로 표시된 구간은 종가가 전일 대비 하락한 날입니다.

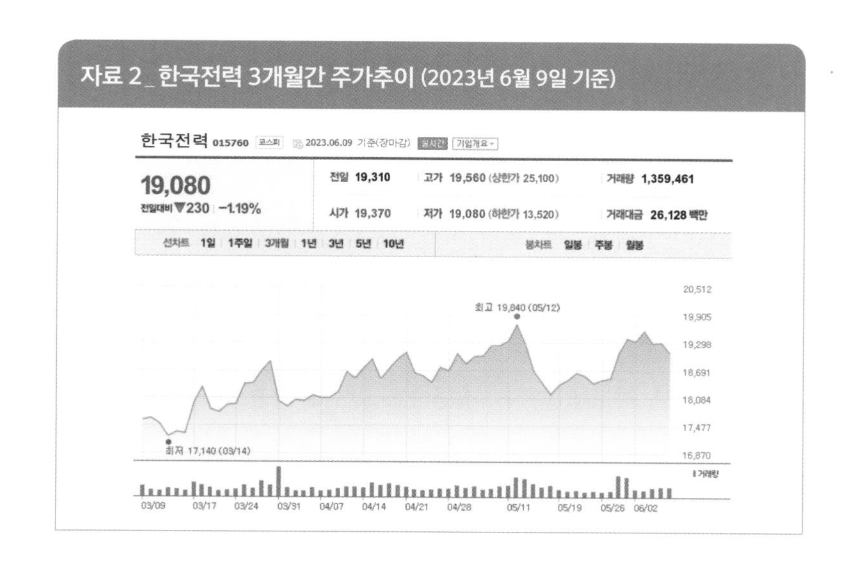

자료 2_ 한국전력 3개월간 주가추이 (2023년 6월 9일 기준)

한국전력의 3개월간 주가흐름(자료 2)은 미세하지만 조금씩 저점으로 높여 나가고 있습니다.

자료 3_ 한국전력 1년간 주가추이 (2023년 6월 9일 기준)

한국전력의 1년간 주가추이(자료 3)를 살펴보면 상대적으로 가파른 한 번의 상승 후에 하락이 있었습니다. 아직 본격적인 상승 분위기는 아니지만 바닥을 잡아가면서 우상향 기회를 보고 있다는 것을 확인할 수 있습니다.

기본적으로 상승구간에서 매매하는 것이 주식투자 수익률을 키울 수 있는 확률이 높기 때문에 3개월에서 1년 정도의 주가추이가 상승 추세인지 하락 추세인지 혹은 횡보하고 있는지 확인하는 것은 매우 중요합니다.

이제 본격적으로 한국전력의 장기추이를 보도록 하겠습니다.

자료 4_ 한국전력 3년간 주가추이 (2023년 6월 기준)

한국전력의 3년간 주가추이(자료 4)를 살펴보면 3만원의 고점과 16,500원의 저점을 찾을 수 있습니다. 현재 주가는 저점에서 가깝고, 아직 본격적인 반등추세는 아니나 최근 조금씩은 상향시도를 하고 있습니다. 이런 경우 한국전력에 관심이 있는 투자자라면 어떻게 투자하면 좋을지 고민이 됩니다.

① 전고점인 2만원 수준을 힘 있게 돌파할 때 투자를 실행하는 방법이 있을 수 있습니다.

② 한국전력을 믿고 3만원을 목표로 주가의 부침에 신경쓰기보다는 분할매수로 꾸준히 담아가는 방법입니다.

어떤 투자안을 선택할 것인지는 투자자의 스타일에 관한 부분입니다.

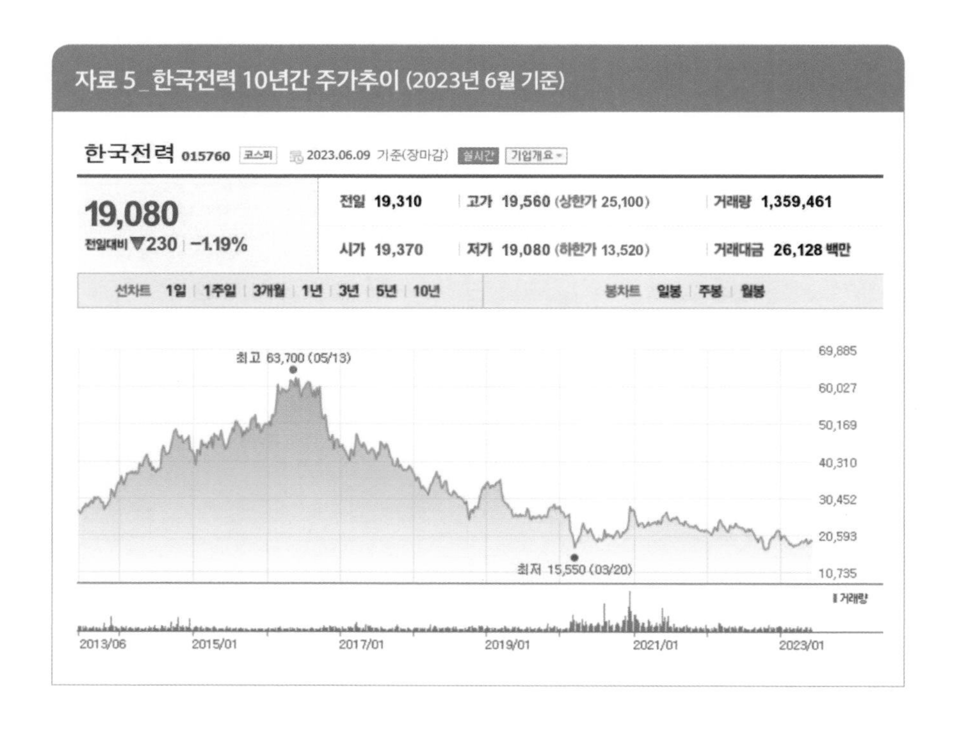

자료 5_한국전력 10년간 주가추이 (2023년 6월 기준)

여기에서 한 걸음 더 나아가 한국전력의 10년간 주가추이(자료 5)를 살펴보도록 하겠습니다.

한국전력의 10년간의 주가추이를 살펴보면 또 다른 반전이 생깁니다. 10년 정도의 장기로 주가추이를 보면 고점이 6만원 이상으로 대략 5년간 추세적 하락기를 거쳐 바닥을 형성하고는 있으나 '아직 추세적으로 상향으로의 방향은 더 기다려야 할 수 있겠다'라는 느낌이 옵니다. 2만원 정도의 주가는 10년이라는 장기간을 통해 확인된 저점 수준이니 크게 더 다칠 일은 없을 것으로 보입니다. 다만 상승으로 방향을 잡더라도 기존의 매물을 뚫고 올라가기 위해서는 많은 에너지가 필요해 보이는 것도 사실입니다. 다만 전기료 현실화 같은 정책변화가 발생하면 상향추세로의 전환도 충분히 가능합니다. 결국은 시간을 견딜 수 있는 여유자금으로의 투자가 적정해 보입니다.

| 장기 선차트를 확인하는 습관 |

여러분의 투자자금의 성격이 연금과 같이 장기투자가 가능하다면 1년 이상을 두고 묵혀둘 만한 투자대안일 수 있습니다. 성장이 화려한 종목도 있지만 한국전력처럼 결코 무너지지 않을 회사도 좋은 투자대안이 될 수 있기 때문입니다. 이 역시 선택의 몫은 투자자가 결정합니다.

수년간의 기간 정도로 장기투자가 가능하다면 충분히 도전할 수 있는 구간이 되는지 장기 선차트를 통해 확인한 후에 투자하시기 바랍니다. 당연히

자료 6 _ 한국전력 PBR

기업실적분석

주요재무정보	최근 연간 실적			
	2020.12	2021.12	2022.12	2023.12 (E)
	IFRS 연결	IFRS 연결	IFRS 연결	IFRS 연결
매출액(억원)	585,693	606,736	712,579	875,992
영업이익(억원)	40,863	-58,465	-326,552	-78,082
당기순이익(억원)	20,925	-52,156	-244,291	-75,538
영업이익률(%)	6.98	-9.64	-45.83	-8.91
순이익률(%)	3.57	-8.60	-34.28	-8.62
ROE(%)	2.91	-7.97	-46.91	-20.75
부채비율(%)	187.47	223.18	459.06	
당좌비율(%)	47.34	42.63	36.80	
유보율(%)	1,657.46	1,474.63	733.49	
EPS(원)	3,102	-8,263	-38,112	-11,879
PER(배)	8.83	-2.67	-0.57	-1.61
BPS(원)	107,945	99,352	63,158	51,318
PBR(배)	0.25	0.22	0.35	0.37

단기적인 투자를 주로 하는 경우라면 재미없는 종목일 수 있지만, 장기적으로 연금재원을 운용한다거나 가치투자를 지향하는 스타일이라면 이렇게 10년 정도의 선차트를 확인하는 습관은 매우 필요합니다. 해당 화면의 클릭 몇 번으로 해당 종목의 10년간의 주가의 부침을 한눈에 파악할 수 있다는 것은 흥미로운 일입니다. 이는 네이버 증권의 장점이기도 합니다.

참고로 10년의 주가추이와 함께 가치투자자라면 주가와 PBR를 확인하면서 저평가 여부를 고려해 투자하시기 바랍니다(자료 6). PBR에 대한 부분은 이 책의 3장에서 확인하시기 바랍니다. 한국전력의 PBR을 고려한다면 현저한 저평가 여부도 함께 확인할 수 있습니다.

배당주 투자

한국의 주식투자자는 종종 배당을 무시하는 경향이 있습니다. 목표수익률이 높은 탓도 있을 수 있고, 그간 한국의 주식회사가 배당에 소홀해온 측면도 있을 수 있습니다. 하지만 한국도 고령화가 진행되고 성장이 둔화되면서 자연스럽게 배당의 소중함에 눈을 뜨고 있습니다. 배당주에 투자하는 것도 네이버 증권을 통해 손쉽게 접근할 수 있습니다.

| 배당의 개념과 종류 |

기업의 존재 이유는 쉽게 말해서 '돈을 버는 것'입니다. 기업이 벌어들인 이익을 회사에 남겨 미래에 대비할 수도 있고, 주주에게 분배할 수도 있습니다. 즉 배당은 투자의 대가로 기업의 이익을 주주에게 주는 것입니다. 세법으로 분류하자면 자금의 대차에 대한 대가를 이자라 하고, 투자에 대한 대가를 배당이라고 합니다. 배당을 하되 주식으로 배당하는 것을 주식배당이라 따로 부르고, 일반적으로 현금으로 주는 것을 배당이라 합니다.

미국은 배당이 활성화되어 있어 분기별로 배당하는 경우가 많습니다. 성장성이 좋은 기업이라면 현금배당보다는 회사에 현금을 유보해 더욱 성장에 박차를 가하는 것이 기업이나 투자자 모두에게 유리할 수도 있겠습니다만, 고령화가 진행되면서 성장이 둔화되자 연금처럼 현금흐름이 발생하는 배당을 요구하는 투자자도 늘고 있습니다.

기업이 배당을 할 수 있다는 것은 일단 기업의 자산 중에 현금이 넉넉하다는 반증이기도 합니다. 따라서 배당을 꾸준히 하는 기업들은 재무구조가 양호하며, 주식시장이 하락하는 경우에도 상대적으로 가격변동성이 적은 경우가 많습니다.

보통 배당이 많은 업종은 성장성은 제한되나 산업 내 경쟁구조가 과점인 상황이 다수입니다. 가장 대표적인 산업으로는 금융업을 예로 들 수 있습니다. 그래서 우량한 배당주에 장기투자하는 경우, 대단한 수익률을 거두긴 어렵더라도 은행의 정기예금 수익률을 상회하는 배당을 받는 것이 그리 어렵지 않습니다.

| 대표적인 배당주인 KT&G |

KT&G는 독과점 기업이면서 이익의 절반 정도를 배당하는 전형적인 배당주라 할 수 있습니다.

배당주 중에서 제가 가장 좋아하고 추천을 해드릴 때 마음이 편한 종목은 단연 KT&G입니다. 생각해보면 담배를 정부가 독점해 판매하고 있는 셈이고, 해외에서도 한국담배는 인기가 많습니다. 안정적인 매출이 가능한 구조입니다. 그래서 당연하게도 배당 역시 꾸준합니다.

KT&G로 검색해 해당 종목화면에서 기업실적분석에 들어가면 아래에 배당에 관한 내용(자료 7)을 찾을 수 있습니다. 2020년과 2021년에는 4,800원, 2022년에는 5,000원 2023년에는 배당이 5,000원이 조금 넘을 것으로 예상하고 있습니다. 배당이 조금씩 늘고 있으며, 배당수익률은 연 6% 언저리가 유

자료 7 _ KT&G 배당 현황

기업실적분석

주요재무정보	최근 연간 실적			
	2020.12 IFRS 연결	2021.12 IFRS 연결	2022.12 IFRS 연결	2023.12(E) IFRS 연결
매출액(억원)	50,553	52,284	58,514	59,914
영업이익(억원)	14,732	13,384	12,676	12,182
당기순이익(억원)	11,716	9,718	10,053	9,395
영업이익률(%)	29.14	25.60	21.66	20.33
순이익률(%)	23.18	18.59	17.18	15.68
ROE(%)	13.22	10.74	11.00	9.91
부채비율(%)	26.14	26.37	31.45	
당좌비율(%)	165.56	140.16	140.05	
유보율(%)	901.98	960.43	1,012.04	
EPS(원)	8,535	7,118	7,399	6,823
PER(배)	9.74	11.10	12.37	12.18
BPS(원)	72,831	76,336	80,114	82,474
PBR(배)	1.14	1.03	1.14	1.01
주당배당금(원)	4,800	4,800	5,000	5,075
시가배당률(%)	5.78	6.08	5.46	
배당성향(%)	50.83	58.93	57.24	

지되고 있습니다. 배당은 일정한데 주가가 하락하면 배당수익률은 더욱 높아지게 됩니다.

시가배당률이라는 것은 주가 대비 배당수익률을 의미합니다. 즉 현재 가격에 매수하는 경우 예상배당을 받을 때 수익률입니다. 배당도 좋은데 만약 주가가 오르지 않았다면 더욱 투자가치가 높아집니다. 다만 배당투자는 단기가 아닌 장기적으로 투자하는 경우가 많으므로 주가의 추이를 장기적으로 살펴볼 필요가 있습니다.

자료 8_KT&G 1년간 주가추이 (2023년 6월 기준)

KT&G의 1년간 주가추이(자료 8)는 10만원 고점을 찍고, 배당 후 8만원 중반 언저리에서 횡보하고 있습니다.

자료 9_KT&G 5년간 주가추이 (2023년 6월 기준)

이번에는 KT&G의 5년간 주가추이(자료 9)를 살펴보도록 하겠습니다. KT&G의 5년간 주가추이를 보면 배당은 조금이나마 늘고 있는데 주가는 8만원 중반 언저리에서 횡보하고 있음을 알 수 있습니다. 투자에 대해 조금 아시는 분이라면 굳이 정기예금을 하지 않아도 되는 수준이라고 생각합니다.

아이러니하게도 사람이 스트레스를 받으면 담배를 더 찾는다고 합니다. 경기가 나빠 스트레스가 많아지면 담배소비가 더 늘 수도 있다는 이야기입니다. 물론 KT&G가 담배만 판매하는 것이 아니라 인삼제품도 판매하고 있습니다만 그만큼 매출의 안정성이 높다는 의미입니다. 이 정도 주가수준이면 주가가 올라도 전혀 문제가 없는 수준입니다. 즉 배당에 매매차익까지도 노려볼 수 있는 주가수준입니다.

| 배당투자의 매력 |

보수적인 투자자들은 주식투자가 위험하다고, 이자율은 낮아도 마음 편한 정기예금에 투자하겠다고 하십니다. 하지만 조금만 더 깊게 생각해보면 물가상승률에도 미치지 못하는 정기예금 이자율은 실질적인 구매력을 하락시키는 결과를 초래합니다.

KT&G의 배당수익률을 보면 무난하게 연수익률 5% 이상을 달성할 수 있으니, 합리적인 투자자라면 은행의 정기예금에 투자하기보다는 KT&G와 같은 배당주에 투자하는 것이 올바른 선택입니다. 이 정도의 배당수익률이면 사업의 안정성을 고려할 때 보수적인 투자자라도 참으로 마음 편한 일입니다. 느긋하게 배당을 기다리다가 주가가 오르면 매매차익도 노려볼 수 있으니 일석이조라 할 수 있습니다.

배당이 높은 업종은 일반적으로 성장성이 높은 산업이 아닙니다. 대표적으로 은행과 같은 금융회사가 성장성은 제한되나 배당을 후하게 많이 주는 업종입니다.

기업은행의 배당추이(자료 10)를 살펴보도록 하겠습니다.

자료 10_ 기업은행 배당추이

기업실적분석

주요재무정보	최근 연간 실적			
	2020.12	2021.12	2022.12	2023.12 (E)
	IFRS 연결	IFRS 연결	IFRS 연결	IFRS 연결
매출액(억원)	185,746	174,917	275,361	
영업이익(억원)	21,255	32,313	37,748	38,736
당기순이익(억원)	15,479	24,259	27,808	28,886
영업이익률(%)	11.44	18.47	13.71	
순이익률(%)	8.33	13.87	10.10	
ROE(%)	6.44	9.21	9.85	9.70
부채비율(%)	1,338.27	1,345.75	1,383.93	
당좌비율(%)				
유보율(%)	501.03	553.80	591.24	
EPS(원)	2,005	3,032	3,478	3,631
PER(배)	4.41	3.40	2.82	2.85
BPS(원)	33,494	36,391	38,466	40,876
PBR(배)	0.26	0.28	0.26	0.25
주당배당금(원)	471	780	960	1,021
시가배당률(%)	5.33	7.57	9.78	
배당성향(%)	24.28	25.78	27.60	

기업은행도 대표적인 배당주로 시가배당률이 5% 수준이었다가 금리가 오르면서 9% 수준까지 상승합니다.

마지막으로 SK텔레콤의 배당추이(자료 11)를 살펴보도록 하겠습니다.

자료 11 _ SK텔레콤 배당추이

기업실적분석

주요재무정보	최근 연간 실적			
	2020.12	2021.12	2022.12	2023.12 (E)
	IFRS 연결	IFRS 연결	IFRS 연결	IFRS 연결
매출액(억원)	160,877	167,486	173,050	177,234
영업이익(억원)	12,486	13,872	16,121	17,735
당기순이익(억원)	15,005	24,190	9,478	11,177
영업이익률(%)	7.76	8.28	9.32	10.01
순이익률(%)	9.33	14.44	5.48	6.31
ROE(%)	6.44	13.63	7.97	9.21
부채비율(%)	96.37	150.59	157.57	
당좌비율(%)	102.14	87.03	86.54	
유보율(%)	58,016.08	79,389.83	79,476.31	
EPS(원)	3,726	6,841	4,169	4,848
PER(배)	12.77	8.46	11.37	10.14
BPS(원)	66,577	53,218	51,911	53,644
PBR(배)	0.71	1.09	0.91	0.92
주당배당금(원)	2,000	2,660	3,320	3,419
시가배당률(%)	4.20	4.59	7.00	
배당성향(%)	47.53	29.78	79.33	

예로 보여드린 이러한 배당주 외에도 DB손해보험과 같은 손해보험주도 배당을 쏠쏠하게 주는 종목들이며, 추가로 배당주를 찾고자 한다면 네이버 검색으로도 수많은 종목을 찾으실 수 있습니다. 그중에서 배당이 안정적이고 해당 산업 내에서 안정적인 시장점유율을 가진 회사를 투자처로 선택하시면 됩니다.

성장산업 : 수소산업

수소는 지구상에서 가장 풍부한 원소이면서 미래의 에너지원으로 주목받고 있습니다. 다만 아직은 높은 수소가격 등 넘어야 할 벽도 많습니다. 사실 전기분해로 수소를 생산하고 다시 그 수소로 전기를 생산한다는 것은 효율이 낮아 보이나 진정한 친환경 에너지로 수소는 이미 우리 앞에 성큼 다가와 있습니다.

| 수소는 미래산업 |

어렸을 적 석유에 대해서는 조만간 고갈된다는 이야기를 늘 들으면서 아껴 써야 한다는 포스터도 열심히 그렸던 추억이 있습니다. 그런데 석유는 아직도 여전히 주요한 에너지원으로 자리를 잡고 있습니다. 셰일가스도 등장하면서 유가도 나름 안정을 기록했고, 그래서 여전히 가장 익숙하고 경제성이 있는 에너지원으로 자리매김하고 있습니다. 그러나 탄소배출과 지구온난화로 석유보다는 친환경 에너지원의 관심 및 투자는 더욱 확대되고 있습니다.

수소도 당연히 단순한 테마가 아닌 미래산업으로 주목을 받고 있습니다. 한때는 이차전지만큼 관심을 받던 때도 있었지만 턱없이 부족한 인프라에 기술적인 문제로 관련 기업들의 주가도 만족스럽지는 못합니다. 그래도 결국은 가야 할 산업이니 주식투자자라면 관심을 둬야 하는 것은 당연합니다.

| 수소산업발전과 주요 기업 |

한국의 수소산업은 상대적으로 수소차와 같은 최종적으로 수소를 활용하는 산업에 강점이 있습니다. 현대차가 대표적인 기업입니다. 수소차 분야 글로벌 1위 기업이면서 수소에 진심인 현대차입니다. 자동차가 중요한 것은 엄청난 고용효과에 관련 제조업 부가가치까지 생각하면 그 의미가 독보적인 제품입니다.

미래를 보고 수소차에 오랜 기간 기술을 축적해온 현대차는 앞으로 글로벌 메이저 자동차회사로 한 단계 더 도약하리라 믿습니다. 미래 자동차 시장에서 전기차와 수소차가 경쟁을 하는, 즉 테슬라와 자웅을 겨루는 현대차가 되기를 기원합니다.

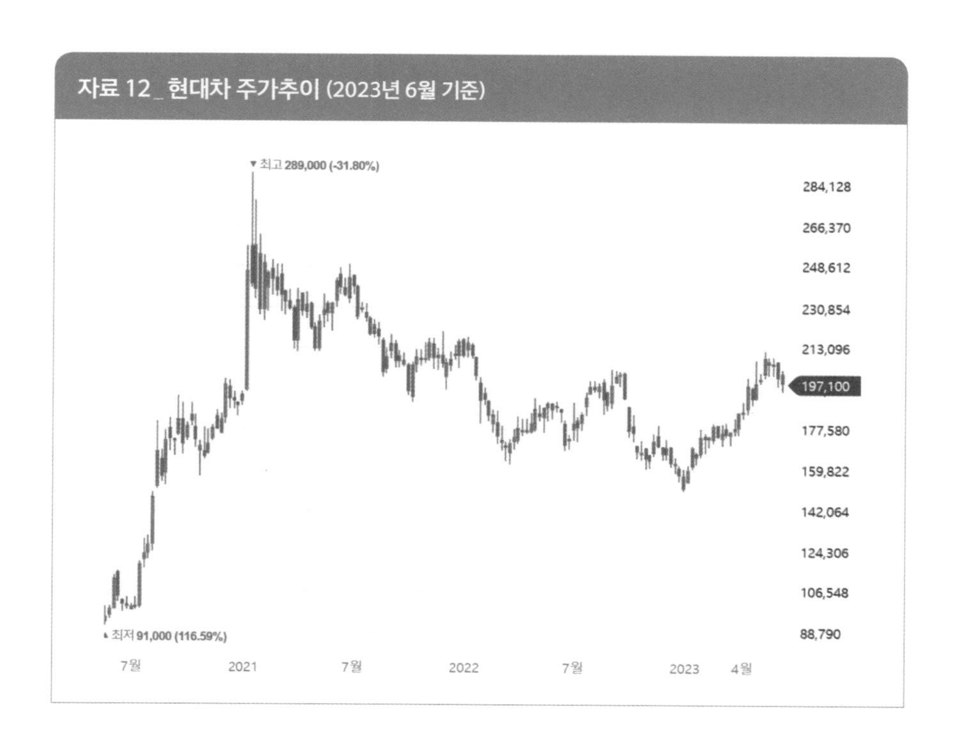

자료 12_ 현대차 주가추이 (2023년 6월 기준)

수소의 일상화를 위해 수소의 생산, 유통에 대한 인프라 투자 확대 부분에도 관심을 높여가고 있습니다. 이제 전 세계의 수소시장이 서서히 개화하고 있기 때문입니다. 자동차도 현대와 도요타 중심에서 유럽의 주요 자동차기업들도 수소차를 준비하고 있습니다. 그렇다면 당연히 이제 관심은 수소생산과 인프라 투자로 이어지고 수소산업 자체가 한 단계 성장할 수 있게 되는 것입니다. 그렇다면 투자가 유망한 수소관련 기업들을 살펴보도록 하겠습니다.

먼저 수소연료전지발전 기업들이 있습니다. 천연자원 없이 고군분투하며 세계에 수출하며 성장해온 한국으로서는 에너지 자립만큼 절실한 바람도 없습니다. 따라서 수소로 전기를 생산하는 것에 높은 관심을 가질 수밖에 없습니다. 수소발전용 연료전지의 대표적인 기업은 두산퓨얼셀이 있습니다.

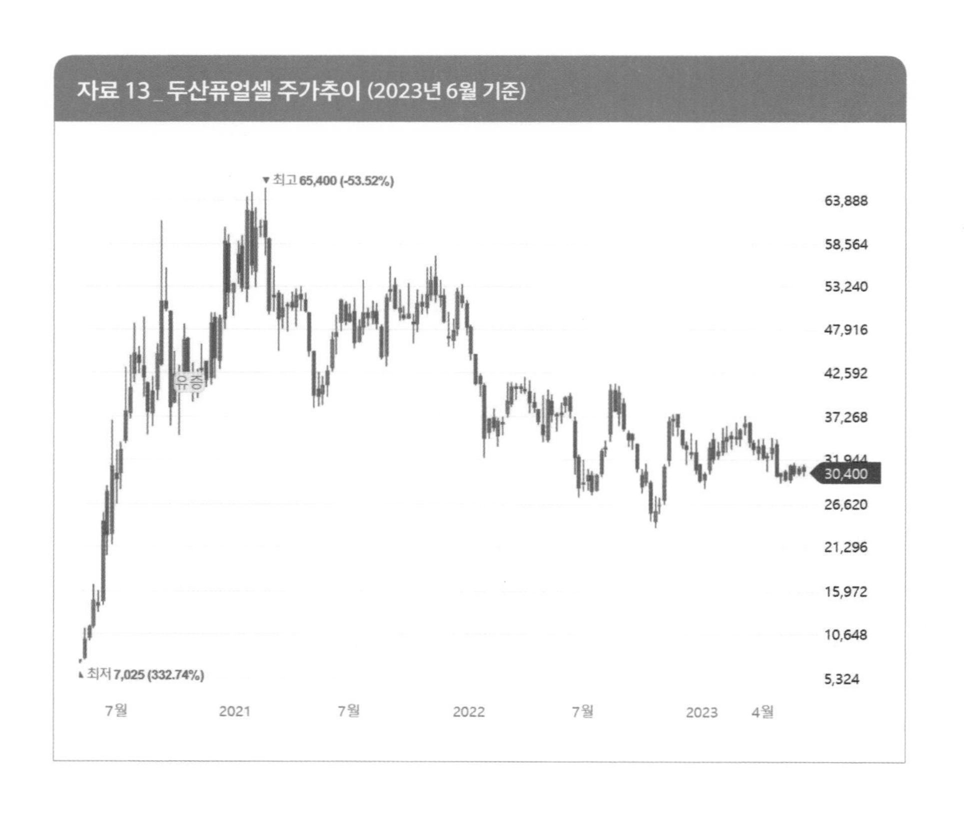

자료 13_ 두산퓨얼셀 주가추이 (2023년 6월 기준)

수소생산을 위한 수소전지의 주요 소재인 분리막 기업인 상아프론테크도 관심이 갑니다. 재봉틀 부품에서 시작했다는 상아프론테크는 '캡어세이'라는 배터리의 전해액 누수 방지를 위한 부품으로 2차전지 분야에서도 두각을 나타내고 있습니다. 수소전지의 핵심소재인 멤브레인도 무럭무럭 성장할 것으로 봅니다.

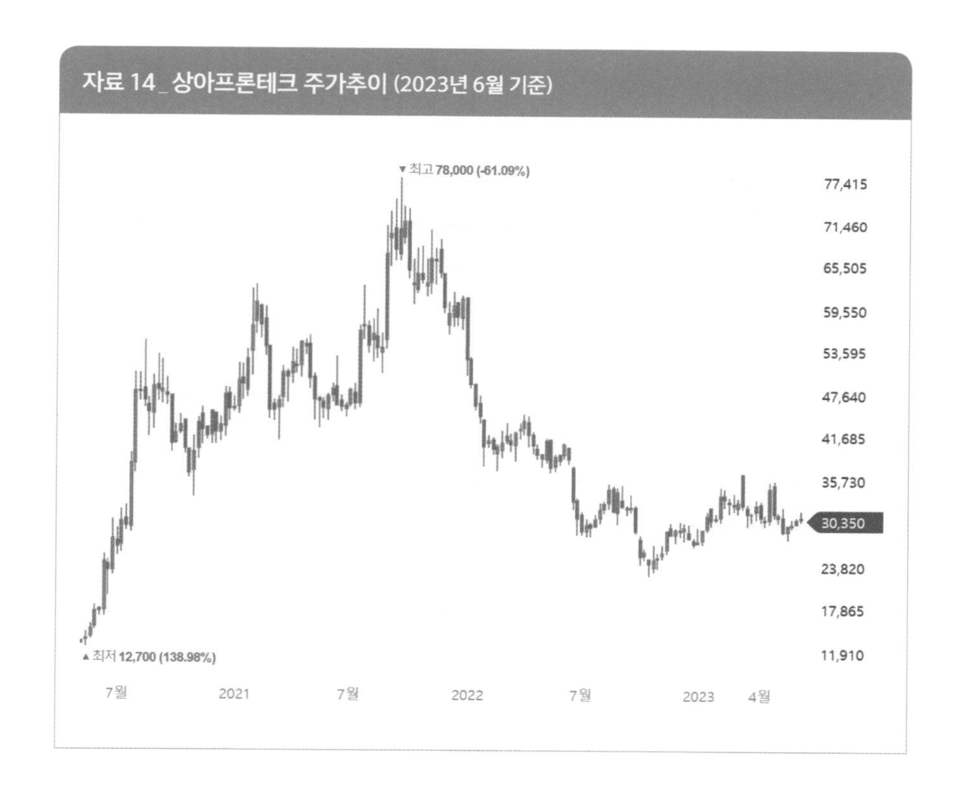

자료 14_ 상아프론테크 주가추이 (2023년 6월 기준)

수소는 부피가 커서 고압을 견딜 수 있는 탱크에 저장을 하는데 이때 탄소섬유가 필요합니다. 수소산업이 성장할수록 탄소섬유로 만든 탱크의 수요는 폭발적으로 성장할 것입니다. 이제 효성첨단소재를 타이어 소재회사로 생각하시면 안되겠죠.

자료 15 _ 효성첨단소재 주가추이 (2023년 6월 기준)

그 외에도 수많은 기업이 있고 네이버 검색을 통해 어렵지 않게 관련 기업을 갖출 수 있습니다. 그런데 흥미로운 기업이 하나 있습니다. 풍국주정이라는 회사입니다. 수소산업을 살펴보면서 발견한 회사인데 주정회사가 갑자기 수소를 생산하는지 궁금증에 관심이 더 갑니다.

현재 수소를 생산하는 기업 중 상장사로는 풍국주정이 있습니다. 국내 수소생산 1, 2위는 비상장사입니다. 수소를 만드는 방법에 따라 그레이, 블루, 그린으로 분류하는데 풍국주정은 그레이에 해당합니다. 이를 폄하하는 사람들이 있는데 수소산업의 성장에 가장 큰 걸림돌이 수소가격이 너무 비싸다는 이유입니다. 현재 가장 저렴한 수소를 생산하는 방법이 석유정제 과정에서 자연스럽게 발생하는 수소로 만드는 그레이수소입니다.

자료 16_풍국주정 전자공시

어떤 기업의 사업내용을 깊게 보고 싶다면 상장기업이 주기적으로 발행하는 정기보고서를 참고하시는 것이 좋습니다. 정기보고서는 '다트(DART)'에서 검색할 수도 있지만 네이버 증권 종목화면에서 '전자공시'를 찾아서 들어가시면 쉽게 찾을 수 있습니다(자료 16).

회사의 정기보고서 중 최근 분기보고서에 따른 수소사업 소개는 다음과 같습니다.

"(주)효성, SK어드밴스드, 대한유화공업(주), 롯데BP로부터 수소 원료가스를 공급받아 최첨단 제조시설과 안전 및 순도관리 시스템을 완비해 양질의 초고순도 수소를 생산하고 있으며, 대규모 수소 배관망을 통한 판매와 원격지간 원활한 제품공급체계를 위해 최신의 이동충전차량(Tube Trailer)을 다량 구비해 전국적인 공급체계를 구축해 최고 품질의 수소를 공급할 수 있습니다. 더 나아가 정부 및 민간에서 추진하는 수소차 육성 전략에 적극 동참하는 등 수소경제 실현을 위한 선도적 역할을 수행하면서 수소 메카인 울산에 위치한 에스디지(풍국주정 계열사)는 기존 수소 공급뿐만 아니라 10,000여 평의 부지에 수소복합단지를 조성하며 차세대 친환경 에너지기업으로 성장할 수 있는 발판을 마련하고 있습니다."

풍국주정은 소주의 원료인 주정을 만드는 과정에서 발생하는 탄산을 통해 탄산제조 가공으로 사업을 넓혔습니다. 그리고 계열사를 확장 탄산가스에서 발전해 수소 등 특수가스제조로 한 번 더 사업을 확장합니다.

주정이라는 안정적인 사업을 바탕으로 수요가 꾸준한 탄산으로 그리고 미래 먹거리 수소 및 반도체 공정에도 사용되는 초고순도 에탄올까지 묵묵히 성장을 준비하고 있습니다.

자료 17 _ 풍국주정 차트 (2023년 6월 기준)

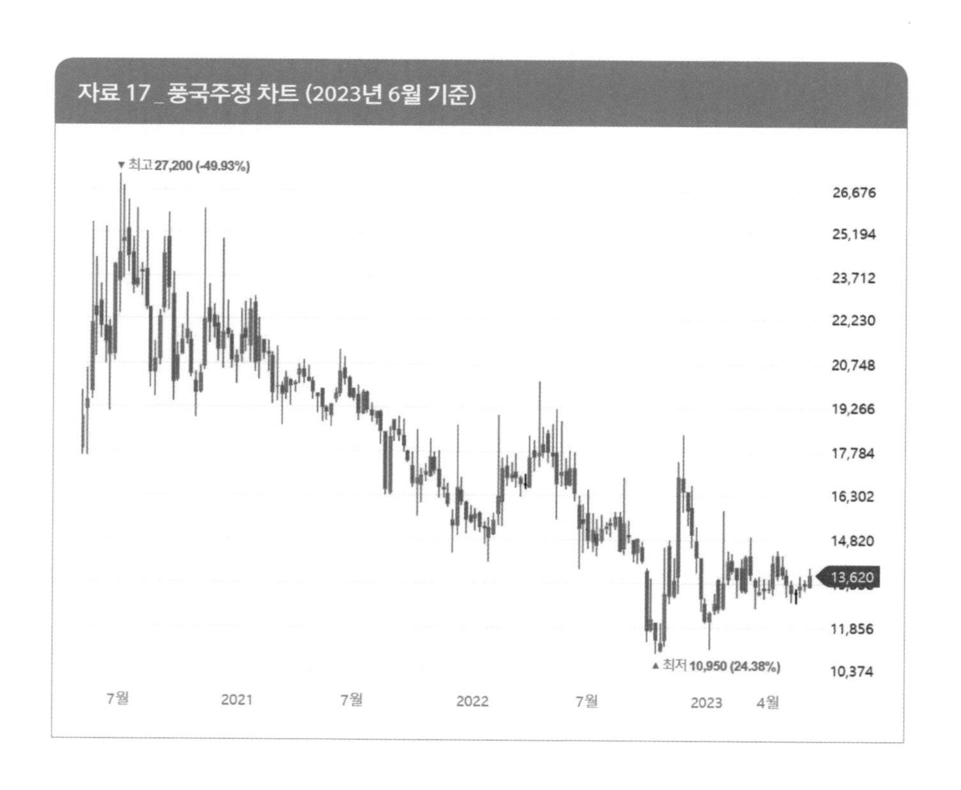

앞으로의 풍국주정의 꾸준한 성장을 기대하면서 상당 기간 하락했던 주가에는 어떻게 반영될지 궁금합니다.

수소산업 관련주가 지금 당장 급등하기는 어렵지만 미래의 변화를 보고 투자한다면 투자매력이 충분합니다. 주식투자를 하면서 세상의 변화를 먼저 공부할 수 있는 기회를 가질 수 있어 더욱 재미있고 흥미롭습니다. 여러분도 주식투자를 하면서 자산을 늘리는 것뿐만 아니라 세상을 배우는 그런 즐거움을 누리시면 좋겠습니다.

저평가 종목 발굴

매매는 누군가는 팔고 누군가는 사기 때문에 발생합니다. 저마다의 사연이 있겠지만 파는 사람은 비싸다고 보고, 사는 사람은 싸다고 보는 이유가 가장 클 것입니다. 이렇듯 같은 종목을 가지고도 각각 평가는 달라집니다. 평가라는 것은 어렵지만 수익을 내기 위해서는 저평가 종목을 발굴하는 나름의 노하우를 가지고 있어야 합니다.

| 저평가 종목 발굴 방법 |

'저평가'는 투자자의 시각에 따라 평가 기준이 다르므로 객관화하기가 어렵습니다. 그렇지만 네이버 증권의 검색기능을 활용하면 그래도 투자할 만한 저평가 종목을 쉽게 찾을 수 있습니다. 우선 네이버 증권 화면의 국내증시에서 '시가총액'으로 일단 종목을 나열합니다(자료 18). 시가총액으로 찾는 이유는 시가총액이 너무 높으면 상대적으로 변동성이 낮고, 시가총액이 너무 낮으면 변동성이 커 투자가 조심스러울 수 있기 때문에 적정 순위의 시가총액 기업을 찾기 위함입니다.

자료 18_ 시가총액 검색

국내증시

| 주요시세정보

코스피 | 코스닥 | 선물
코스피200 | 코넥스

시가총액 | 배당
업종 | 테마 | 그룹사
ETF | ETN

자료 19_조건검색 추가

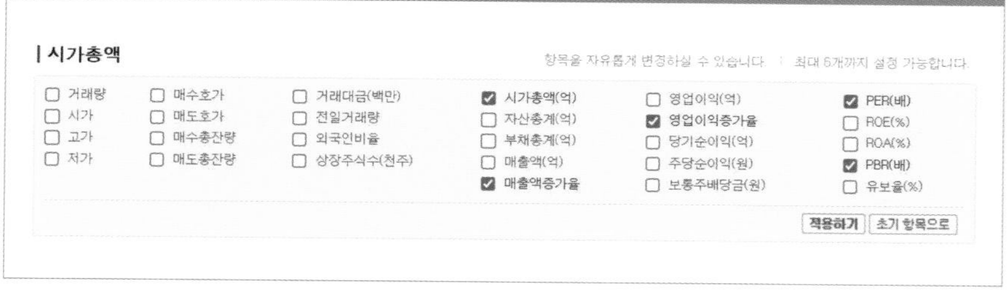

| 시가총액

항목을 자유롭게 변경하실 수 있습니다. | 최대 6개까지 설정 가능합니다.

☐ 거래량 ☐ 시가 ☐ 고가 ☐ 저가
☐ 매수호가 ☐ 매도호가 ☐ 매수총잔량 ☐ 매도총잔량
☐ 거래대금(백만) ☐ 전일거래량 ☐ 외국인비율 ☐ 상장주식수(천주)
☑ 시가총액(억) ☐ 자산총계(억) ☐ 부채총계(억) ☐ 매출액(억) ☑ 매출액증가율
☐ 영업이익(억) ☑ 영업이익증가율 ☐ 당기순이익(억) ☐ 주당순이익(원) ☐ 보통주배당금(원)
☑ PER(배) ☐ ROE(%) ☐ ROA(%) ☑ PBR(배) ☐ 유보율(%)

적용하기 | 초기 항목으로

위(자료 19)와 같이 시가총액에 기업의 생존에 직접 연결되는 영업이익과 매출액지표, 그리고 일반적으로 저평가 종목을 찾는 PER, PBR을 포함해서 검색합니다.

자료 20_코스피 기업 검색

코스피 | 코스닥

N	종목명	현재가	전일비	등락률	액면가	시가총액	매출액증가율	영업이익증가율	PER	PBR	토론실
1	삼성전자	72,000	▲ 1,100	+1.55%	100	4,298,243	8.09	-15.99	10.87	1.40	
2	LG에너지솔루션	609,000	▲ 18,000	+3.05%	500	1,425,060	43.39	57.94	136.85	7.25	
3	SK하이닉스	115,400	▲ 5,700	+5.20%	5,000	840,115	3.78	-45.13	-36.06	1.30	
4	삼성바이오로직스	801,000	▲ 16,000	+2.04%	2,500	570,104	91.41	83.07	71.69	6.25	
5	LG화학	752,000	▲ 15,000	+2.04%	5,000	530,854	21.75	-40.40	36.08	1.86	

검색을 실행하면 시가총액이 높은 기업부터 보여줍니다. 시장관심이 적은 금융주나 지주회사를 건너뛰고 시가총액이 1조원 근처에서 PBR이 낮은 기업을 찾아보았습니다.

경기를 타는 업종인 화학업이 바닥을 지나고 있다는 이야기가가 들려 화학업 중에서도 대한유화가 눈에 들어옵니다. PBR값도 1보다 한참 낮게 형성되어 화학업 경기가 반등해준다면 투자하기에 적정한 종목으로 판단됩니다.

자료 21 _ 대한유화 주가추이 (2023년 6월 기준)

대한유화 차트(자료 21)를 살펴보니 꾸준히 하락해왔음을 알 수 있습니다. 위축된 화학업종 경기가 그대로 반영된 모습입니다. 다만 2023년 들어와 화학업의 반등을 모색하면서 저점을 높여가는 시도를 보여줍니다.

영업실적을 살펴보면 2022년 적자에서 2023년 흑자전환을 모색하고 있습니다. 증권사의 리포트를 찾아보니 2023년 2분기부터 흑자전환을 기대하는 분석도 찾을 수 있었습니다.

네이버 증권에 종목뉴스에도 '시황 바텀아웃' '2분기 흑자전환'과 같은 기사도 찾아볼 수 있습니다.

화학업종은 중국의 경기 영향을 많이 받고 기본적으로 유가의 상승 시 원가부담으로 업황이 급속도로 나빠질 수 있습니다. 따라서 유가추이나 에틸렌 가격 추이를 면밀히 살피면서 매매에 임하는 것이 좋습니다.

자료 22_ 대한유화 기업실적분석

기업실적분석

주요재무정보	최근 연간 실적			
	2020.12	2021.12	2022.12	2023.12 (E)
	IFRS 연결	IFRS 연결	IFRS 연결	IFRS 연결
매출액(억원)	18,827	25,149	22,221	22,877
영업이익(억원)	1,702	1,794	-2,146	-135
당기순이익(억원)	1,272	1,499	-1,491	-5
영업이익률(%)	9.04	7.13	-9.66	-0.59
순이익률(%)	6.76	5.96	-6.71	-0.02
ROE(%)	6.93	7.64	-7.66	-0.09

자료 23_ 대한유화 뉴스

뉴스 더보기

"화학업체 이익 점진적 회복"…대한유화 8%·효... 06/06
석유화학 시황 바텀 아웃 전망…대한유화 '매수'... 05/19
대한유화, 1분기 영업손실 361억원…적자 폭 확대 04/26
[목표가 UP&DOWN] 6분기 연속 적자, 이젠 안... 04/07
대한유화, 2분기 흑자전환 전망·... | 관련 4건 04/04

대한유화, 주당 1000원 현금배당 결정 03/02
[유안타證 주간추천주]삼성전자·삼성엔지니어... 02/18
S-Oil, 대한유화와 1조6360억 규모 납사 공급계약 12/29
"2년간의 하락 사이클 끝났다"…유안타증권, 롯... 11/14
[특징주]대한유화, 2차전지 사업 ... | 관련 2건 11/14

대한유화는 2차전지분리막소재인 고밀도폴리에틸렌(HDPE)과 같은 성장 아이템도 가지고 있기 때문에 수많은 화학주 중에서도 관심이 더 가는 종목입니다.

또 다른 사례로 비에이치아이를 살펴보겠습니다. 비에이치아이는 발전용 설비를 설계 제작하는 기업입니다. 특히 배열회수보일러 부문에서 세계 1위 기업입니다.

비에이치아이는 원전관련주로만 알고 있다면 아직 기업을 다 파악하지 못한 셈입니다. 회사 대표는 "2023년 3월까지 약 3,000억원을 수주했고, 국내 LNG(액화천연가스) 복합화력에 들어갈 배열회수보일러(HRSG)와 원자력 기기, 유럽 등 해외에서 추진하고 있는 소형 EPC(설계·조달·시공) 사업까지 포함하면 올해 최소 1조원의 신규 수주를 기대하고 있다"고 포부를 밝히고 있습니다.

차트(자료 24)를 보면 비에이치아이는 변동성이 있는 파동을 보여주고 있으면서 저점을 계속 높여가고 있습니다. 비에이치아이의 매출이 큰 폭으로

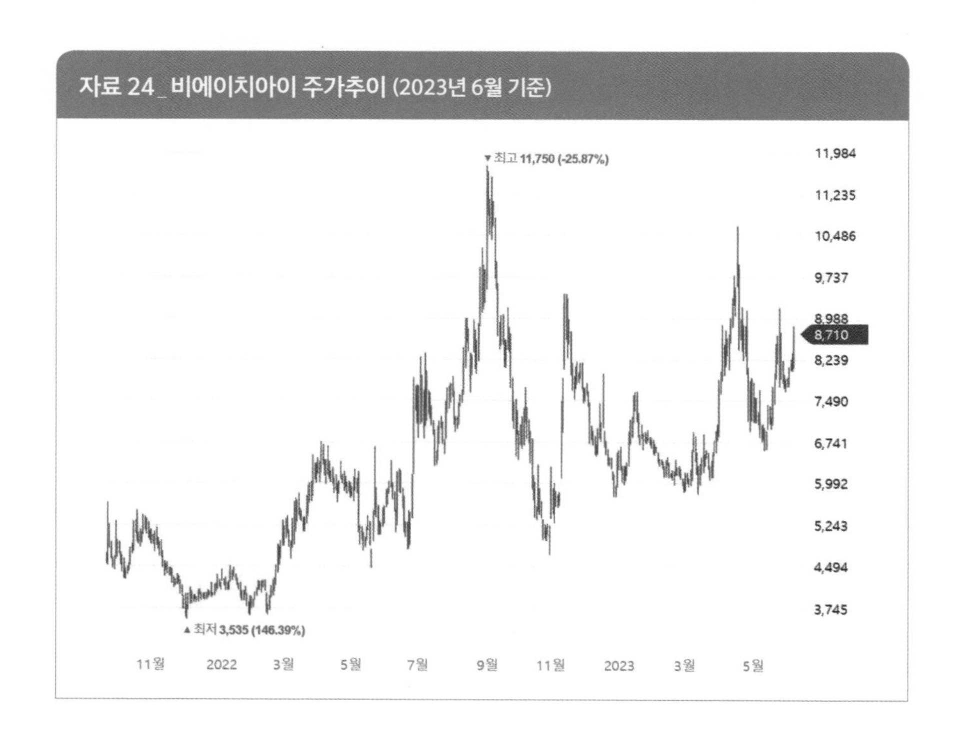

자료 24_비에이치아이 주가추이 (2023년 6월 기준)

증대될 수 있는 가능성을 고려한다면, 변동성을 즐기면서 탄력적인 매매를 해볼 수 있는 종목으로 볼 수 있습니다. 추가로 원자력산업의 위축으로 고생을 했지만 SMR(소형모듈원자로)이 하나의 테마로 주목받을 수 있는 부분은 덤으로 생각해도 되겠습니다.

테마주

테마주는 증권시장에 발생하는 중요한 사건이나 상황에 따라 한꺼번에 움직이는 여러 주식을 말합니다. 테마에 따라 급등락이 발생하므로 대응을 잘하면 수익을 거둘 수도 있지만 발 빠르게 대응하지 못하면 큰 손실을 볼 확률도 높습니다. 테마는 불타오르다가도 쉽게 사그라지기도 하기 때문에 정말 발 빠른 대응이 생명입니다.

자료 25_ 테마주 찾기

국내증시

l 주요시세정보

코스피 | 코스닥 | 선물
코스피200 | 코넥스

시가총액 | 배당
업종 | **테마** | 그룹사
ETF | ETN

테마는 불타오르다가도 쉽게 사그라지기도 하기 때문에 정말 발 빠른 대응이 생명입니다. 네이버 증권의 국내증시 화면 메뉴바에서 '테마' 아이콘에서 테마주를 찾을 수 있습니다(자료 25).

테마주 하면 코로나19 팬데믹 상황에서의 마스크를 빼고 이야기할 수 없습니다. 마스크 대란 상황에서 그야말로 마스크는 수요가 폭증하는 제품이 되었는데, 당연하게도 주식시장에 큰 영향을 주었습니다. 테마별 시세 중에서 마스크 테마를 찾아보겠습니다(자료 26).

자료 26_ 테마별시세 (2021년 9월 3일 기준)

| 테마별 시세

테마명▲	전일대비▲	최근3일 등락률(평균)▲	전일대비 등락현황			주도주	
			상승	보합	하락		
석유화학	+0.57%	-0.10%	11	1	6	▲ SKC	▲ SK케미칼
보안주(정보)	+0.56%	+0.84%	19	4	15	▲ 나노씨엠에..	▲ 라닉스
조선기자재	+0.55%	+0.49%	15	6	8	▲ 한라IMS	▲ 케이에스피
화장품	+0.55%	+0.28%	41	15	28	▲ 자안코스메..	▲ 라파스
코로나19(혈장치료/혈…	+0.53%	-0.10%	6	0	3	▲ 녹십자	▲ 피에이치씨
K-뉴딜지수(인터넷)	+0.52%	+1.03%	6	0	4	▲ KG이니시..	▲ 안랩
구제역/광우병 수혜	+0.51%	+0.49%	13	4	3	▲ 대성미생물	▲ 사조산업
정유	+0.50%	+0.04%	2	0	1	▲ S-Oil	▲ SK이노베..
고령화 사회(노인복지)	+0.50%	+0.73%	23	3	10	▲ 신흥	▲ 나노엔텍
자전거	+0.50%	-0.32%	5	0	1	▲ 엔에스엔	▲ 삼천리자전..
리츠(REITs)	+0.48%	+0.01%	11	1	2	▲ 이지스밸류..	▲ 케이탑리츠
야놀자 관련주	+0.48%	+0.60%	3	0	1	▲ 한화생명	▲ 한화투자증..
마스크	+0.47%	+0.14%	21	4	11	▲ 국보	▲ 나노캠텍

자료 27_ 마스크 테마 관련주

종목명	현재가	전일비	등락률	매수호가	매도호가	거래량	거래대금	전일거래량
국보	1,485	▲ 85	+6.07%	1,485	1,490	12,548,239	19,128	1,100,734
나노캠텍 *	1,960	▲ 80	+4.26%	1,940	1,960	152,105	292	66,456
크린앤사이언스 *	20,900	▲ 800	+3.98%	20,850	20,900	36,034	746	13,229
비비안	3,495	▲ 95	+2.79%	3,490	3,495	275,056	958	105,040
H&B디자인 *	17,150	▲ 350	+2.08%	17,100	17,150	52,117	895	90,143
일동제약	14,800	▲ 300	+2.07%	14,750	14,800	43,454	638	23,872
동국제약 *	24,900	▲ 400	+1.63%	24,900	24,950	84,451	2,107	98,970
휴비스	10,400	▲ 150	+1.46%	10,350	10,400	125,489	1,287	137,256
카스 *	5,830	▲ 70	+1.22%	5,830	5,840	4,919,674	29,360	1,097,519
한송네오텍 *	1,730	▲ 20	+1.17%	1,725	1,730	635,338	1,093	540,424
녹십자엠에스 *	10,100	▲ 110	+1.10%	10,050	10,100	159,553	1,618	61,796
조아제약 *	4,450	▲ 40	+0.91%	4,450	4,455	329,521	1,462	431,943
에스디생명공학 *	4,315	▲ 35	+0.82%	4,315	4,320	25,522	110	51,205
쌍방울	748	▲ 5	+0.67%	748	749	2,208,742	1,652	2,185,701
인콘 *	2,285	▲ 15	+0.66%	2,280	2,285	339,922	777	569,404
케이엠 *	9,240	▲ 60	+0.65%	9,230	9,240	31,113	286	26,517
레몬 *	7,870	▲ 50	+0.64%	7,870	7,880	94,874	748	92,456
케이피엠테크 *	2,685	▲ 10	+0.37%	2,685	2,690	1,525,502	4,044	2,047,129
웰크론 *	4,360	▲ 10	+0.23%	4,360	4,365	87,704	383	96,439
모나리자	4,595	▲ 10	+0.22%	4,590	4,595	70,794	324	49,386
오공 *	4,670	▲ 10	+0.21%	4,665	4,670	28,102	131	35,694

테마를 클릭하고 저도 놀랄 정도로 많은 테마가 있음을 알게 되었습니다. 그중에서 '마스크'를 클릭하면 해당 테마에 해당하는 종목을 찾아줍니다(자료 27). 네이버 증권의 편리성에 다시 한번 감탄하게 됩니다. 이렇게나 다양한 테마를 잘 정리해놓은 곳은 없을 듯합니다.

아니나 다를까, 마스크 테마에도 수많은 종목이 검색됩니다. 그중에서 테마에 대해 주의할 점도 살펴볼 겸 '오공'을 살펴보겠습니다. 오공 종목을 클릭하면 해당 종목화면으로 넘어갑니다.

자료 28_ 오공 주가추이 (2021년 9월 3일 기준)

오공회사의 주가(자료 28)는 마스크 테마로 코로나19 팬데믹 상황에서 다른 기업과는 달리 큰 폭의 상승을 보여주었습니다. 그리고 다시 큰 폭으로 하락했는데, 오공이라는 회사가 접착제 분야에서 나름 강점을 가진 기업이기 때문에 이전 주가 이하로 하락하지는 않았습니다. 그런데 중요한 점은 정작

오공이라는 회사는 마스크를 생산하지 않는다는 것입니다. 계열사가 마스크를 유통하기는 했지만 코로나19 상황에서는 마스크를 제대로 납품받지 못하는 중이었습니다. 그럼에도 오공은 마스크 테마에 포함되어 이렇게 주가가 요동을 쳤으니 테마라는 것에 주의가 필요하다는 점을 반드시 명심해야 합니다.

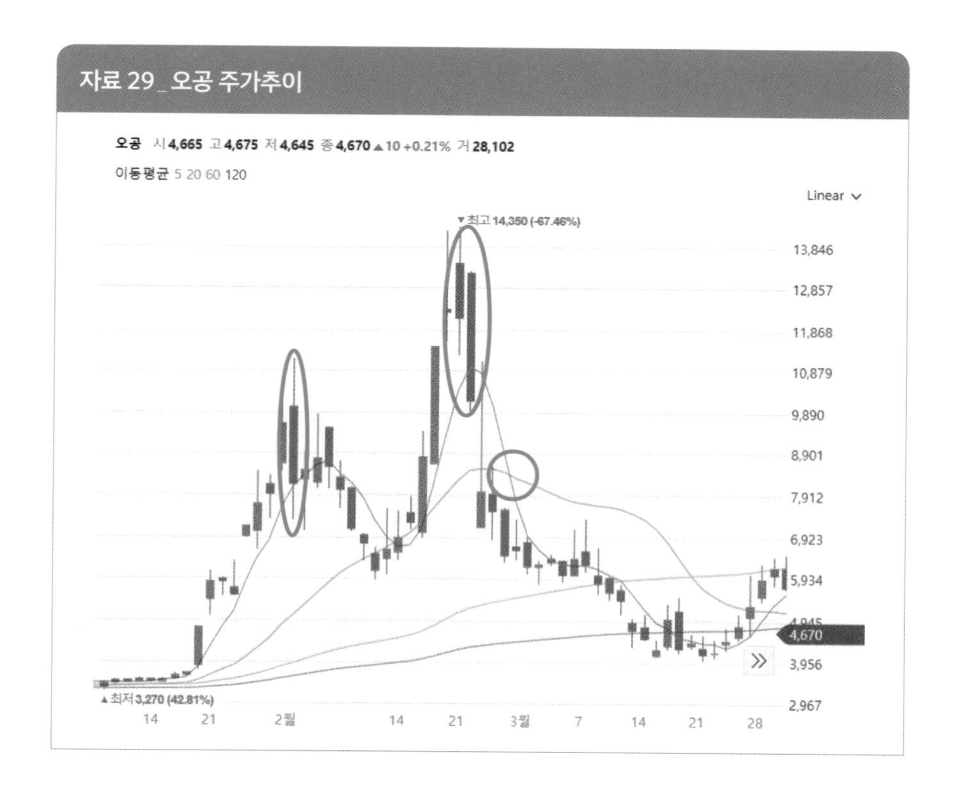

자료 29_오공 주가추이

결과를 보고 이야기하는 것이지만, 테마주는 급등락에 대해 잘 대응하는 것이 중요합니다. 이를 이해하기 쉽게 당시 오공의 급등사례를 살펴보겠습니다(자료 29). 급등의 끝자락에는 가속이 붙고 커다란 음봉을 통해 하락을 예고하게 됩니다. 목표 수익에 관계없이 고점 근처에서 장대음봉이나 십자형캔들이 나오면 매도준비를 해야 합니다. 그리고 5일 이동평균선이 20일 이동평균선을 하향돌파하는 경우에는 미련 없이 매도로 대응하는 것이 안전합니다.

| 성장테마 |

테마도 테마마다 중요도가 다를 것입니다. 가장 무서운 테마는 정치테마입니다. 이른바 '정치인 인맥주'인데, 이런 테마는 선수 중에서도 선수를 위한 테마이니 일반 개미투자자는 이런 테마에는 관심을 두지 않아야 합니다.

테마 중에서도 중요한 테마는 성장테마입니다. 저성장·고령화하는 대한민국에서 그래도 성장하는 업종과 테마는 늘 관심에 두고 살펴봐야 합니다.

투자자마다 관심이 다르겠지만 일반적으로 항상 관심을 두고 봐야 할 테마나 업종은 주로 성장성에 초점을 맞춰 다음과 같습니다.

❶ 2차전지

❷ 희토류(리튬 등)

❸ AI 인공지능

❹ 수소산업

❺ 로봇

❻ 제약 바이오

무엇이라 이름을 부르든지 4차산업혁명의 넓은 테두리 안에서 2차전지, 자율주행, 로봇, 인공지능과 같은 테마는 늘 관심을 두고 관련 종목을 체크할 필요가 있습니다, 전통적인 테마인 제약 바이오도 물론입니다.

이런 테마를 선도하는 종목을 찾는 방법은 간단합니다. 해당 테마 내 종목 중에서 52주 신고가를 가장 먼저 터치하는 종목입니다. 성장테마에 속하는 종목은 때론 과감하게 추격매수를 할 필요도 있습니다. 주식투자는 관점을 미래에 두고 투자해야 합니다. 그중에서도 주가는 마지막에 가속도가 붙는 경향이 있습니다.

주식초보자와 주식고수의 매매패턴은 반대를 보이는 경향이 많습니다. 대부분의 대바닥에서 일반인들은 견디지 못하고 투매를 하면서 나가게 되고, 이 물량을 전문가가 받아가면서 오르게 되고, 주가가 마지막 불꽃을 피우는 시점에서 급등현상이 나타나게 됩니다. 이때 초보투자자가 다시 관심을 가지고 합류할 때 불꽃이 정점인 경우가 많습니다. 그러니 투자한 종목이 상승가속도가 붙기 시작할 때는 항상 적절한 매도 타이밍을 준비해야 합니다. 특히 상승이 가속화될 때 발생한 장대양봉을 상쇄할 장대음봉이 생길 경우 스스로가 주식시장의 큰 손이 아니라면 매도로 대응하는 것이 좋습니다.

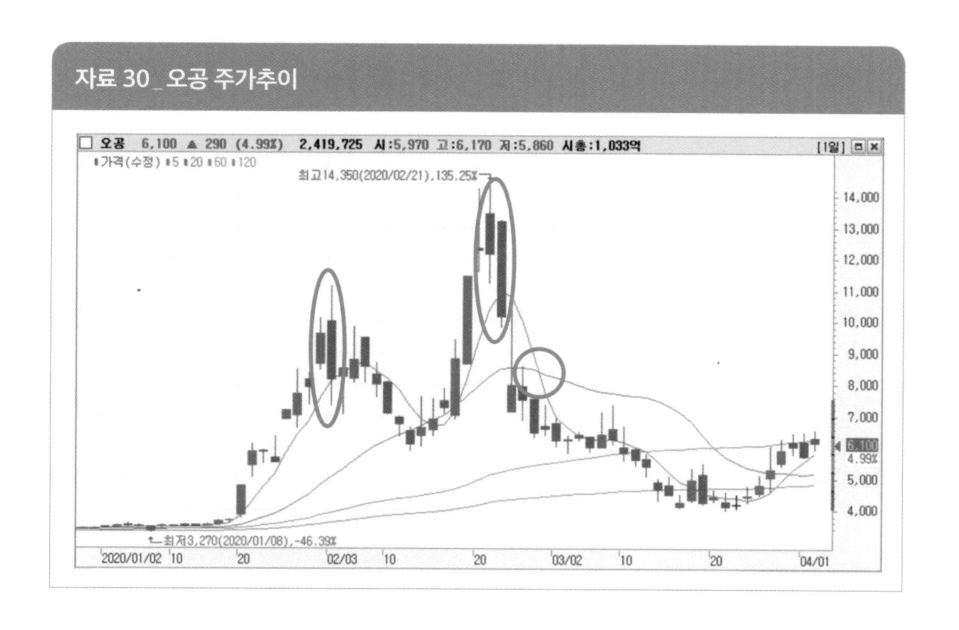

자료 30 _ 오공 주가추이

사례로 2020년 마스크 대란 상황에서의 오공 주가추이(자료 30)를 다시 보도록 하죠. 오공이라는 회사는 접착제를 주로 생산하는 틈새산업의 나름 강자인 회사입니다. 코로나19 관련 마스크 테마로 강한 움직임을 보였습니다. 테마에 탑승하는 경우에는 시장상황에 따라 단기적인 대응이 필수입니다. 장대음봉이 발생한 첫 번째 원은 매도기회였고, 장대음봉이 여러 번 발생한 두 번째 원은 놓쳐서는 안 되는 매도 타이밍이었습니다.

오공이라는 회사는 기본적으로 업종의 특성상 폭발적인 성장을 보이기는 어려운 회사입니다. 마스크 부분도 주력 상품이 아닌 여러 제품 중 하나입니다. 접착제에서 강점이 있고 재무구조는 건강한 회사이므로 두 번의 매도 타이밍을 놓쳤다면 다음 해 봄의 황사를 기다리면 수익구간이 발생할 수도 있겠지만 정말 오랜 기다림이 필요할 수도 있습니다.

주가가 하락하는 기간은 모든 사람이 나가떨어질 만큼 기다려야 하는 경우가 많습니다. 이를 '물량소화의 법칙'이라고 합니다. 매도물량이 충분히 소화될 때까지 주가는 급락 후 횡보하는 경우가 많고, 초보투자자에게는 더욱 고통스러운 기간입니다.

| 주도주의 순환 |

어느 시점에서 주도주가 나타나고, 이러한 주도주가 어느 정도의 시세를 형성하면 주식시장은 항상 또 다른 주도주를 찾아 움직입니다. 주도주는 선제적으로 대응해야지, 추종매매를 하게 되면 실패할 확률이 높습니다.

예를 들어 테마의 한 종류로 해마다 만나게 되는 계절별 테마 순환을 정리해보도록 하죠.

봄	여름	가을	겨울
1) 황사 - 공기청정기 - 마스크 - 안과 관련 질환 제약사 **2) 5월 어린이날 어버이날** - 장난감 - 홈쇼핑 **3) 봄 여행** - 여행	**1) 무더위** - 빙과류 - 치맥 **2) 여름방학, 휴가**	**1) 태풍** - 병충해 - 전염병 **2) 추석** - 홈쇼핑	**1) 방학** - 게임, 엔터테인먼트 **2) 영화** **3) 여행**

| 정치테마 |

정치테마, 흔히 '정치인 인맥주'라는 게 있는데 정말 조심해야 합니다. 스스로 매매를 주도할 만한 주포가 아니라면 정치인 인맥주는 조심해야 합니다. 해당 기업이 좋다 나쁘다를 말하는 것이 아닙니다.

다음에 소개하는 차트(자료 31)의 회사는 안철수 대표가 창업한 회사 출신이 해당 회사의 임원이라는 이유로 테마에 포함되었는데, 안철수 씨의 정치 재개와 해당 기업의 실적과의 연관성을 찾을 수조차 없습니다. 그렇다면 완전히 수급으로만 주가는 설명되는 것입니다. 2020년 초 안철수 씨의 정치참여 선언 후 써니전자 주가가 갭상승했다가 주가가 급락하게 됩니다. 초심자는 이런 주식은 피하는 것이 건강과 계좌에 좋을 듯합니다.

자료 31_써니전자 주가추이

세상을 사는 이치가 차면 기울고 기울면 다시 차게 되듯 주식도 순환하면서 오르고 내리고 하게 됩니다. 조급함을 버리고 즐기듯 투자하면 마음도 편하며 수익률도 우월해집니다.

분산투자

포트폴리오는 분산해서 투자한다는 의미입니다. 수익률을 높이기 위한 목적보다는 위험을 낮추는 최적의 방법이 분산투자입니다. 본인의 포트폴리오를 구성하고 포트폴리오로 수익률을 관리하는 것이 합리적입니다. 주식투자 초보자에게는 분산투자가 더욱 중요합니다. 한 종목에 모든 자금을 쏟아붓는 몰빵투자는 매우 위험합니다.

| 집중투자의 위험성 |

좋아 보이는 한두 종목에 소위 말하는 '몰빵'하는 방법은 성공할 때는 더없이 좋겠지만 주식시장에 조금만 투자해보면 금방 알게 되는 사실은 시장이 내 맘 같지 않다는 사실입니다. '왜 이렇게 좋은 종목이 가질 못할까? 아니, 이렇게 실적이 좋지 않은 회사의 주가가 폭등하는 것일까?'

투자 경험이 적은 사람이 주식투자에 실패하는 흔한 경우는 좋아 보인다는 권유를 받고 제대로 분석하지 않고 집중투자하는 것입니다. 집중투자는 기대수익률이 높은 만큼 위험도 커지게 됩니다. 장기적으로 주식시장에서 돈을 벌기 위해서는 뜻하지 않는 위험을 줄이는 것이 중요하고, 그러기 위해서는 굳이 어려운 포트폴리오 이론을 이해하지 못하더라도 여러 종목에 분산투자하는 것이 정답입니다.

| 종목 분산의 방법 |

분산투자에서 가장 중요한 것은 종목에 대한 분산입니다. 종목을 분산할 때 나름의 방법에 따라 정하면 되는데, 이해하시기 쉽게 하나의 예시를 들어 보겠습니다.

성장성 vs 안전성

성장하는 업종이나 테마의 종목은 꼭 편입해야 합니다. 그런 성장테마의 종목은 변동성이 크기 때문에 변동성을 완화할 수 있는 종목도 함께 포트폴리오를 구성하는 것이 좋습니다. 본인의 스타일에 따라 성장성 비중을 더 높일 수는 있습니다.

성장성이 좋은 종목은 전기전자업종, 제약·바이오업종, 4차 산업혁명 관련 기술주 등이 있습니다. 전기전자업에서 예를 들어 삼성전자와 같은 대장주가 있습니다. 제약·바이오도 꼭 편입해야 할 업종입니다.

안전성이 높은 종목은 자산가치가 높고 주가 변동성이 낮은 종목입니다. 배당을 많이 주는 종목도 이런 범주에 속합니다. 업황이 바닥을 치고 반등하는 업종에서 업종 대표주 위주로 선정하는 것도 좋습니다.

예를 들어 미래의 수소세상을 위한 수소전지 소재 회사에 투자한다면, 반대 측면인 전통적인 제조업 중에서 그간의 어려움을 딛고 수주가 증가하는 철강업이나 조선업종에서 한 종목을 함께 골라보는 것입니다.

필자는 대략 10개 정도의 종목으로 분산투자를 합니다. 많다면 많은 것이고, 펀드보다는 적은 수의 종목에 투자하는 셈입니다. 각자 투자하는 스타일에 따라 조절해가면 됩니다. 최소한 3종목 이상으로는 분산투자가 필요하다고 봅니다.

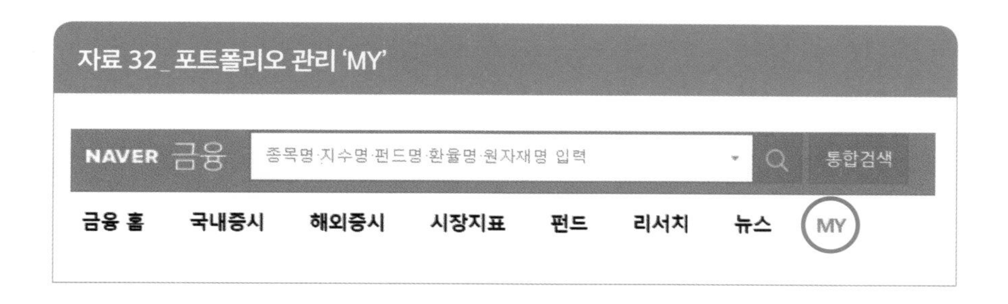

자료 32_ 포트폴리오 관리 'MY'

네이버 증권의 초기화면의 상단 메뉴바 끝에 'MY'라는 아이콘이 있습니다(자료 32). 이를 통해 본인의 투자종목, 관심종목을 관리하면 됩니다.

자료 33_ 그룹설정

대박 (11) 기본 　 상세보기

종목명	현재가	전일대비	등락률
삼성전자	76,600	▲600	+0.79%
KH바텍 *	29,300	▼1,950	-6.24%
케이아이엔엑스 *	51,600	-0	0.00%
상아프론테크 *	70,000	▲2,600	+3.86%
한국전력	23,750	▼100	-0.42%
KT&G	81,900	▲100	+0.12%
파라다이스 *	17,450	-0	0.00%
옵트론텍 *	8,670	▲490	+5.99%
한스바이오메드 *	16,100	-0	0.00%
알테오젠 *	85,100	▲800	+0.95%
현대중공업지주	65,300	▲500	+0.77%

'그룹설정'에서 본인이 투자하는 종목이나 관심종목을 위와 같이 이름을 정해 그룹으로 관리할 수 있습니다(자료 33). 예시로 소소한 제 소망을 담아 그룹명을 '대박'으로 정하고 전체 그룹으로 관리하면 포트폴리오를 한눈에

체크할 수 있습니다.

이 화면(자료 33)에서 상세보기를 클릭하면 그룹으로 관리되는 종목에 대한 다양한 자료를 볼 수 있습니다(자료 34).

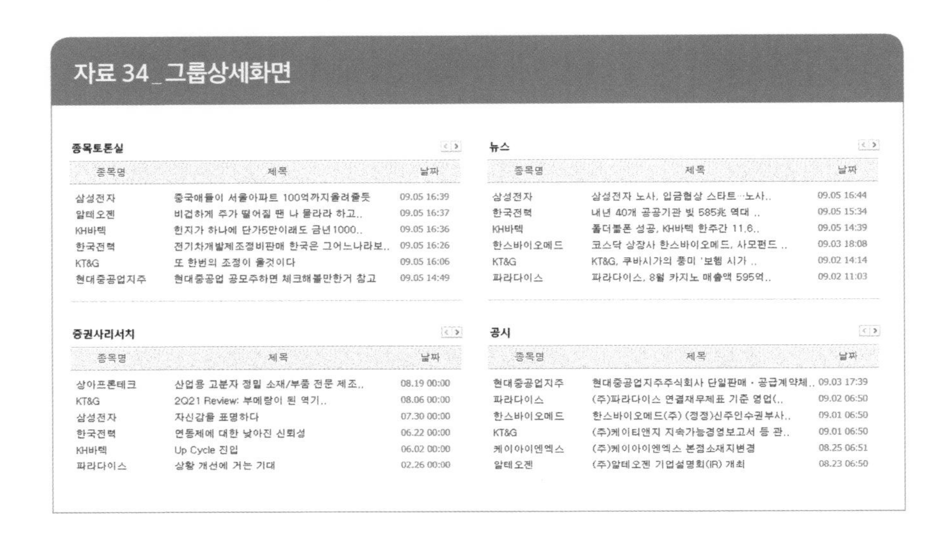

자료 34_그룹상세화면

종목토론실

종목명	제목	날짜
삼성전자	중국애들이 서울아파트 100억까지올려줄듯	09.05 16:39
알테오젠	비겁하게 주가 떨어질 땐 나 몰라라 하고..	09.05 16:37
KH바텍	힌지가 하나에 단가5만이래도 금년1000..	09.05 16:36
한국전력	전기차개발제조정비판매 한국은 그어느나라보..	09.05 16:26
KT&G	또 한번의 조정이 올것이다	09.05 16:06
현대중공업지주	현대중공업 공모주하면 체크해볼만한거 참고	09.05 14:49

뉴스

종목명	제목	날짜
삼성전자	삼성전자 노사, 임금협상 스타트…노사..	09.05 16:44
한국전력	내년 40개 공공기관 빚 585兆 역대 ..	09.05 15:34
KH바텍	폴더블폰 성공, KH바텍 한주간 11.6..	09.05 14:39
한스바이오메드	코스닥 상장사 한스바이오메드, 사모펀드 ..	09.03 18:08
KT&G	KT&G, 쿠바시가의 풍미 '보헴 시가 ..	09.02 14:14
파라다이스	파라다이스, 8월 카지노 매출액 595억..	09.02 11:03

증권사리서치

종목명	제목	날짜
상아프론테크	산업용 고분자 정밀 소재/부품 전문 제조..	08.19 00:00
KT&G	2Q21 Review: 부메랑이 된 역기..	08.06 00:00
삼성전자	자신감을 표명하다	07.30 00:00
한국전력	연동제에 대한 낮아진 신뢰성	06.22 00:00
KH바텍	Up Cycle 진입	06.02 00:00
파라다이스	상황 개선에 거는 기대	02.26 00:00

공시

종목명	제목	날짜
현대중공업지주	현대중공업지주주식회사 단일판매ㆍ공급계약체..	09.03 17:39
파라다이스	(주)파라다이스 연결재무제표 기준 영업(..	09.02 06:50
한스바이오메드	한스바이오메드(주) (정정)신주인수권부사..	09.01 06:50
KT&G	(주)케이티앤지 지속가능경영보고서 등 관..	09.01 06:50
케이아이엔엑스	(주)케이아이엔엑스 본점소재지변경	08.25 06:51
알테오젠	(주)알테오젠 기업설명회(IR) 개최	08.23 06:50

위와 같이 해당 종목에 해당하는 뉴스, 리서치, 공시자료를 한눈에 볼 수 있습니다. 네이버 증권은 참으로 편리합니다.

| 매매시기의 분산 |

분산투자라는 방법이 여러 종목을 관리해야 하니 다소 불편하지만 위험을 줄이기 위해서 선택해야 한다고 앞서 이야기했습니다. 이때 분산투자는 종목에 대한 분산만이 아니라 매매시기에 대한 분산도 의미합니다.

어떤 종목을 분석한 결과 투자가치가 있다고 판단되면 일단 매수하려는 금액의 20~30% 정도를 매수합니다. 그리고 시세를 지켜보다가 추가로 매수합니다. 시세가 오르는 경우 미리 산 비중만큼 평균 매수가격은 낮아집니다. 시세가 내린다면 한 번에 매수하는 것보다 더 낮은 가격에 매수가 가능하게 됩니다. 3번 정도에 나누어 매수하는 것이 좋다고 생각합니다.

매도도 같은 방식으로 분할해 매도합니다. 목표수익률에 도달하면 1/3 정도를 매도합니다. 매도 이후 추가적으로 상승하면 기다렸다가 20일 이동평균선의 기울기가 꺾이는 것을 확인하고 추가적으로 잔량을 매도합니다. 만약 매도 후 상승하지 않고 하락하면 5일 이동평균선이 20일 이동평균선을 하향 돌파하면 잔량을 정리합니다. 매도도 3번 정도에 나누어 매도하는 것이 좋다고 봅니다.

| 주식투자의 왕도 |

주식투자에 왕도는 없습니다. 무리하게 욕심내지 않고 목표수익률과 손절수익률을 정합니다. 이렇게 정해진 계획에 따라 시장에서 부딪치면서 자신만의 투자원칙을 만들어가야 합니다.

쌓인 경험을 바탕으로 더욱 부지런히 공부해야 합니다. 투자의 왕도가 있다면 노력하는 자에게 주어지리라고 생각합니다.

주위에서 늘 사용하는 네이버 증권과 네이버 금융을 통해서 차근차근 공부하면서 주식투자를 즐긴다면 어느덧 노후를 위한 행복자산이 쌓이는 것을 볼 수 있게 될 것입니다. 여러분의 성공투자를 진심으로 기원합니다.

■ 독자 여러분의 소중한 원고를 기다립니다

메이트북스는 독자 여러분의 소중한 원고를 기다리고 있습니다. 집필을 끝냈거나 집필중인 원고가 있으신 분은 khg0109@hanmail.net으로 원고의 간단한 기획의도와 개요, 연락처 등과 함께 보내주시면 최대한 빨리 검토한 후에 연락드리겠습니다. 머뭇거리지 마시고 언제라도 메이트북스의 문을 두드리시면 반갑게 맞이하겠습니다.

■ 메이트북스 SNS는 보물창고입니다

메이트북스 홈페이지 matebooks.co.kr

홈페이지에 회원가입을 하시면 신속한 도서정보 및 출간도서에는 없는 미공개 원고를 보실 수 있습니다.

메이트북스 유튜브 bit.ly/2qXrcUb

활발하게 업로드되는 저자의 인터뷰, 책 소개 동영상을 통해 책에서는 접할 수 없었던 입체적인 정보들을 경험하실 수 있습니다.

메이트북스 블로그 blog.naver.com/1n1media

1분 전문가 칼럼, 화제의 책, 화제의 동영상 등 독자 여러분을 위해 다양한 콘텐츠를 매일 올리고 있습니다.

메이트북스 네이버 포스트 post.naver.com/1n1media

도서 내용을 재구성해 만든 블로그형, 카드뉴스형 포스트를 통해 유익하고 통찰력 있는 정보들을 경험하실 수 있습니다.

STEP 1. 네이버 검색창 옆의 카메라 모양 아이콘을 누르세요. STEP 2. 스마트렌즈를 통해 각 QR코드를 스캔하시면 됩니다.
STEP 3. 팝업창을 누르시면 메이트북스의 SNS가 나옵니다.